易地扶贫搬迁女性移民的社会适应研究

——基于宁夏“十三五”时期女性移民的调查

YIDI FUPIN BANQIAN NÜXING YIMIN DE SHEHUI SHIYING YANJIU

——JIYU NINGXIA “SHISAN-WU” SHIQI NÜXING YIMIN DE DIAOCHA

石铭婷　著

中国农业出版社
北　京

图书在版编目（CIP）数据

易地扶贫搬迁女性移民的社会适应研究 ：基于宁夏“十三五”时期女性移民的调查 / 石铭婷著. -- 北京 ：中国农业出版社，2024. 6. -- ISBN 978-7-109-32173-1

Ⅰ. F126；D632.4

中国国家版本馆 CIP 数据核字第 2024Y9B109 号

中国农业出版社出版

地址：北京市朝阳区麦子店街 18 号楼

邮编：100125

责任编辑：边　疆

版式设计：王　晨　　责任校对：吴丽婷

印刷：北京中兴印刷有限公司

版次：2024 年 6 月第 1 版

印次：2024 年 6 月北京第 1 次印刷

发行：新华书店北京发行所

开本：700mm×1000mm　1/16

印张：12

字数：228 千字

定价：98.00 元

目　　录

第一章 绪论

第一节 研究背景与问题的提出

一、政策背景

（一）乡村振兴战略致力于促进乡村地区高质量发展

2020 年 11 月 23 日，我国 832 个贫困县全部脱贫摘帽，标志着我国脱贫攻坚目标取得重大胜利，党和国家的扶贫工作重心将从全面脱贫转向“确保脱贫成色，持续推进防止返贫帮扶工作”。2021 年 2 月 21 日，中共中央、国务院发布题为《关于全面推进乡村振兴加快农业农村现代化的意见》的中央 1 号文件。文件明确指出解决好“三农”问题仍是未来全党工作的重心所在，要坚持将全面推进乡村振兴作为实现中华民族伟大复兴的一项重大任务，举全党全社会之力加快农业农村现代化，让广大农民过上更加美好的生活。

乡村振兴作为在我党脱贫攻坚工作取得重大胜利之际提出的致力于进一步巩固脱贫成果、提升乡村地区发展质量的国家战略，提出了通过持续推进产业扶贫、就业扶贫等工作，不断增强贫困地区贫困群众的自我发展能力的总体要求，即将“扶贫、扶智、扶志”相结合，激发脱贫群众内生动力。而作为精准扶贫工程之一的易地扶贫搬迁，在易地扶贫搬迁移民基本实现了“搬得出、稳得住”的目标之后，及时将其纳入乡村振兴整体战略中，可以促进脱贫群众“能融入、快致富”远景要求的实现。

（二）易地扶贫搬迁是消除贫困的重大举措

宁夏回族自治区位于我国西北内陆，农村地区发展问题突出，是我国扶贫工作的重点区域之一。特别是宁夏中南部地区，分别毗邻甘肃省和陕西省，属于我国划定的 11 个集中连片特困区之一——六盘山片区的一部分。这一地区是典型的“一方水土养不起一方人”的地区，为了解决这一地区根深蒂固的贫困问题，从 20 世纪 80 年代开始，我国已经实施了六次较大规模的扶贫脱贫工程，虽然取得了一定的成就，但截至 2015 年底，在全区统计的 58.12 万建档立卡贫困人口中，中南部山区就占其中的85%。其中更是有8万建档立卡贫困人口生活在自然环境恶劣、生态脆弱、水资源短缺、交通十分不便、基础设施不完善的极不适宜生存区域。这些地区的农村居民连基本的生产和生活条件都难以得到保证，更勿论脱贫致富，就地脱贫难度大，因此做好易地扶贫搬迁工作比以往更加紧迫。

2016年8月，自治区政府印发了《宁夏“十三五”易地扶贫搬迁规划》，指出要继续把易地扶贫搬迁作为脱贫攻坚的重大举措，通过挖掘移民安置潜力，对中南部地区生存条件恶劣、就地脱贫难度大、基本公共服务难以保障、“一方水土养不起一方人”区域的贫困人口实施易地扶贫搬迁，使贫困人口的生产生活条件得到明显改善，收入水平得到提升，与全区人民一起实现脱贫致富。并提出了全区在2018年完成20 549户共82 060人易地扶贫搬迁，移民安置区基本公共服务水平达到贫困村脱贫标准，到2020年使移民生产生活条件得到明显改善，实现“挪穷窝，换穷业，拔穷根”的具体目标。2020年6月，习近平总书记在宁夏考察时强调，要完善移民搬迁扶持政策，确保搬迁群众搬得出、稳得住、能致富。截至2018年底，宁夏已完成超过90%的搬迁任务，已经基本实现了“搬得出”的目标。尽管宁夏目前已完成易地扶贫搬迁和脱贫任务，但广大移民群众仍然属于低收入群体，如要进一步巩固脱贫成果、确保搬迁群众“稳得住，能致富”，应推进易地扶贫搬迁后续帮扶，致力于让移民获得稳定的生计，帮助移民逐渐融入安置地生活，提高移民的社会适应能力，从而巩固脱贫成果。

二、现实背景

（一）移民群体在搬迁后易出现社会适应障碍，女性移民尤为突出

社会适应，是人类个体或族群与其生活的社会环境在心理、行为上的适应过程，一般包括经济适应、生活适应和心理适应三个维度。其中，经济适应是指移民经过自我调适，适应当地经济环境，最终在经济发展方式与水平上与当地主流群体趋于一致的过程。生活适应是移民在生活方式和生计方式上与迁入地主流方式的适应过程。心理适应是认知和情感层面与主流群体在群体归属感上趋同并最终在心理上实现相互认同的过程。移民社会适应，则是具体到移民个体，在进入迁入地后，自身心理、行为、生计与生活方式等与迁入地经济基础、社会环境与社会规范的调整适应过程。

在前期调研中发现，相较于县内就近、小规模开发土地和农村插花三种“有土安置”方式，劳务移民使得移民失去了赖以为生的土地，普遍需要脱离过去以农业劳动为主的生计方式，不得不适应城镇化过程。这种“无土安置”（即劳务安置，后文中统称劳务安置）方式使移民提前过上了城市生活，使移

民成为“城市人”。移民的居住环境和子女的教育状况均在搬入城市后得到改善，但同时也发现，搬迁后的移民普遍面临生活成本过高、收不抵支而难以维持生计的情况。并且移民在搬迁后拥有了城市户口，不能继续享受相应的补助补偿，这更加重了移民“入不敷出”的情况，使得他们重新陷入“城市贫困”当中。

女性移民作为移民群体的一部分，无法避免上述困难，而且由于女性移民自身在学历、技能方面的劣势，使得她们处于生计压力和谋不到工作的夹缝中，这在一定程度上限制了女性移民的经济适应能力，不利于易地扶贫搬迁“稳得住”目标的实现。同时，从环境相对封闭的山区搬入城市后，生活习惯、文化习俗等都发生很大变化，无论是居住生活、社区参与还是文化娱乐都需要重新适应，再加上女性的心理尤为敏感和脆弱，离开了生活了几十年的故土，离开了相处几十年的社交圈，面对新的环境与新的社交网络时，对心理会产生复杂的影响，需要较长的时间去适应。宁夏中南部是典型的民族聚居区，由于少数民族特殊的婚姻习俗和对女性教育的忽视，相较于汉族女性，少数民族女性普遍存在文化程度较低、结婚较早以及生育任务繁重的现象，甚至部分少数民族女性婚姻的决定权由父母掌握。处于易地扶贫搬迁项目中的少数民族女性，由于自身固有的劣势，在面临搬迁后新的生计方式和文化差异时，更容易出现社会适应障碍问题，影响易地扶贫搬迁“稳得住，能致富”目标的实现。

（二）女性移民作为家庭关系的纽带，其良好的社会适应水平对移民工程效果至关重要

女性移民作为家庭关系的纽带，不仅有实现自身发展的诉求，还要承担育儿养老的责任，且在家庭决策权和管理权方面发挥着重要作用。因此，女性移民自身搬迁后在生计、生活方面良好的社会适应水平（即拥有良好的谋生方式、融洽的社会关系网络和健康的心理状态）有助于实现家庭的和谐发展，进而有利于更好地教育子女和赡养老人，帮助带动整个搬迁家庭社会适应性的提高，并最终实现易地扶贫搬迁“稳得住，能致富”的目标。已有研究发现，搬迁后的移民原有的生产性收入来源丧失，相较于原居住地，安置区的资源竞争更加激烈，原有乡村社会关系网被削弱，文化特征和传统势力也发生改变[1]。

移民原有的生活习惯和生计方式被打乱后，他们在财产、社会关系和心理归属等方面都会受到不同程度的影响，女性作为移民中的弱势群体，在搬迁过程中受到的影响更加突出[2]。社会性别问题应该被纳入移民搬迁所关注的内容中，但是在已有的有关移民项目的研究中，对社会性别问题的关注并不充分，很多研究都将女性的发展等同于社区乃至男性的发展问题[3]。由于劳动力市场分割和传统观念的制约，女性较男性往往获得更少的经济、社会和政治资源，男强女弱、男优女劣的传统观念仍然充斥在很多领域。让妇女和女童获得教育、保健、体面工作并参与政治经济决策，将促进经济可持续发展，造福整个社会和人类。不可否认的是，女性是移民家庭的基础和枢纽，女性移民良好的社会适应水平是决定移民工程效果的关键因素之一。

三、问题的提出

基于以上政策及现实背景，本书从女性主义视角出发，以易地扶贫搬迁女性移民为研究对象，从经济、生活和心理三方面着手，分析和探究女性移民因搬迁后不同的生活环境和生计方式的变迁而引起的社会适应问题，为提高女性移民社会适应水平，进而带动整个搬迁家庭顺利适应安置区生活，从而为实现易地扶贫搬迁“稳得住，能致富”的目标提供相应的政策建议。

基于上述背景，本书通过“社会适应”的研究视角对如下问题进行重点剖析。

（一）易地扶贫搬迁政策的实施对女性移民社会适应状况产生了怎样的影响，存在哪些问题？

移民在迁入安置区之后，由于受生计方式、社交结构等变化的影响，需要在新的环境中不断进行自我调整，适应新的生活方式与社会规范。在这个过程中，女性移民因文化差异、生计方式和社会结构的变化等内外因素的综合影响，会面临社会适应障碍问题，导致无法完全实现扶贫搬迁的既定目标，甚至出现返贫现象。因此，探究易地扶贫搬迁政策实施后，对女性移民的经济适应、生活适应和心理适应带来了哪些影响，女性移民的外出务工情况、收入水平、社区活动参与程度、住房条件和邻里关系等在搬迁前后发生了哪些变化，以及女性移民在安置区的身份认同、居留意愿以及心理归属感如何，是需要首先进行分析的内容。

（二）不同安置方式下女性移民的社会适应状况有什么不同，哪种安置方式下的女性移民能更好地适应安置区生活？

不同安置方式的女性移民，其搬迁后的经济适应状况、生活适应状况和心理适应状况会表现出怎样的特点，哪种安置方式下女性移民的社会适应状况比较理想？通过对不同安置方式女性移民的社会适应状况进行对比和分析，评估和探讨最有利于女性移民能良好适应安置区生活的安置方式，为后续相关决策提供参考。

（三）易地扶贫搬迁女性移民的社会适应状况具有怎样的变化特征，社会适应状况在不同阶段具有怎样的路径关系？

女性移民的社会适应状况随着时间的推移发生了怎样的变化，经济适应、生活适应和心理适应三种社会适应状况的表现形式如何，其自身水平是否得到提高，三者之间在不同阶段产生了怎样的作用？通过进一步跟踪调查，总结易地扶贫搬迁女性移民社会适应的变化特征，探究其不同阶段的路径关系，能够动态把握女性移民社会适应状况的发展进程，了解女性移民社会适应状况三种表现形式之间在不同阶段的相互作用，从而帮助政策制定者提出差异化的社会适应能力提升策略，最终解决易地扶贫搬迁女性移民的社会适应问题，实现易地扶贫搬迁“稳得住，能致富”的目标。

（四）如何制定提升易地扶贫搬迁女性移民社会适应水平的解决方案，并建立长效保障机制？

本书针对存在的社会适应问题，并基于这些问题发生的根本原因，提出一些优化女性移民社会适应，改善低效率的生计方式，提升女性自身和家庭的生活质量的对策措施和解决方案。从制度保障层面，探究建立女性移民社会适应长效保障机制建设的途径，是本书的落脚点和根本目的所在。

第二节 国内外研究综述

一、女性移民相关研究

（一）女性移民与移民群体身份与观念认同的共性特征

女性移民身份与观念认同是移民相关研究的重要方向，这部分研究重点关注移民对迁入地文化观念的认知和归属感的获得过程，以及迁入地促进移民身份认同的外部助力，虽然专门针对女性移民的研究较少，但移民群体的共性特征十分显著。例如，多元文化政策会缩小原住民与移民的文化认同差距，但是对不同类型的人影响程度会有差异，一般来说对国内迁移影响不大，而对于跨国移民具有显著影响[4]。因此，建设一个包含移民声音的，更具包容性的社会，有助于打破国家身份的排他性约束[5]。文化的多元性有助于移民在迁入地归属感的形成，然而对于国内迁移来说，多元文化对移民归属感的提升作用并不如跨国移民显著，因此这对国内迁移移民身份认同的促进提出了其他的要求。移民在自我抉择和社会期望的交集中推进身份认同往往十分艰难，可能会出现偏离社会期望，与迁入地文化无法适配的状况，因此有研究通过调查他们偏离社会期望的经历，探究这些偏离是否与种族或民族群体的归属有关[5]。研究发现美国的参与者更倾向于用种族和多民族来定义自己，而瑞典的参与者则依赖于国家标签；此外美国参与者表现出明显的偏离社会规范的迹象，但也发现他们属于那些偏离的社会群体；瑞典的参与者表现出了一些偏差，但几乎没有群体归属感的证据[6]。例如，在美国的拉丁裔移民妇女将面临在经济、政治、文化和社会地位等方面重新安置的压力和阻力，而这些压力源将增加拉丁移民妇女的抑郁和焦虑等负面情绪，同时积极的社会互动和社会支持可以有效缓解移民妇女的焦虑情绪[7]。除群体归属外，意识形态也会影响移民的身份认同，例如，欧洲国家意识形态是以基督教为基础的，因此产生了对穆斯林移民很深的偏见，甚至引起了防御性反应。然而根据自我肯定理论，如果个体肯定了自我概念的积极方面（自我肯定）或社会认同的积极方面（群体肯定），他们的反应就不会那么具有防御性[8]。例如有研究利用虚构的但看似真实的对阿拉伯移民的采访资料，实验检验了移民的宗教角色和感知的文化适应策略对多数族裔态度的影响，发现当移民被认为抛弃了他们的文化和宗教时，多数族裔会认为阿拉伯移民的威胁水平较低，对他们的同情更强，即被认为放弃其宗教文化的穆斯林移民比被认为保持其宗教文化的穆斯林移民会获得更有利的关照[9]。而这种感知到的歧视会显著增加移民妇女中婴儿的早产风险，从而致使移民女性与本土女性之间存在健康差距，不利于女性移民的身份和观念认同的形成[10]。而一些外在的措施有助于提升女性移民身份和观念认同，例如与自然的互动对移民妇女的心理健康有积极的影响，这是因为暴露在大自然中，会增强正面情绪；熟悉新国家的文化、自然、气候和语言，有利于促进移民妇女的掌握感、依恋感和归属感；社会交往有利于移民妇女在未来获得更多的社会支持；此外，体育锻炼也可以有效改善移民妇女的负面情绪和压力[11]。

（二）女性移民的健康与卫生保障

移民卫生与健康是保障移民生产和发展需求的热点议题，人类学、社会学及医学等各领域学者都对这个问题进行了深入探究。在一个日益发展的多元文化社会中，应努力尊重保健系统中所有人的多元文化世界观，许多移民妇女努力应对移民后健康的社会决定因素，然而她们的担忧常常被推到卫生保健服务的边缘[12]。移民在迁入目的地后，需要一个很长的适应过程，在此期间健康与卫生问题很难得到保证，对于无证移民而言，由于他们缺乏安全感，对政府雇员和医护人员缺乏信任，使得这一问题更为突出[13]。因此，卫生保健提供者应该提供文化上的安全引导，并采用在卫生保健环境中为无证移民患者创造安全空间的方法[13]。弱势群体的健康和卫生问题尤为严峻，移民儿童由于受家庭、社区和社会文化的影响，在身体、发育和行为健康方面面临更大的风险，需要跨社会、教育、法律、政治和卫生保健系统建立有益的、跨学科的保障机制[14]。除了在医疗卫生设施上的帮助外，引导移民形成良好的生活习惯也很重要，如一项研究表明，社区移民密度与经常吃快餐呈负相关，与水果和蔬菜消费呈正相关。因此，与那些居住在移民密度低的社区的移民相比，居住在移民密度高的社区的移民有更健康的行为和更好的健康结果[15]。对于一些由于环境适应和生活方式导致的移民易发病的防治和诊疗也是该领域的研究热点，例如有研究探讨了移民母亲身份及危险因素对早产儿出院后 90 天内急诊及再住院率的影响，发现非英语母语，且在美国生活大于 5 年的移民母亲，支气管肺发育异常的急诊率明显增加，而医疗补助作为反贫困的重要支持手段对此产生了显著的作用[16]。宫颈癌对女性移民是一个巨大的挑战，但女性移民对参与宫颈癌筛查的积极性普遍很弱，而参与度低的主要因素在于收入、失业、未婚、有精神分裂症或其他精神疾病史，以及迁入目的地不超过 5 年等[17]。此外，妊娠糖尿病也是移民的一项常见病，如一项研究对加拿大南亚移民的妊娠糖尿病进行了研究，发现加拿大南亚移民是妊娠期糖尿病发病率最高的人群，主要原因在于，一方面教育资源的文化定制意识不强；另一方面，移民获得关于妊娠糖尿病非官方渠道的信息过于丰富，这导致参与者对信息来源的准确性进行排序时存在差异[18]。现阶段，移民健康悖论的问题也开始受到广泛关注，有诸多研究发现发达国家的移民普遍比东道国出生的本国人更健康，但这种健康优势会在 10～20 年后消失[19]，这种现象被称为健康移民效应(HIE)，指移民比本国出生的人口表现出更大的健康结果的现象[20]。但这种现象对心理健康的影响十分有限，有一项研究对来自不同种族和民族背景的人进行了第一代、第二代、第三代和更高代人的心理健康评估，研究发现移民群体的心理健康状况差异很大，但随着时间的推移，这种差异会逐渐消失。总的来说，HIE 对广泛的心理健康结果和人群的适用性有限[20]。

（三）社会融入的研究

近年来，移民的文化适应与社会融入逐渐受到更多的关注。能否顺利适应和融入迁入地的社会文化环境是衡量移民迁移成效的核心指标，因此这一部分的研究具有重要的现实意义，而女性面临着很多来自家庭内外的压力和挑战，这些压力成为她们融入当地社会的限制性因素[12]。首先，语言障碍和文化歧视是阻碍女性移民社会融入的首要因素几乎得到了一致认同，而通过培养社区归属感来改善移民的心理健康，并支持移民服务机构和宗教机构增加社会参与度和参与的项目，也有助于增强社区归属感和改善移民社会融入状况[21]。例如，女性移民在得到家人的允许后参加烹饪培训，以培养自身在求职过程中所必需的人力和文化资本。培训的完成和证书的获得使这些妇女能够通过参与劳动力市场，在家庭中有更大的发言权，并有利于促进她们融入社会，以及推动她们追求自己的人生目标[22]。但与本地女性相比，移民不仅不太可能加入劳动力大军，即便对于那些加入劳动力大军的人来说，就业水平也较低，非正式工作中移民的比例过高，而人力资本回报率也低于本地女性。除此之外，迁移先后和是否已婚也会影响女性移民的就业。先迁移的女性移民和未婚女性移民通常会比已婚的追随者女性移民更受劳动力市场机会的青睐，这主要是由于未婚女性移民和率先迁移的女性移民较少受传统性别规范的影响，并且在改善自身经济状况方面的动机更强，而已婚的追随者女性移民更容易受到原籍国文化的影响[23]。健康的移民效应会积极影响移民的心理健康和社会融入，长期的针对移民心理健康和社会心理评估程序可能有助于产生持续的良好效果[24]。在其中，政府应起到足够的引导作用，组织的新移民之间关于社会认同和多样性的对话，有助于移民与本地公民的融合，既能促进参与者之间的相互理解，又能帮助参与者培养社会交往的能力[25]。同时，政府层面帮助移民有效融入的制度建设也是一个重要的研究方向，而制度建设的有效性也受不断变化的社会、经济、政治和文化背景的影响[26]。例如某项研究探讨了移民企业的社会网络资源的偶然效应如何影响创业导向和创新之间的关系，发现移民企业家的商业关系和种族关系对创业导向的创新效果有正向的促进作用，而政治关系对创业导向与创新的整体关系没有影响[27]。现实案例亦对此结论给予了验证，在美国移民法通过之前，所有移民群体都遵循了类似的种族隔离，之后来自限制较多国家的移民的种族隔离相对于来自限制较少国家的移民的种族隔离有所下降，并通过进一步的分析表明，去种族隔离可能不利于移民的社会经济同化[28]。而为了制定促进移民社会融入的解决方案，政策制定者应将注意力从描述和分析移民的感知和对自我本性的利用，转向开发和分析基于移民自我本性的解决方案和干预措施[29]。此外，移民社区的社区治理对促进移民社会融入也有影响，政策制定者应考虑更具弹性的家庭可持续性概念，以更好地适应和尊重移民社区的生活方式和动机[30]。例如，家庭暴力是影响南亚移民妇女福祉的一个重要问题，研究发现缺乏社会支持、文化程度低、丈夫的经济控制、传统的性别角色态度和对离婚的耻辱感等是导致南亚移民妇女遭受家庭暴力的社会文化风险因素[12]。此外，亲密伙伴暴力问题是韩国移民社区常见的问题，会对受害者造成严重的精神、身体、社会和经济后果，并影响他们在家庭、社区和更广泛社会中的人际关系[31]。而文化适应压力和缺乏社会支持的韩国移民妇女与亲密伙伴暴力受害是独立相关的，但是社会支持对这个问题并没有起到缓解压力的作用，而相反，异文化压力在一定程度上调节了社会孤立对该问题的影响[32]。

二、易地扶贫搬迁相关研究

（一）政策演进与制度变迁的相关研究

易地扶贫搬迁是由政府主导的，为了解决某一区域居民的生存与发展问题，而将该区域居民搬迁安置到其他地区的政策。由于它是一个由政府主导的政策方案，因此该政策的演进和制度变迁必然成为学者们关注的首要内容。部分学者完成了政策与理论研究回顾与梳理的基础研究工作。例如一项研究从文本量化的角度，分类并编码了自我国易地扶贫搬迁政策实施以来共 15 年 90 多份政策文件文本，并将这 15 年的演变过程分为三个阶段，分别为试点探索、总体推进、脱贫攻坚[33]。而其他研究则聚焦于易地扶贫搬迁文献的回顾和梳理，发现现有文献的研究主要集中在政策演进、移民安置、可持续生计和绩效评估四大方面。后续研究应重视在搬迁机制和政策创新、完善社区治理模式、提高行政治理能力、后续发展长效机制建立等方面的延伸[34]。而在具体的研究中，相关学者首先关注到制度偏差的可能影响，例如，易地扶贫搬迁政策实施的过程中，由于普遍存在一个较为紧迫的任务完成期限和较为严格的考核要求，因此使基层政府面临极大的行政压力，往往会造成一定的政策执行偏差和风险。为了避免这种由内部因素引起的政策负面效应，政府应该在执行政策时考虑政策的延时性和长效性，循序渐进地推进政策措施，尊重贫困群体的意愿，并为政策的可逆性留有余地[35]。同时，在政策引导的过程中，还存在执行力度小、目标偏差、衔接失位等问题，需要在各主体形成共同价值观的前提下，实现协同工作的体系化模式来促进政策创新[36]。除此之外，制度建设也是一个重要的研究内容，例如一项研究基于空间贫困理论和中国城乡二元结构理论框架，分析了城市构建益贫性发展空间的方式和途径，后从推动城乡联动的角度，建立迁入地、所在城镇和异地城镇三维空间协同机制来保障移民搬迁后的后续发展问题[37]。通过基于易地扶贫搬迁全过程的宣传引导、保障补偿、可持续生计、能力建设、公共服务、社会网络、协调合作综合制度体系建设，以期能通过该制度体系，确保实现从“自愿搬”到“稳得住”的易地扶贫搬迁目标的全面实现[38]。在政策创新与制度建设的相关研究中，有土安置政策的变迁是一个广受关注的内容，其中关注“土地增减挂钩”的学者研究发现资金压力是土地增减挂钩易地扶贫搬迁政策的根本原因，但该政策可能会造成扶贫资金利用效率低下、搬迁户生计波动、地方政府出现隐性债务风险等负面影响。关于移民承包地选择和处置的问题，由于搬迁后继续耕种承包地利润微薄，因此越来越多的农户选择流转或放弃经营权，需要进一步完善易地扶贫搬迁农户承包地退出制度[39]。但总体上，选择自己耕种的移民仍占多数，只有少部分移民选择土地流转或撂荒；安置地特征、经济状况、户主受教育程度、家庭成员健康状况和婚姻状况对移民选择土地流转有显著正影响，而邻里关系满意度与移民选择土地流转呈负相关关系；住宅与承包地的距离对土地撂荒有显著正影响，耕地面积、农业收入比例和农业基础设施建设水平等与土地撂荒呈负相关关系[40]。关于宅基地复垦，中低收入农户由于兼顾生产功能，普遍拥有更大面积的宅基地，且由于他们期望能从宅基地复垦中获取收入，满足他们养老、失业、医疗等基本保障方面的诉求，因此他们的复垦意愿也是最大的[41]。为了解决这一问题，政府应在对农户进行就业培训的同时，设置具有公益性质的就业兜底岗位，同时完善农村社会保障体系建设，重视搬迁后的生产与生活扶持，确保实现“稳得住、能致富”的易地扶贫搬迁目标[41]。

（二）易地扶贫搬迁移民生计与可持续发展研究

移民生计与可持续发展也是一个重要的研究方向，该方向上的研究相对集中，均致力于推动移民生计能力的建设，促进可持续发展，但可以从搬迁前后不同推进策略的研究中将现有成果分为三类。第一类即通过产业配套、就业培训等帮助移民重建和提高生计能力，确保搬迁后移民可以在迁入地“稳得住”[42]。第二类即通过制度建设，解决移民所面临的现实诉求，有针对性地提出保障移民后续增收致富与可持续发展对策的相关研究[43]。因此，着力易地扶贫搬迁后续措施保障和可持续脱贫能力增强两大任务的完成，建立可持续脱贫能力培养与形成体系是提高易地扶贫搬迁移民脱贫能力建设的关键，应在制度层面建立政府、企业、社会组织和移民自身根据各自的职能定位协同治理机制，共同促进易地扶贫搬迁移民可持续脱贫能力的建设[44]。第三类即从生计资本恢复与积累的角度，贯穿整个搬迁过程的相关研究，例如一项研究构建了生计恢复力评价体系，从就业情况、居住环境、心理意识和公共服务四个方面评价新型城镇化对搬迁户生计恢复力的影响[45]。研究发现，推动新型城镇化对提高移民生计恢复力有双重影响，一方面就业机会增加以及公共服务和心理意识的城镇化对移民生计恢复力有较大的正向影响；另一方面，居住环境的城镇化并没有达到政策预期，需要通过配备完善的基础设施来支撑，因此还需进一步完善“易地扶贫搬迁＋新型城镇化”的双轨驱动模式[45]。因此，易地扶贫搬迁政策可以提升搬迁移民的生计多样性，同时还可以降低移民对自然生态服务的依赖程度，对破解“一方水土养不起一方人”发展困境意义重大[46]。但值得注意的是，随着农户生计手段的多样化，敏感性和适应能力都会逐步升高，但生计脆弱程度却有所不同，一种生计户和多种生计户都有较高的生计脆弱风险，两种生计户的生计脆弱度是最低的[47]。而基于易地扶贫搬迁农户生计适应能力的角度，探究农户生计适应策略的影响机制，可以发现人均纯收入、人均耕地面积、住房面积、物质资产水平、生计多样性程度以及对他人的信任程度和对政策的了解程度都会显著影响农户的生计适应策略。因此，扩大社会资本、储蓄金融资本、积累物质资本都对提升易地扶贫搬迁农户的生计适应能力有很大助力[47]。此外，还有部分基于可持续测度、生计满意度、生计方式变迁等的研究。

（三）易地扶贫搬迁长效脱贫的相关研究

长效脱贫是易地扶贫搬迁的最终目的和意义所在，因此关于这部分内容的研究和探讨最为深入。其中绝大多数学者都认同易地扶贫搬迁是一种有效的扶贫手段，对解决由自然禀赋所导致的贫困有显著作用。易地搬迁不仅可以有效降低贫困脆弱性，还可以改善农户生活环境和基础设施建设水平，同时可以增加农户的生计多样性，便于重构社会网络关系，易地搬迁是一种有效的扶贫解贫手段[48]，而要全面实现长效减贫的关键又在于将移民安置社区从过渡型向发展共同体转变[49]。易地扶贫搬迁是解决贫困问题有效途径这一观点得到普遍共识的同时，它的一些负面影响，或者需要进一步完善的政策偏差与缺失的部分同样也引起了关注，例如，易地扶贫搬迁移民的个体适应与社会转型的协调，社区重组、产业配套、心理适应等易地扶贫搬迁问题的解决[50]。此外还要注意在实现扶贫脱贫的目标同时，避免陷入“政策陷阱”，即要在消除绝对贫困的同时预防相对贫困程度的加深，需要从生计资本的角度加强精准施策和精细管理，重视农户个体生计能力的提升，促进长效减贫，降低相对贫困程度[51]。易地扶贫搬迁对移民的生计资本的提升也是显著的，即时减贫效益相当明显，但基于持续性不强，在一个较长的时间跨度内存在边际减贫效益递减的趋势[52]；而且，从分阶段的研究结果来看，不同阶段易地扶贫搬迁对移民五类生计资本的影响，无论是在程度上还是方向上，都存在较大的差异[52]。除此之外，针对易地扶贫搬迁移民家庭贫困识别和多维贫困测度的基础性研究同样重要，在贫困识别中将传统的“收入”衡量标准升级为“收入＋资产”衡量标准，更符合多数贫困户反贫困的实际需求[53]。A—F 法可以有效测度搬迁农户基于不同搬迁行为和特点的多维贫困差异，某项研究发现由于健康和能源因素的贡献，搬迁户的多维贫困程度普遍低于非搬迁户，且通过增加教育、能源、住房等基础设施建设投入，可以进一步改善搬迁户的多维贫困程度[54]。因此，对于易地扶贫搬迁移民家庭的长效脱贫应更多关注基础设施和公共服务的提升，交通、教育、医疗、购物、信息等基础设施的全方位完善能够为移民进一步巩固脱贫成果提供保障[55]。

（四）易地扶贫搬迁社区治理的相关研究

易地扶贫搬迁移民普遍会面临社会关系重构和社区治理的困境，这也是阻碍易地扶贫搬迁移民能够在迁入地“稳得住”的最后一道障碍。因此要实现易地扶贫搬迁的扶贫脱贫目标，必须从优化生活习惯、生产方式、社会组成、思想传统、文化惯性等社会关系网络角度入手，让移民对迁移地生产生活、文化传统等能够快速适应，是事关移民自身生活质量和扶贫政策实施效果的重要保障[56]。总体上，易地扶贫搬迁移民社会支持各维度得分和总分均低于全国平均水平，但与本地非搬迁户的差距并不大，可以通过提升教育水平来改善易地扶贫搬迁地区的社会支持水平[57]。因此，应将视角聚焦于易地扶贫搬迁社区的治理与优化，迁入地应组织以社区为中心的行政主体，以移民为中心的社会主体，组建移民社区的基本关系结构。通过创新扶贫资源的投入模式，重视移民自身内生发展能力的培育；同时政府层面应该改变以政绩为考核中心的目标导向，倡导群体利益至上的治理观念[58]。此外，促进社会融合也是处理社区关系与治理的重要途径，而易地扶贫搬迁社区受经济发展状况、日常生活方式变迁、社交网络、政府公信力这四个方面的影响，其移民社会融合情况与普通社区相比差异更大[59]。

三、移民与女性移民的社会适应相关研究

（一）移民社会适应相关研究

第一，可持续生计与社会适应。搬迁后，移民由于文化与社会环境差异的影响，都会不同程度地出现社会适应问题，可靠的生计手段和丰富的生计资本往往在移民社会适应进程中起着至关重要的作用。因此，针对不同类型的移民群体，要提升其社会适应水平，可持续生计始终是一个重要课题，只有区别关注不同类型移民群体的社会适应状况，才能制定出相配套的移民政策，这关系移民安置区后续的经济发展与社会稳定，进而影响生态移民工程的成效[60]。而从人类认知五个层级角度出发，移民在社会适应的过程中同样面临行为偏离、心理依赖、思维滞后等不利处境，应采用更新观念、培养技能、改善环境等多种方式对移民进行引导，从而提高移民的社会适应性，进而巩固精准扶贫成效[61]。在移民户的社会适应过程中，究竟是人力资本还是社会资本在发挥作用，相关研究也进行了深入探究，例如一项研究比较分析了二者对移民户社会适应的影响，研究发现就全体移民来看，人力资本对移民的社会适应影响更大；但随着移民在安置区居住时间的延长，社会资本对移民社会适应水平的影响会逐渐增大[62]。易地扶贫搬迁旨在帮助贫困人口改变原有的不利生存环境，把贫困群体搬迁到环境与发展较好的地方，使其在搬迁地重新构建适宜的生存空间，针对这种类型的移民，应重视搬迁后当地政府和移民在新的生存空间所进行的实践活动，凸显行为与空间的内在联系，探究空间重构对移民后续社会适应的影响，主要涉及移民在新的生存环境中所面临的需求、选择、博弈和妥协等方面[63]。劳动力移民同样受到了广泛关注，如一项研究实证分析了包括社会资本、人力资本等在内的城市资本积累对外出务工人员在城市生活中的经济、就业、心理等方面融入能力的影响，发现移民邻里关系会在移民搬迁后出现变化，在原居住地时邻里之间较为重视人情，而在搬迁后的安置区，这种邻里关系会表现出以利益交换为主的特征[64]。这种邻里关系的变化具有显著的道德变迁特征，生产与生活方式变化、家庭内部结构变动等都会引起这种变化，这也是移民社会转型过程的必经之路[65]。

第二，不同安置方式移民的社会适应。不同的安置方式会对移民的社会适应能力产生不同影响。按照不同的原则，可以对移民安置方式进行分类：依据安置区与原居住地距离的远近，可以分为就近后靠、近迁和远迁三种安置类型；依据生产属性的不同，可以分为农业、非农业和复合安置三种类型；依据

移民群体安置界限的特征，可以分为集中和分散两种安置类型[66]。集中安置模式下，村民在搬迁前居住相对分散，个人活动空间很大，但是在搬迁后，居住空间变得相对紧张而密集，家庭矛盾被放大，不利于移民在安置区的社会适应；搬迁后的移民，自我认同感较低，人心不够凝聚，安置区缺乏经验丰富、擅长人际交往的组织人，这些都不利于移民社会关系网的形成，从而阻碍了移民社会适应能力的提升[67]。针对城市楼房安置——非农安置模式下移民存在的社会适应问题，政府应采取以下措施：加大宣传力度，引导移民转变落后的思想和观念；在制定和实施移民后续安稳政策时，应充分重视移民的权益，扩大移民政治参与度，充分调动移民的主人翁心态；安置区政府应结合当地实际，积极扶持有效吸纳移民就业的产业发展，拓宽移民致富渠道；应平等对待城市居民和移民，积极开展一些社区联谊文化活动，增强城市居民和移民之间的互动与交往[68]。非农业安置移民同样容易遇到这些问题，例如一项研究利用社会学相关理论和方法研究旅游产业安置模式下的移民社会适应，研究了移民生计、社会交往和日常生活三方面存在的适应问题，指出发展旅游产业安置，有利于发挥当地特色，吸纳移民就业，增加移民的收入，有利于移民各方面社会适应水平的提升[69]。相比之下，就近安置模式优化了人口分布与资源配置，有利于改善移民生活环境，加快地方经济发展，从而提升移民的社会适应水平[70]。

第三，不同类型移民的社会适应。根据迁移目的的不同，移民群体可以分为劳动力移民、婚姻移民、工程移民、生态移民、易地扶贫搬迁移民等。不同的移民群体有不同的社会适应特征，同时也会在适应过程中遇到不同类型的社会适应问题。首先以工程移民为例，三峡移民是工程移民的典型代表，某项研究根据 1997 年、1999 年和 2000 年三峡农村移民的调查数据，指出三峡工程首批农村移民普遍能较好地适应日常生活，而在经济层面和心理层面的社会适应水平较低，提出搬迁后地方政府对移民的关怀，对移民早期的社会适应能力提升至关重要[71]。安置区政府应给予重点关注，并制定和实施有效解决移民社会适应问题的政策措施；地方有关职能部门应加强对移民的职业技能培训和卫生健康宣传工作，并指派有关部门对三峡移民社会适应状况进行跟踪评估[72]。此外，有部分学者指出三峡外迁农村移民的社会适应首先是从文化层面开始的，逐步过渡到社会适应和心理适应；未来移民安置补偿政策应从加强移民职业技能培训、引导移民与当地居民积极交往、落实移民后续帮扶政策等方面着手[73-74]。此外，对生计能力的恢复、社区关系的和谐程度、文化习俗的交流融合等几个方面也应该给予足够的关注，移民社会融入的过程是这几个方面因素共同作用的结果，并呈互相加强的态势，少部分移民也会因此而陷入孤立无援的处境，因此后续的移民安稳政策应避免一刀切的做法[75]。其次是生态移民，生态移民是基于生态环境保护和发展经济双重目标的人口迁移活动，移民的社会适应是一个循序渐进的过程，移民能否在搬迁后顺利适应当地生活，不仅关乎移民长期的生存与发展，也关乎安置区的经济与社会发展，进而影响生态移民工程的实施及结果[76]。因此，应该从经济、社会行为、文化认同三个角度提升生态移民的社会适应水平。例如一项研究指出，年龄与移民的社会适应能力呈负相关，30 岁以上的移民，因自身体力不够强盛等原因，比较难适应搬迁后的生活；文化水平对移民的社会适应具有显著的正效应，文化水平较低的移民，因自身知识储备不足和学习能力不强等原因，比较难适应搬迁后的生活；语言对移民的社会适应具有正向作用，掌握汉语的移民，能够在搬迁后更好地融入当地生活[77]。总体来说，生产方式、日常生活、人际交往和心理归属四个方面都会影响移民的社会适应情况，应结合当地特色，大力开发服务业、旅游业等相关产业；拓展职业技术培训，并针对少数民族子女开设双语教学课程；在安置区建立新的属地管理机制，积极扩大移民的政治参与度；完善安置区医疗、养老等社会保障制度，维护移民的权益；重建移民社会支持网络，打造良好的社区关系等[78]。生态移民的实施，将过去生活在封闭山区的少数民族迁出，改变了移民的生活环境，也为移民人际交往空间的延伸创造了条件，移民的生计方式、生活状态和思想观念都在发生变化[79]，而充分发挥移民的主观能动性，突破传统的陈规旧习，转变思想和观念，积极适应搬迁后的“新生活”，对少数民族移民提升自身社会适应能力意义重大[80]。易地扶贫搬迁是移民的一种特殊形式，搬迁意味着移民原有生产方式、生活方式和人际关系的解构，经济生产、文化习惯、身份认同都产生了变化，因此易地扶贫搬迁移民的社会适应是一个漫长的过程，对安置区移民的社区治理，应该综合考量，而不仅限于生存、经济和管理这几个层面[56]。特别是随着生活环境、生活方式以及劳动生产方式的改变，“失地”后的不安、归属感的缺失会加剧，这会对移民的社会适应产生重大影响[81]。应考虑从政府、社区以及个体三方面着手，从制度、社会网络构建和个体赋能方面予以支持，采取有效的应对措施，从就业、日常消费、人际关系、政治权利和身份认同五个层面，帮助易地扶贫搬迁农民逐渐适应新的生活，引导他们脱离贫困、奔向小康[82-83]。具体来说，针对移民的生活、就业、医疗、养老等，应从制度层面强化移民社会权益保障；完善相关配套设施，建立生活网络支持系统；加强移民职业技能培训，促进个体的适应能力[84]。易地扶贫搬迁移民社会适应影响因素同样是一个重要课题，一般认为生计资源的差距导致了移民生计适应能力的个体差异，应该从提升移民物质能力、创建灵活多样的信贷方式、重构社会支持网络、加大安置区基础设施建设等方面着手，努力提高移民的生计适应能力，进而促进安置区移民的全面可持续发展[85]。

第四，老年移民与青少年移民的社会适应。不同移民群体有各自不同的社会适应特征，同时也存在不同的社会适应问题，其中尤以弱势群体：老人、儿童为代表。以老人为例，老年移民由于生理机能的退化和心理层面的故土情结，在搬迁后社会适应性普遍不高，主要体现在生活、人际关系和心理三个方面[86]。不同年龄层次移民的社会适应情况也有很大差异，因此针对不同年龄阶段移民的差异化研究对于提高移民政策的适配性，巩固移民工程的可持续发展目标具有重要意义。如一项研究依据不同年龄阶段将宁夏生态移民划分为四个层次，比较分析了各个年龄阶段移民的社会适应情况，认为移民整体在日常生活和人际交往方面普遍具有较强的适应能力；而不同年龄阶段的移民在生产方式的适应性方面存在较大的差异，其中 41 岁以上的移民适应性最差[87]。老年移民是整个移民工程最为特殊的群体之一，相较于其他年龄段的移民，他们在体力、技能等方面存在明显的劣势，且因生产方式、生活习惯等的改变，表现出较差的社会适应能力[88]。适应与发展是青少年人生成长中必须面对的课题，研究青少年的社会适应性，有利于引导青少年做出正确的社会适应行为，从而推动素质教育更好地实施。总的来说，青少年社会适应性主要体现在心理自控程度、心理承受能力、人际交往适应性、自我能动性等几个方面。自我意识对社会适应行为的影响是突出的，良好的自我意识能够引导正确的社会适应行为[89-90]。此外，还需从完善户籍制度和社保体系、提升外出务工人员人力资本含量、保障外出务工人员住房和确保外出务工人员适龄子女接受义务教育等方面着手[91]。但由于青少年并不是独立的经济人，因此针对青少年移民社会适应的研究相对较少，且主要集中在教育层面。

（二）女性移民社会适应相关研究

女性移民的社会适应问题逐渐成为现阶段的热点课题，其中尤以女性婚姻移民、劳动力移民和求学移民的研究为主。经济与社会的发展带来了人口的频繁流动，婚姻的缔结也不再局限于小范围地区，婚姻移民越来越普遍。其中农村婚迁女性移民由于劳动生产、生活方式、人际交往和心理接纳的不同，社会适应程度也有很大差异[92]。但总体上，婚迁女性移民要比劳动力移民具有更高的社会适应性，但空间跨度较大的婚迁女性，因气候、饮食和习俗等方面的显著变化，表现出较低的生活适应水平；此外，从心理接纳来看，所有婚迁女性移民普遍存在孤独感，跟随丈夫返回农村的这类女性孤独感尤为严重[92]。在婚姻的不同阶段，社会适应情况也存在差异，在刚缔结婚姻时，由于在政治权利、经济和心理等各方面处于弱势地位，表现出较低的社会适应水平；但随着在夫家居住时间的延长，由家庭融合带动的社会融入也进一步升级，有利于异地人口和社会的融合。但这种融合也会因户籍制度、人际交往的排斥无法充分实现，婚迁女性移民的性别劣势和外地人身份，更是阻碍了社会融合的完全实现[93]。上海“外来媳妇”就是一个典型案例，一项研究从经济、生活和心理三方面着手，分析影响城市女性婚姻移民社会适应的因素，指出学历水平、户籍制度和文化因素会对城市女性婚姻移民的社会适应能力产生不利影响，使女性婚姻移民处于低下的社会地位；而和谐的家庭关系可以在一定程度上弥补女性婚姻移民的心理，有利于促进她们的社会适应[94]。随着改革开放的推进，城市的第三产业蓬勃发展，进而对女性劳动力产生了大量的需求，因此女性劳动力移民也逐渐受到关注。女性劳动力移民同样会遇到这一问题，虽然她们在主观意愿上会尝试积极适应城市生活，但自身教育与文化背景，加上生计特征和家庭照料的羁绊，降低了她们的生活适应水平[95]。如果能提升女性劳动力移民的教育水平，合理协调女性移民的家庭照料分配，促进其劳动参与，则对其社会适应水平的提升极有助益[96]。此外，女性劳动力移民的社会适应过程，与她们所在的家庭、社区等亦息息相关。女性劳动力移民虽然在主观上积极地适应城市生活，但是她们本身的文化水平、职业属性和照料家庭的牵绊，使得她们在以男性为中心的社会性别结构中处于劣势，从而降低了她们的城市生活适应能力[97]。求学女性移民的社会适应变动则相对稳定，一项研究利用半结构式访谈等定性研究方法，解析了留学女生在学业、生活和心理三方面的社会适应情况。认为主动积累专业知识、熟练掌握语言和培养高效的学习习惯，均有利于提升留学女生在学校的社会适应水平[98]。

四、性别平等与妇女赋权相关研究

（一）女性主义法学与法制保障的相关研究

在妇女赋权研究领域，加强女性主义法学建设，从法制角度促进和保障妇女地位和权利是最为重要的研究内容之一。其中，针对印度男权社会的种种规范对妇女赋权的深远影响受到了广泛关注，例如印度社会规范依然影响着妇女是否决定避孕，因此应在印度推行以妇女为中心的自下而上的计划生育法案，侧重于保障妇女对自己的生命和健康的决定权[99]。赋予妇女权利是影响孕产妇和儿童健康的社会决定因素，决策者应考虑将赋予妇女权利提升到法律层面[100]。而除基本权利外，还应重视赋予妇女经济权利的价值，即赋予她们平等的经济资源权利和在各级充分参与经济决策的权利[101]。中国向来重视从法律角度维护性别平等和妇女赋权，例如维护性别平等是《民法典·婚姻家庭编》编纂时所遵循的原则之一[102]，而对于构建包容性法律政策体系，保障女性享有与男性同等的就业机会和职业内收入，对于降低女性工资水平和提出更为苛刻的入职条件等性别歧视行为，应由专门的监管机构负责监察等则是更为具体的规范策略[103]。同时，不仅要在学理论证方面充实有关女性主义法学的知识，还应在立法等途径中贯彻落实[104]。我国女性主义法学在法律平等与实质平等方面取得了逐步的进展，加强我国女性主义法学建设，应在实现法律平等的基础上落实事实平等[105]。此外，许多妇女赋权相关国际组织和国际会议均对妇女赋权法学建设和法制保障十分关注。例如，第九届全球跨学科妇女大会从女性主义角度出发，提出法律面前人人平等，妇女应使用法律武器捍卫自己的权利，争取性别平等[106]。联合国第 54 届妇女地位委员会则提议各国应积极建构有利于促进性别平等的环境，制定确保赋予妇女权利的综合性法律法规，加强对性别平等执行部门的审计监督，争取消除歧视妇女和暴力侵害妇女的行为[107]。第 63 届妇女地位委员会中则呼吁增加妇女参与政治经济活动的途径，消除对妇女和女童的偏见和歧视，促进性别平等目标的实现[108]。2019 年北京论坛分论坛“文明进程中的女性能动力和发展”中指出应完善法律制度，为妇女平等地接受教育、充分参与到社会经济活动中提供政治保障[109]。

（二）女性意识与平等观念

唤醒女性权利意识，鼓励女性主动树立性别平等观念，积极争取自身权益，对推动女性赋权意义重大，因此有很多研究将视角聚焦于此，例如一项研究认为性别平等观念的普及也会弱化对新生儿的性别偏好，特别是随着年轻一代女性政治地位的提高，对生育选择有显著影响，提高了生育子女中女孩的比例[110]。但其实它是一个综合影响，对于男孩偏好和女孩偏好均呈现弱化趋势，随着男女平等观念日益深入人心，出生性别比也逐步趋于正常[111]。实际上，农村妇女的社会经济赋权（家庭代理和村外流动）与政治知识和观点之间联系密切，妇女赋权与农村妇女的政治知识和观点呈正相关[112]。当女性在决策中的发言权显著提高时，拒绝女性遭受暴力的观念也会随之增强[113]。另外一项研究的观点则回归传统，认为文化，特别是宗教文化所体现的价值观，在有关规范妇女行为和信念方面起着核心作用[114]。以“男主外女主内”为核心的传统性别角色观念对女性的外出发展具有直接的抑制作用，男女收入差距由此形成，进而导致男女社会地位差距愈加扩大[115]。而这种传统性别角色观念会受到人口流动的冲击。此外，女性主义社会工作对改造传统观念，促进男女平权也是一个重要助力，其旨在基本公共服务层面帮助女性解决实际问题，赋予女性权利，唤醒女性重视自我需求的意识，建构和谐的性别关系[116]。而以性别视角看待妇女问题，肯定妇女是发展与进步的主体，而不是被看作计划和实施的对象亦同样重要[117]。因此，赋予妇女权利，使妇女充分地参与整个发展过程并享受发展带来的益处，社会经济才能可持续发展[117]。互联网的发展使女性从被动的信息接受者转变为信息生产者，使她们有能力、有办法通过自我发展提升自己的社会地位，抵制各种歧视和宗教激进主义限制[118]。而随着社会的进一步开放，城乡人口流动有利于同时改善夫妻双方的性别观念，在促使女性意识到自身话语权的同时，也推动了男性接受性别平等的观念，有助于实现家庭决策权的夫妻平权[119]。综合各种观点，个体的学历水平、收入以及社会地位对性别角色观念具有显著正影响；相对于男性而言，学历水平、收入以及社会地位的提高更有利于促进女性性别角色观念的平等开放；学历水平和收入高于配偶的女性，更容易在家庭内部享有平等的家庭地位[120]。

（三）教育、就业与发展机会

就业与发展机会是落实女性赋权成果的重要体现。公平的受教育机会对妇女赋权与性别平等意义重大，受教育程度更高的妇女拥有更高的赋权水平，但配偶之间受教育机会的平等比平均受教育水平更重要，因此教育需要男女兼顾，特别是在偏远地区，需要特别注重对女孩的教育投资[121]。进一步，可在优先保障女性受教育权的前提下，在科研与创新成果转化领域施行性别平等干预措施，提升女性群体的整体素质，而性别能力、经验、知识和透明度等都有助于干预措施的成功实施[122]。就业与发展机会对性别平等同样重要，一项研究发现由女性担任领导职位引发了妇女对工作、方案参与和获得金融服务的需求的增加，这种需求在妇女政治领导时期之后仍然持续[123]。增强妇女的项目监督参与、公民参与和选举参与，有利于增加妇女就业和妇女对金融服务的需求，但不切实际的就业与创业培训可能会起到相反的作用。如某项研究使用了越南一项随机对照试验的数据，发现这种策略可能会适得其反——参加性别和创业培训项目的女性比对照组的女性遭受更频繁的虐待[124]。为了解决这一问题，应首先致力于增加女性收入，例如一项研究关注了性别观念对女性劳动参与率和收入水平的影响。研究发现，"女人应该以家庭为重"的这种性别认同观念越传统，则女性参与就业和受雇活动的概率就越低，并且参与社会就业的女性的工资收入水平也越低[125]。同时，最低工资标准也会对已婚女性的就业、工资收入等社会劳动参与状况产生影响，研究发现最低工资的上涨会显著提升已婚女性的劳动参与率，而且低收入已婚女性群体劳动参与率的增加幅度明显大于中等收入及高收入已婚女性群体[126]。此外，子女升学压力也会对已婚女性的收入产生显著影响，且这种负面影响在高教育水平群体的母亲当中更显著；其中独生子女家庭或者育有男孩的母亲，由于对教育的期望更高和男孩自律性更差等原因，导致这部分母亲的收入受子女升学压力的影响更为显著[127]。因此，通过平等的教育、就业机会为妇女赋予经济、教育和政治的权利，使她们拥有与男性同等的就业和发展机会，享有与男性同等的受教育和培训机会以及与男性同等的政治参与机会，才能真正实现性别平等，这对于全球可持续发展目标的实现具有重要意义[128]。自新中国成立开始，我国就重视女性"半边天"作用，强调性别平等的重要性，但在 1978 年至今行业性别构成变化趋势的研究中发现，尽管各行业部门的女性从业人员有所增加，但从总体来看，行业性别隔离程度扩大了 1.71 倍，女性的"半边天"作用还未得到充分发挥[129]；而女性的受教育程度越高，越有机会进入高收入行业，因此在科学研究和技术服务等相关行业，应给予高学历水平女性平等的就业和发展机会，为其实现科研梦创造条件，并加强人力资源市场监管，保障在工作获得途径性别平等，促进行业内性别均衡发展[129]。性别收入不平等会促使女性陷入相对贫困状态，而女性相对欠缺的就业机会和较低的职业内收入是造成性别收入不平等的重要原因[130]。许多国际会议和国际组织也十分关注女性就业和发展机会的获得，例如 1995 年第四次世界妇女大会以来的中国妇女教育研究，提到享有与男性平等的受教育权利，是为妇女发展赋权不可或缺的部分。平等地接受教育，有利于提高女性文化程度，提升女性人力资本质量，促进女性就业率和就业质量的提高，进一步提高妇女生活质量和社会地位[131]。性别分层与劳动力市场会议则提出：造成两性收入差异的主要原因是人力资本和性别歧视，教育水平在女性获得社会经济地位方面发挥着很大的作用[132]。联合国第 54 届妇女地位委员会中提到，尽管有关性别平等与妇女赋权在健康、教育、经济和社会保障等领域取得了相当大的进展，性别不平等的现象依然存在，例如，妇女就业集中在报酬低、工作条件差和缺乏社保覆盖的行业[133]。

（四）照料经济与人力资源再造

家庭照料及生育责任是造成女性在劳动力市场遭受歧视，进而导致性别不平等的主要因素之一，但女性家庭照料对潜在人力资源培育的价值和意义也得到了关注。女性在家庭生产决策中的自主性和在公众当中表现出的自信程度与孩子的身高和降低发育不良均呈正相关关系。一项孟加拉国的研究指出，扩大赋予妇女权利有助于补充食物营养，以减少孟加拉国儿童的发育迟缓，同时有助于实现其他社会和发展目标[134]。可见妇女获得权利对儿童营养状况的直接影响是显著的，加强妇女赋权，特别是增强其内在动力，可以直接或者通过改善产妇营养而改善儿童营养[135]。除对潜在人力资源培育的影响外，家庭照料和生育负担不利于女性获得就业机会和后续的企业人力资本投资，农村妇女在生产资料的获取和支配方面处于不利地位，妇女赋权能够在一定程度上解决农村妇女经济参与的困难，有利于推动农村妇女的发展[132]。由此可见，家庭照料及生育责任是造成女性在劳动力市场收入较男性低的原因之一，这种性别收入不平等会促使女性陷入相对贫困状态[130]。例如一项研究证明：女性对父母公婆等老年人的照料活动会对其自身的劳动力供给产生抑制作用，主要表现在每周 20 小时以上的照料劳动会使女性的劳动参与率显著下降 7.31%；对于兼顾老年照料劳动并依然坚持工作的女性来说，其每周的工作时间和月收入会因照料责任分别下降 2.8～4.8 小时、7.21%；同时，家庭老年照料并不会显著增加 45～49 岁城镇女性提前退休的概率[136]。在市场经济条件下，性别分工与育儿文化的兴起，使抚育儿童的责任逐渐回到家庭，女性则逐渐回到了照料者的角色[137]，且在同等条件下，中国女性比男性面临的工作—家庭冲突程度更高，且存在显著的性别差异，中国女性比男性感受到更多家庭对工作的干扰，而男性比女性感受到更多工作对家庭的干扰，这在一定程度上限制了女性的解放，因此政府应尽快出台相关扶助政策，帮助女性缓解家庭照料责任，进一步推动女性解放[137-138]。女性家庭照料存在显著的正溢出效应，基于照料经济学的理论视角，女性照料活动具有显著的经济效益，可视为对潜在人力资源和社会资源的投资[139]。无酬照料劳动通过对儿童、病人和老人的培养和照顾，发挥着对人力资本投资的重大作用，但是这种作用通常被低估甚至是忽视[140]。无酬照料的社会价值得不到社会的肯定，这也是导致性别不平等的重要原因之一。

五、文献研究评述

（1）女性移民研究领域一直以来都十分关注女性移民身份认同与健康卫生保障的问题，特别是近年来，研究深入到对女性移民身份认同过程和健康卫生保障内在机理及制度建设的系统探究。总体来看，女性移民研究领域的主要研究方向还是集中在身份认同和移民健康与卫生保障两个方面，对女性移民社会融入的研究还不是很深入，但实际上这一部分的研究对女性移民群体的基本生计获取与可持续发展意义重大，应该从经济、社会、文化、心理等多个层面，深入系统地探究推动女性移民积极融入迁入地社会与发展环境的具体对策和解决方案。

（2）易地扶贫搬迁是一项具有显著中国特色的政策方案，因此在这一政策出台之日起，针对我国易地扶贫搬迁政策变迁、可持续生计、长效脱贫、社会关系重构等多个方向的研究已十分深入。其中，易地扶贫搬迁移民的可持续生计和长效脱贫问题探究更是一直以来易地扶贫搬迁研究领域的热点问题。但是综合现有研究成果发现，大多数研究都聚焦于对易地扶贫搬迁政策演进、移民安置、脱贫返贫、可持续生计和绩效评估表层现象和问题的基本分析及相应对策措施的提出，很少有学者尝试深入探究问题发生的内在机理，而能够根据内在机理的研究进一步展开系统解决方案和制度建设的研究就更为缺乏。

（3）移民与女性移民的社会适应研究涵盖不同安置模式、不同类型移民、不同移民群体社会适应现状的阐述、社会适应问题的探究，以及女性移民社会适应的分类、特征和问题，并从不同视角切入制定符合各类移民群体的社会适应特征的对策措施与解决方案。但总体上看，还存在几个需要补充的内容：①涉及心理适应的研究虽多，但绝大多数仅为针对理论层面的阐述和定性分析，基于定量分析方法，深入探究移民心理适应的研究内容较为欠缺。②易地扶贫搬迁作为一种相对特殊的移民形式，有关它的研究不具有针对性，未能有效体现易地扶贫搬迁移民社会适应的特点。③针对女性移民社会适应的研究并不典型，多数研究并未突出女性特色，研究成果共性特征比较明显。

（4）目前关于妇女赋权的相关研究已经十分丰富而系统，包含法制建设与制度保障，权利意识与性别观念改善，教育与发展机会，照料经济四个主要的研究方向。其中，有关妇女赋权法制建设与制度保障、女性就业与发展机会的研究逐渐成为妇女赋权研究领域的热点，且从法制建设角度逐渐扩展延伸到女性意识的觉醒和发展机会的争取层面，21 世纪以来，这两部分的研究也就成为妇女赋权研究领域的主要内容，研究成果丰硕，对推动新阶段妇女赋权，促进男女平等起到了至关重要的作用。近年来，照料经济的研究逐渐兴起，很多学者开始从这一方向上探究肯定女性家务与照料劳动价值的原理和方案，进而完善女性社会发展贡献评价体系，提升女性社会经济地位。但综合现有研究成果发现，绝大多数研究都是基于各自的领域和所探究的方向展开研究，但实际上妇女赋权是一个综合性问题，需要将制度建设、发展机会、平等观念、社会适应、家庭伦理等多方面内容有机结合，系统探究女性权利获取的发生机理和限制因素，以此来解决现实社会发展与变迁过程中的妇女赋权问题。

就上述现有研究存在的不足，本研究根据社会适应理论、人口迁移理论和妇女赋权理论等，以两轮跟踪调查数据为基础，采用倾向得分匹配、结构方程模型等准实验评估和验证性分析研究方法，实证研究易地扶贫搬迁对女性移民社会适应状况的影响，以及影响背后的主要因素，以期能够与现有相关研究相互补充与完善。

第三节 研究目标与研究意义

一、研究目标

本研究以宁夏回族自治区为研究区域，利用动态跟踪的一手女性移民调研数据，采用倾向得分匹配、结构方程模型等准实验评估和验证性分析研究方法，基于不同安置方式的角度，就易地扶贫搬迁对女性移民搬迁后外出务工情况、收入状况、社区参与程度和邻里关系等造成的影响进行评估，剖析女性移民在搬迁前后经济适应、生活适应等方面发生的变化，并对女性移民搬迁后的身份认同、居留意愿等情况进行描述与分析，探究影响女性移民搬迁后心理适应的主要因素。同时，掌握女性移民社会适应状况随时间推移而发生的变化，探究经济适应、生活适应和心理适应在不同阶段的路径。通过以上评估和分析，总结女性移民在政策实施后社会适应方面存在的问题，并就所存在的问题，探索差异化地适合女性移民的社会适应水平提升政策，为巩固脱贫成果、优化安置区社会资源、促进安置区经济社会的协调发展、实现易地扶贫搬迁“稳得住，能致富”的目标提供理论和经验支持。本研究的具体目标如下。

具体目标之一：研究易地扶贫搬迁政策对女性移民社会适应状况的影响机理，包括外出务工情况、收入状况、社区参与程度、邻里关系和心理归属等，找出存在的问题和亟待解决的现实需求。

具体目标之二：分析不同安置方式下女性移民社会适应状况的现状，探讨有利于女性移民更好地适应安置区生活的安置方式。

具体目标之三：动态跟踪现有易地扶贫搬迁对女性移民收入、社交网络和心理归属等的长期影响效果，全面了解女性移民社会适应状况的变迁，并探究经济适应、生活适应和心理适应三者之间在不同阶段的路径关系，为探索差异化地适合于女性移民的社会适应水平提升对策奠定基础。

具体目标之四：探讨适合女性移民的社会适应水平提升对策，为实现易地扶贫搬迁“稳得住，能致富”的目标提供理论和经验支持。

二、研究意义

女性移民作为家庭的枢纽，其良好的社会适应状况是实现易地扶贫搬迁“搬得出，稳得住，能致富”的关键因素之一，因此针对易地扶贫搬迁女性移民社会适应的研究具有非常重要的意义，具体表现在以下几个方面。

（一）理论意义

易地扶贫搬迁女性移民社会适应是一个多理论交叉的研究课题，例如人口迁移理论、社会适应理论、需求层次理论和妇女赋权理论等均是研究重要的理论基础。因此，本书期望通过女性移民社会适应的研究，为上述理论在解决实际问题中的实践做出一些贡献。目前，关于人口迁移理论的理论体系已较为完善，包括人口迁移的形式（永久性或长期性的迁移即移民）、属性和影响机制等多个内容，而本书是基于人口迁移的一种特殊形式——易地扶贫搬迁移民来展开研究。同时，结合社会适应理论，从经济、生活和心理三个层面探究易地扶贫搬迁女性移民的社会适应性问题。本书以需求层次理论为骨架，分析易地扶贫搬迁女性移民社会适应状况随时间发生的变化，探究经济适应、生活适应和心理适应在不同阶段的路径。最终，将妇女赋权理论作为全书的落脚点，致力于将易地扶贫搬迁女性移民，特别是农村妇女家庭地位普遍提升以及获得同等的就业与发展机会作为提高易地扶贫搬迁女性移民社会适应水平的最终目的，这是本书的理论意义。

（二）现实意义

其一，深入探究并解决易地扶贫搬迁女性移民的社会适应问题，帮助移民家庭实现“稳得住，能致富”的发展目标。经济社会的发展促进了女性角色的多元化，女性在家庭生活、经济参与和社会建设中的影响逐步扩大。与我国女性普遍具有的发展特征和走向相比，易地扶贫搬迁女性移民因受生计方式、生活环境和心理归属等变化和自身突出的人力资本缺陷的影响，在安置区的发展呈现出一定的脆弱性和特殊性。本书对易地扶贫搬迁女性移民的社会适应问题进行全面剖析，找出了制约移民地区女性社会适应的问题，并寻求提升易地扶贫搬迁女性移民社会适应性的对策建议，切实帮助易地扶贫搬迁女性移民顺利适应安置区生活，从而带动移民家庭社会适应性的提高，并最终实现易地扶贫搬迁“稳得住，能致富”的目标，这是本书重要的现实意义。

其二，促进易地扶贫搬迁地区经济社会的稳定发展，实现易地扶贫搬迁“稳得住，能致富”的目标，巩固扶贫成果。搬迁后，能否保证移民后续生计的可持续发展不仅是关系易地扶贫搬迁工作是否具有成效的重要考量，更是关系社会稳定和谐的重要内容。宁夏易地扶贫搬迁工程已取得了很大进展，截至2018年底，宁夏已完成超过90%的搬迁任务。因此，以弱势移民群体——妇女、老人、儿童为研究对象将具有十分重大的现实意义。而本书就针对易地扶贫搬迁女性移民的社会适应问题及优化展开研究，期望可以通过本研究深入了解女性移民在搬迁前后生产生活方式发生的变化及适应状况，量化其对新环境的适应程度，并动态掌握女性移民社会适应状况随时间发生的变化，及时发现女性移民在社会适应过程中出现的问题，并掌握女性移民社会适应状况的差异化变化。从可持续发展的角度提出具有针对性的优化策略和解决方案，不仅有利于推动易地扶贫搬迁女性移民社会适应状况的改善，也有助于优化配置安置区社会资源，促进安置区经济社会的协调发展，实现易地扶贫搬迁“稳得住，能致富”的目标，进而巩固扶贫成果。

第四节 研究区域和数据来源

一、研究区域概况

（一）宁夏中南部山区脆弱的生存环境和多次移民搬迁的典型

宁夏中南部山区是我国最先划定的集中连片特困区——六盘山区的一部分，自古就有“苦瘠甲天下”之称呼。干旱的气候条件，稀少而集中的降水，再加上破碎的地形和贫瘠的土壤，使这一地区的生态环境具有脆弱性和易变性。由于这一地区自然生态环境差，交通条件极不便利，导致这一地区经济社会发展程度也相对较低。总体上看，该地区GDP总量占宁夏回族自治区GDP总量的比重常年低于20%，同时宁夏中南部地区各县区人均GDP各年度均普遍低于宁夏平均水平和全国平均水平。此外，该地区产业发展基础薄弱，产业结构失衡状况较为明显。总之，无论是从经济总量、产业结构还是人民生活水平方面看，宁夏中南部地区都仍属于典型的经济欠发达地区，并且短期内很难得到转变。

为了集中解决宁夏中南部农村地区群众根深蒂固的贫困问题，自改革开放以来，宁夏先后实施了多次扶贫移民工程，所涉及的时间跨度大、区域范围广、规模大。早在20世纪80年代中期开始，就逐渐摒弃了对中南部山区输血济贫的方式，转而以移民开发为新模式，但此期间的移民开发以恢复生态为主要目标，兼顾脱贫致富，并不是典型意义的易地扶贫搬迁，例如吊庄移民、干旱区生态移民等。进入21世纪以来，中央和自治区政府对该地区顽固的贫困问题愈加重视，采取了就地脱贫和移民开发并重的策略，实施了多次较大规模的扶贫脱贫工程，收到了一定成效。

截至2015年底，自治区已累计完成100多万人的移民安置工作。但在2015年底的全自治区贫困人口清查中，中南部山区贫困人口仍占全区建档立卡贫困人口的85%，其中生活在极不适宜生存区域的贫困人口仍有8万多人①。这部分贫困人口就地脱贫难度大，将他们搬迁到适宜生存的地区，再逐步脱贫致富几乎成为唯一的策略。在此期间，自治区政府印发了《宁夏“十三五”易地扶贫搬迁规划》，将易地扶贫搬迁作为宁夏脱贫攻坚的重要举措，重点解决中南部山区生存条件差、就地脱贫难度大贫困人口的扶贫脱贫问题，易地扶贫搬迁已成为宁夏脱贫攻坚的主要工程之一。

（二）宁夏“十三五”易地扶贫搬迁移民安置方式

宁夏“十三五”移民安置方式主要采取山川及城乡统筹、集中与插花结合等多种途径，具体按是否配备土地和区域划分，可分为劳务安置、有土安置、县外安置和县内安置四种方式。

1. 劳务安置

劳务移民安置主要是将有进城务工意愿的移民，搬迁到经济较为发达的沿黄城市带和山区大县城，由政府统一修建分配安置房，并由政府通过技能培训、为符合条件的移民安排公益性岗位以及负责监督协调劳动关系等方式帮助劳务移民就业。这部分移民以外出务工为主要生计手段，生计方式和生活环境都发生了很大变化。由于前期大规模生态移民导致耕地资源紧缺和生产用水匮乏，劳务移民安置已经成为现阶段易地扶贫搬迁的主要方式。

2. 有土安置

有土安置主要是为移民保留原有土地，或回购安置区当地农民进城后闲置

① 资料来源：《宁夏“十三五”易地扶贫搬迁规划》。

的土地安置少量移民，包括在本县区就近安置的有土安置移民和搬迁到沙坡头区、平罗县等城市周边农村的有土安置移民。其中，由于宁夏对历届移民先后进行了多次土地安置，致使耕地资源日趋紧张，搬迁到沙坡头区、平罗县等城市周边农村的移民，人均仅分配 1 亩①水浇地。同时，有土安置移民搬迁后的居住结构、人际交往模式和生计方式等变化相对较小，且相较于劳务移民可以享受到更多相关的种养补助和分红收入。

3. 县外安置

县外安置主要包括搬迁到沿黄城市带的劳务移民和安置到沙坡头区和贺兰县等地的插花移民。农村插花安置主要是由沙坡头区、贺兰县和平罗县的安置区政府，对当地农民不再居住或使用的房屋和土地进行统一回购，用来安置少量移民。这部分移民虽然同样可以分到土地——人均 1 亩水浇地，但由于政府考虑到移民的实际情况，同时为了创造更大的效益，将这部分移民的土地集中流转，每年按期发放土地生产分红。因此这部分移民实际的生计手段同样发生了重大变化，不再以农业生产为主。

4. 县内安置

县内就近安置主要是将居住过于分散、交通不便以及提供公共设施将会产生成本过高问题的部分群众，就近在交通较为便利的山下、靠近公路的地方建设移民安置点，并配套建设基础设施。另外，县内安置还包括县内劳务安置，即搬迁到山区大县城的县内劳务女性移民。就县内有土安置的这部分女性移民来说，就近搬迁方式下移民原有的生活环境和主要生计方式基本未发生变化，但随着交通条件和饮水、教育、卫生等基础设施条件的改善，贫困群众的生活条件也得以改善。

总体上看，根据是否保留或分配土地，可将宁夏“十三五”易地扶贫搬迁移民分为劳务安置移民和有土安置移民两种，由于土地资源有限，宁夏“十三五”易地扶贫搬迁劳务安置搬迁人口占全部搬迁人口的 65%[198]，女性移民群体在经济收入、生活环境和心理归属等社会适应方面的差异主要来源于上述两种安置方式的不同；根据是否跨县安置，可将宁夏“十三五”易地扶贫搬迁移民分为县外安置移民和县内安置移民两种。

（三）宁夏中南部山区农村女性的概况

宁夏中南部山区农村女性长期生活在封闭的山区，交通闭塞且历史遗留问题众多，虽然九年义务教育已经普及多年，但该地区农村女性的文盲率仍很高，与今时今日全民文化水平普遍提高的现状形成鲜明对比。此外，青年女性

① 亩为非法定计量单位，1 亩=1/15 公顷。——编者注

虽然文盲率较低，但当中没有接受初中及以上教育的人数也占有相当大的比例，这也是未来人力资本发展的巨大隐患。而其中，回族青年女性的人力资本短板尤为突出，她们的教育观、生育观都较落后，重男轻女思想严重，早婚的现象非常普遍，不少女性为了生育男孩出现生育子女数量过多的现象，致使农村女性发展受限。总之，过早结婚生育导致宁夏中南部山区农村女性接受高等教育的概率偏小，再加上传统重男轻女以及“女孩都是别人家的”观念，导致该地区农村妇女的文化程度较低。同时，受这一地区根深蒂固的父权制社会影响，宁夏中南部山区农村女性的弱势地位更明显，不仅在家中很多事务的决策方面对男性的依赖性较大，而且对于村里的投票选举等集体事务，天然地认为就是“男人”的事情，自我意识薄弱。另外，女性移民当中有不少是为了子女的教育和发展不得不选择搬迁，在搬迁前长期务农，作为传统的种地和农业养殖农民，体力和文化程度都较男性更弱，将在搬迁后不可避免地面临生计能力更差的问题。此外，在团队实际调研的过程中也发现，在回答相关调研问题的时候，很自然地由家中男性出面，而且对家中的收入和支出以及政府的相关补助政策等，家中男主人表现得更清楚实际情况，且女性自身天然地认为应该由丈夫等男性来作答，或者在男主人不在的情况下，会专门联系对方来作答。即使在团队成员专门要求以女性为调查对象的情况下，女性也会向家中丈夫等男性询问有关收支和政府相关补助政策的细节。总之，在宁夏中南部山区这样信息闭塞和经济落后的山区农村，“夫主妻辅”的思维模式更加牢固，女性的社会和家庭地位普遍较低。尽管处在一个相对恶劣的生存生活环境中，宁夏中南部山区农村妇女却都具有勤劳、朴实和不怕吃苦的优良品质。

妇女承担着母亲和妻子的双重责任，在家中扮演着枢纽的角色，是家庭稳固和富有生机的重要保障，而宁夏中南部山区农村女性落后的观念、较低的文化程度和相对弱势的地位，是引发女性移民及移民群体搬迁后社会适应问题的重要诱因之一。

二、问卷设计、数据来源与样本基本特征

（一）问卷设计

本书基于易地扶贫搬迁女性移民的社会适应问题，通过收集并认真研读已有相关文献资料，并在进一步熟悉相关研究体系和政策内容的前提下，构建了易地扶贫搬迁女性移民社会适应问题的测量和评价指标，初步设计了关于易地扶贫搬迁女性移民社会适应的调查问卷，并向有关专家、学者咨询讨论后，对问卷进行了进一步的修正与完善。调查问卷设计主要针对各类安置方式移民家庭及女性移民的个体特征、经济状况、生计变迁、生活适应、社会融入、心理状况等方面。

调查内容主要包括女性移民及所在家庭个体特征（年龄、民族、受教育程度和家庭抚养比等），经济状况（女性移民收入状况、配偶或其他家庭成员的收入状况、享受到的政府补助情况等），生计变迁（家庭耕地面积、家庭种养殖情况、是否外出务工、就业类型、就业地点等），生活适应能力（基础设施建设情况、与移民和安置区居民的交往情况等），社会融入和心理状况（安置区长久生活意愿、对未来生活的担忧程度、身份认同情况和家庭地位等）。

（二）数据来源

本研究数据来源于2019年7—9月在宁夏“十三五”易地扶贫搬迁安置点展开的一项实地问卷调查，并于2020年10月进行了新一轮的追踪调查。本研究的调查对象为“18岁以上59岁以下的劳动年龄女性移民”，所涉及的调研区域基本涵盖了全区大部分安置点，包括13个区（县）49个乡镇的105个村。基于此次调研区域确定、样本量有限的特征，采用分层抽样和随机抽样相结合的方法，选取样本农户及其对照组。具体来说，首先在进行易地扶贫搬迁的县和未进行易地扶贫搬迁的县分别随机抽取样本乡镇作为第一层；其次在已抽取的样本乡内再分别随机抽取样本村作为第二层；最后，在已抽取的样本村内分别随机抽取样本农户确定为最终层，并确定最后实际进行调研的样本。在2019年的微观调查过程中，结合各安置点的实际规模，在每个安置点随机抽取10～20名移民，对他们的家庭和个人情况进行访谈，然后根据移民的迁出县，对未参与搬迁的移民进行入户调查，寻找合适的对照组，总共发放1 000份问卷，其中女性移民问卷349份。在2020年进行新一轮追踪调查时，依据前期调查信息，只针对安置区女性移民进行入户调查，不再对未参与搬迁的女性移民进行调查（表1-1）。

整理后，2019年共获得有效样本339个，2020年共获得有效样本272个，问卷有效率分别为97.13%和93.79%。问卷主要获取的是2015年（搬迁前），2018年（搬迁初期）和2019年（搬迁后期）的资料，为后续对女性移民搬迁前后在基本安置条件、生计与经济状况、生活环境方面做对比与分析，评估易地扶贫搬迁对女性移民收入、外出务工、交通便利情况、社区参与状况、邻里关系和身份认同等方面带来的影响，动态把握女性移民社会适应状况随时间发生的变化以及探究经济适应、生活适应和心理适应在不同阶段的路径奠定数据基础。

表1-1 调研地点及问卷数量

搬迁方式	调研地点	问卷数量（个）
未搬迁	原州区、同心县、彭阳县、海原县、西吉县	87
劳务安置	兴庆区、利通区、灵武市、贺兰县、原州区、同心县、海原县、西吉县	300

（续）

搬迁方式	调研地点	问卷数量（个）
有土安置	平罗县、沙坡头区、贺兰县、原州区、同心县、海原县、盐池县、西吉县	224
县外安置	兴庆区、利通区、灵武市、贺兰县、平罗县、沙坡头区	242
县内安置	原州区、同心县、海原县、西吉县、盐池县	282

注：四种安置方式的问卷数量为两轮入户调查的合计数量。

（三）样本基本特征

由于女性移民的基本特征一般不随时间变化或者在短时间内发生的变化较小，故在此部分将两批次调研获得的数据合并到一起进行样本基本特征的分析，样本总数为611个。为了更全面地了解女性移民自身和家庭的收支、生活和教育等信息，从而更准确地反映易地扶贫搬迁政策的实施效果，本研究以劳动年龄女性移民为调查对象。

由表1-2可知，中青年女性移民合计占总样本的80%以上，其中中年女性移民略多。从民族来看，回族女性移民占总样本的64%，汉族女性移民占总样本的36%，体现了宁夏回族自治区的区域特征。从受教育程度的情况来看，占比最大的女性移民群体为文盲，该比例接近50%，即几乎一半的女性没有上过学，30%的女性移民文化程度为小学，而文化程度为初中的女性移民只占16%，可见宁夏中南部地区贫困女性整体受教育程度偏低。结合调研的实际情况可以发现，宁夏中南部地区的女性普遍存在结婚年龄小且生育子女数量多的现象，这种现象也与女性整体受教育程度偏低有一定的关联。在家庭抚养比方面，以全样本的家庭抚养比均值0.86为界限，可以看出52%的女性移民家庭抚养比超过了平均水平，多数女性移民的家庭抚养压力较大。在婚姻状况方面，有配偶的女性移民占总样本的92%，这也是本研究在统计女性移民收入与支出情况时考虑其他家庭成员的原因。从健康状况来看，具备劳动能力的女性移民合计占总样本的97%，可见受访者的健康状况良好。

表1-2　女性移民样本基本特征

指标		样本数量（个）	占比（%）
年龄	18～34岁	246	40
	35～49岁	257	42
	50～59岁	108	18
民族	汉族	223	36
	回族	388	64
受教育程度	文盲	286	47

（续）

指标		样本数量（个）	占比（%）
	小学	185	30
	初中	98	16
	高中和中专	24	4
	大学及以上	18	3
家庭抚养比	<0.86	293	48
	≥0.86	318	52
婚姻状况	无配偶	46	8
	有配偶	565	92
健康状况	健康	527	86
	病残但有劳动能力	67	11
	失去劳动能力	17	3

第五节　研究方法

本研究在实现前文所述研究目标的过程中，采用的研究方法主要包括文献研究法、问卷调查法和实证分析法。

一、文献研究法

文献研究是本研究的起点，在广泛收集和整理文献资料的基础上，通过阅读与学习文献资料，了解有关易地扶贫搬迁和移民尤其是女性移民社会适应的研究现状。梳理和总结开展易地扶贫搬迁女性移民社会适应研究的理论基础，借鉴国内外学者在移民尤其是女性移民社会适应研究方面的成功经验，为本研究后续改善易地扶贫搬迁女性移民社会适应状况提供指导。结合宁夏易地扶贫搬迁的实际情况，拟定研究目标，构建研究框架，开展易地扶贫搬迁女性移民的社会适应研究。

二、问卷调查法

首先，在深入了解易地扶贫搬迁相关理论与方法体系的基础上，结合研究区域——宁夏回族自治区的区位特点和发展现实，设计调查技术路线和调查问卷。其次，对宁夏回族自治区与扶贫相关的各行政部门开展摸底访谈（如各级政府、各级扶贫办、村委会等），初步了解易地扶贫搬迁等相关扶贫政策在研究区域内的推行与实施现状。最后，运用分层抽样方法：第一步，在 13 个进行易地扶贫搬迁的样本区县和未进行易地扶贫搬迁的样本区县分别随机抽取样本乡镇作为第一层；第二步，在已抽取的样本乡镇内分别随机抽取样本村作为第二层；第三步，在已抽取的样本村内分别随机抽取样本农户（家庭妇女）确定为最终层，并确定最后实际进行调研的样本。其中，最核心的环节是对样本农户（家庭妇女）的入户调查与数据收集，即通过发放问卷，入户访谈调查，收集针对生活适应的指标，如居住状况、住房结构状况、交通便利情况、消费情况、社会保障参与情况、文化娱乐情况、社区活动参与状况、教育基础设施情况等；针对经济适应的指标，如外出就业意愿、职业类型、职业性质、个人收入情况、创业情况、接受培训的意愿等；针对心理适应的指标，如对原住地思念程度、对老熟人思念程度、宗教活动满意度、身份认同情况、家庭地位满意度、邻里关系满意度等完整的数据资料。

同时，后期对基于初次“十三五”易地扶贫搬迁安置点的调查信息进行追踪调查，就女性移民的生计、经济、生活和心理状况等信息进行进一步的入户收集整理，以对女性移民社会适应状况的变化特征和不同阶段的路径做对比分析。

三、历史比较研究法

历史比较研究法，即通过对历史上同类事件、现象等进行比较和对照，并分析其异同与缘由，从而在宏观上把握某一事件、人物和现象等的共同本质和发展规律的一种方法。具体来说，通过分析并比较全国和宁夏历次大规模女性移民的搬迁历史和发展特征，有助于从整体上归纳女性移民的发展规律，并为宁夏“十三五”易地扶贫搬迁女性移民的研究提供新的角度。同时，运用历史比较研究法，可以为宁夏“十三五”女性移民社会适应水平提升策略提供参考，在借鉴有利于女性移民发展的政策措施的同时，吸取限制女性移民发展的经验教训。历史的发展是有规律可循的，通过对全国和宁夏各搬迁时期女性移民境遇的分析，可以促使相关部门调整当前宁夏“十三五”女性移民的发展措施以顺应当前时期女性移民的生存生活环境和人力资本特征，从而提升女性移民的社会适应水平，巩固脱贫成果。

四、描述性统计法

在整理、筛选和清理完数据后，通过对女性移民和女性移民所在家庭的基本特征、外出务工、收入、社区参与程度、住房条件、身份认同和居留意愿等情况进行基本描述，初步了解女性移民参与易地扶贫搬迁的情况和易地扶贫搬迁政策对女性移民外出务工、收入、社区参与和身份认同等情况带来的影响。

在进一步追踪调研后，对两期女性移民外出务工、收入、与当地居民和移民交往程度、身份认同等情况进行基本描述，并结合独立样本 T 检验方法，分析女性移民社会适应情况的变化特征。

五、准实验实证研究法

本研究采用准实验实证研究法估计易地扶贫搬迁对女性移民社会适应产生的因果效应，以检验易地扶贫搬迁政策的实施对女性移民及移民家庭的脱贫效果。

1. Logit 模型

使用 Logit 模型计算样本个体参与项目的条件概率，估计出倾向得分值，为倾向得分匹配的使用做准备。

2. 倾向得分匹配法

本研究采用倾向得分匹配准实验实证研究方法，分析易地扶贫搬迁政策对女性移民的外出务工、收入、社区参与程度、住房条件、交通便利等情况带来的影响及其背后的原因，从而评估政策的实施对女性移民及其家庭的脱贫效果。是否参与搬迁并不是随机安排的，是女性移民及其家庭根据自身和家庭实际状况自主选择的结果，这一行为存在自选择问题，使用传统线性回归将会导致估计结果有偏，而倾向得分匹配法则可以解决这一问题[141]。倾向得分匹配的基本思想是：首先找到参与易地扶贫搬迁项目女性移民个体的“反事实”（即未参与项目的个体）；然后利用 Logit 模型估计参数计算“倾向得分”将处理组（参与项目组）和对照组（未参与项目组）的“多维协变量”转化为只有一维协变量的新样本，并按照一定的方法匹配；最终根据匹配后样本计算平均处理效应。

六、有序 probit 回归分析法

身份认同感为女性移民迁入安置区后的心理归属程度，变量赋值为 1、2、3；而安置区长久生活意愿为女性移民在安置区长久生活的心理接受程度，变量赋值为 1、2、3、4、5。这两个变量反映了女性移民搬迁后的心理适应状况，变量的赋值是多值且有序的，因此选择 Oprobit 模型对女性移民心理适应的影响因素进行实证分析[142]。

七、结构方程模型分析法

基于社会适应理论和现有社会适应相关研究成果，本研究从经济适应、生活适应和心理适应三个方面入手，探究易地扶贫搬迁女性移民的社会适应在不同阶段的路径。结构方程模型分析又称潜在变量模型分析，在社会科学领域中主要用于分析观察变量间彼此的复杂关系，潜在变量是个无法直接测量的概念，如智力、动机、信念与压力等，这些无法观察到的概念可以借由一组观察变量（或称指标）加以测量[143]。由于经济适应、生活适应和心理适应是无法直接观测到的理论变量，即潜在变量，而上述潜在变量可以通过一些观察指标

或实证指标测量，潜在变量被定义为指标变量的线性组合（加上误差项）[143]。

女性移民的经济适应、生活适应和心理适应可以通过女性移民搬迁后的收入、支出、是否外出务工、交通便利条件、邻里关系和身份认同感等进行测量。同时，女性移民及其家庭在安置区的收支和务工等经济状况是开始新生活的基础，而社会交往是女性移民适应安置区生活不可缺少的一步，女性移民“移民地人”意识的形成是最终适应搬迁后生活的标志[144]。从生理需求的满足到社交需求的产生，再到爱与归属需求的完成，体现了人类需求从低到高的过程，因此经济适应、生活适应和心理适应三者之间存在相互制约关系[145-146]。基于此，本研究采用结构方程模型分析潜在变量，即经济适应、生活适应和心理适应之间的关系[147]。

第六节　研究内容与研究思路

一、研究的主要内容

本研究学习与总结了国内外学者在移民尤其是女性移民社会适应方面的理论基础和实践经验。首先，以宁夏易地扶贫搬迁女性移民入户调查数据为基础，对女性移民参与搬迁前后的生计与经济状况、生活环境和心理适应变化情况进行初步描述。其次，分析易地扶贫搬迁给女性移民在经济适应、生活适应和心理适应等方面带来的影响，并分析这些影响背后的原因。再次，在总体上把握女性移民的社会适应状况随时间的变化特征，及其在不同阶段的路径。最后，总结和归纳易地扶贫搬迁政策实施后女性移民在社会适应方面存在的问题，并寻找和探索有利于提升女性移民社会适应水平，进而巩固脱贫成果的政策机制。主要研究内容包括以下几个部分。

第一章，绪论。主要阐述研究背景与研究意义，梳理和归纳有关移民社会适应、易地扶贫搬迁政策和性别平等等方面的国内外研究成果，拟定研究目标，并确定为实现研究目标所采用的研究方法，最后介绍研究内容和本研究可能的创新之处。

第二章，女性移民社会适应的理论视角与分析框架。首先，界定了女性移民社会适应相关概念；其次，阐述了女性移民社会适应相关理论，主要涵盖社会适应理论、妇女赋权理论、社会性别理论、需求层次理论和人口迁移理论；最后，提出了易地扶贫搬迁女性移民社会适应的总体分析框架，并阐释了女性移民迁移的内外动因、女性移民搬迁后的自我发展能力、女性移民社会适应需求随时间推移发生的变化、女性移民社会适应性的提高途径和自我权利的争取等内容。

第三章，女性移民搬迁历史与各时期发展特点。首先，本章详细梳理了我国女性移民的搬迁历史及不同历史时期的发展特征，主要包括我国古代的女性人口迁移、计划经济时代的政策性人口迁移、改革开放初期的女性婚姻移民、21世纪女性劳动力移民和工程移民、女性生态移民和脱贫攻坚贫困女性移民。其次，详细梳理了宁夏女性移民的搬迁历史及不同历史时期的发展特征，主要包括吊庄女性移民、东西部合作闽宁镇模式女性移民、21世纪初宁夏扶贫生态搬迁女性移民、“十二五”和“十三五”女性移民。

第四章，宁夏易地扶贫搬迁女性移民的社会适应现状与困难。首先，本章以宁夏“十三五”不同安置方式的女性移民入户调查数据为基础，从就业、收入、人际交往、家庭地位和心理归属等方面分析了女性移民搬迁后的社会适应现状。其次，在女性移民社会适应现状调查分析的基础上，总结了女性移民在经济适应、生活适应和心理适应三个方面面临的社会适应困难。

第五章，宁夏易地扶贫搬迁对女性移民经济适应和生活适应的影响。首先介绍本部分研究的主要影响机理，其次对模型构建和相关变量的设计做出说明，最后运用倾向得分匹配法评估易地扶贫搬迁对女性移民收入、外出务工、住房条件、交通便利情况、社区参与状况和邻里关系等方面带来的影响，并分析女性移民经济适应和生活适应发生变化背后的原因。

第六章，宁夏易地扶贫搬迁女性移民心理适应的影响因素。首先对本部分研究提出理论假说，并说明模型构建和变量设计，其次采用描述性统计对女性移民心理适应情况和其自身及所在家庭的基本情况进行分析，最后运用Oprobit模型实证检验影响女性移民搬迁后身份认同情况和居留意愿的主要因素。

第七章，宁夏易地扶贫搬迁女性移民的社会适应路径。首先基于两期入户微观调查数据，采用描述性统计和T检验，动态把握女性移民的社会适应状况随时间发生的变化，其次运用结构方程模型验证分析经济适应、生活适应和心理适应三者在不同阶段的路径关系。

第八章，宁夏易地扶贫搬迁女性移民的社会适应水平提升对策。在前文各章节分析结果的基础上，针对女性移民社会适应的问题和亟待解决的现实需求，本章以促进易地扶贫搬迁“稳得住”为目标，从政府帮扶、社区支持、家庭助力和女性移民自我主导四个角度切入，提出了提升女性移民社会适应水平的对策建议。具体来说，包括提供就业帮扶、落实相关安置政策、开展系列社区活动、加大对女性移民家庭照料的支持、增强女性移民社区治理参与度、加强对女性移民的普法宣传等。

第九章，结论、不足与展望。首先，归纳总结了易地扶贫搬迁女性移民社会适应研究的结论。其次，就本书存在的不足之处进行阐述，并提出研究的进一步延伸与展望。

二、研究的技术路线

本研究的技术路线如图 1－1 所示。

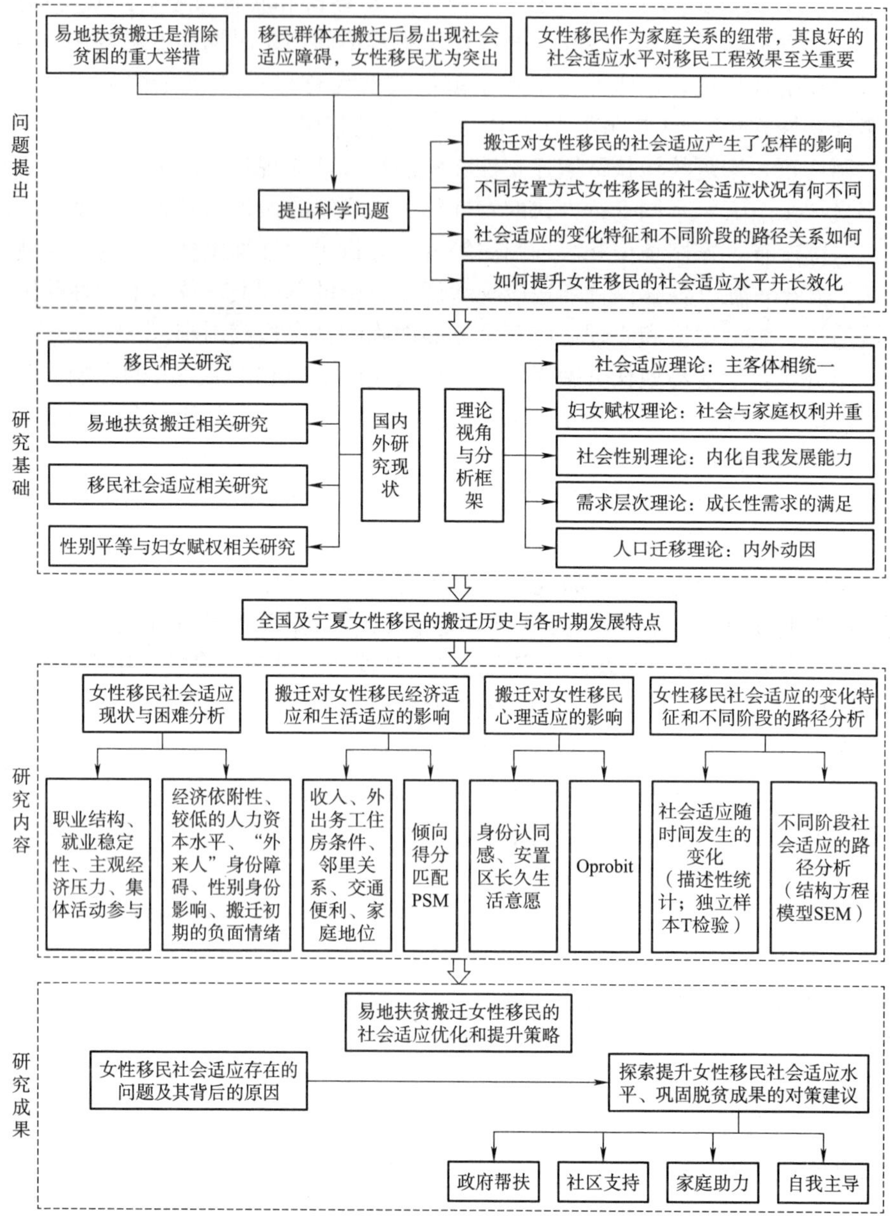

图 1－1　技术路线图

三、研究的创新之处

易地扶贫搬迁女性移民的社会适应状况，对整个搬迁家庭顺利适应安置区生活意义重大，也是实现易地扶贫搬迁“稳得住，能致富”目标的关键所在。如何提升女性移民的社会适应能力，必须充分考虑从加强女性移民技能培训、加大对女性移民家庭照料的扶持以及开展社区系列活动等方面入手，帮助女性移民和整个搬迁家庭顺利融入安置区新生活，从而使移民群众能够在安置区长期可持续发展。基于以上研究内容和思路，本研究可能的创新之处如下。

（一）将研究视角聚焦宁夏“十三五”时期易地扶贫搬迁女性移民的社会适应

目前易地扶贫搬迁政策效应评估及搬迁农户整体后续发展的就业与生计问题是此领域的研究热点，但关于易地扶贫搬迁移民社会适应的研究较少，其中针对弱势群体——老人和妇女社会适应问题的研究就更为缺乏。伴随着宁夏“十三五”易地扶贫搬迁和脱贫任务的完成，进一步巩固脱贫成果防止返贫返乡现象的发生迫在眉睫，这对在家庭中具有“穿针引线”作用的女性移民的社会适应性提出了更高要求。女性移民作为整个家庭的纽带，其自身搬迁后在生计、生活方面良好的社会适应水平，有助于带动整个搬迁家庭社会适应性的提高，并最终实现易地扶贫搬迁“稳得住，能致富”的目标。因此，以女性移民社会适应问题作为专题研究具有重要的现实意义和一定创新性。

（二）从经济学、社会学和法学等角度交叉研究易地扶贫搬迁对女性移民社会适应的影响

以社会学的视角观察和解释女性移民在搬迁后出现的经济适应、生活适应和心理适应等问题，通过社会调查、结构性访谈等深入了解女性移民在搬迁后的就业、社会融入和身份认同等实际情况，并基于可持续发展和妇女赋权等相关理论，针对存在的问题，探索和寻找差异化的适合女性移民后续发展的措施，帮助女性移民稳定生计，以带动整个搬迁家庭社会适应性的提高。

（三）研究内容上采用准实验实证研究方法

在控制其他影响因素的情况下，推断易地扶贫搬迁不同安置方式对女性移民社会适应状况产生的因果效应，具有一定的创新性。现有相关研究或是运用描述性统计，对移民社会适应状况在不同时期的表现特征进行对比与分析；或是采用多元回归方法，分析影响移民社会适应状况的因素，而有关移民搬迁政策本身对移民社会适应状况带来的净影响效应研究几乎没有涉及。本研究通过构建反事实框架，划分处理组和控制组，并控制其他影响因素，评估易地扶贫搬迁政策对女性移民社会适应的因果效应，可以准确了解移民搬迁政策本身的实施效果，对易地扶贫搬迁后续帮扶工作的推进和完善，以及丰富和完善移民搬迁经济与社会理论具有一定的意义。

第二章

女性移民社会适应的理论视角与分析框架

第一节 相关概念界定

一、适应与社会适应

（一）适应

“适应”一词源自生物学理论，基于生物学理论角度，可以将适应的理论内涵阐述为：生物有机体对于其所处环境的调适过程。这种调适过程可以是主动的，也可以是被动的，但并不影响对适应的生物学定义，最终结果都指向个体对所处环境的适应。“物竞天择、适者生存”是达尔文经典进化论的理论内核，从这个理论视角来说，生物若无法适应所处环境，将无法生存繁衍，并最终走向灭绝[148]。因此，适应是生物物种生存和繁衍的必要条件和基本特性，这就可以进一步引出“适应性”的概念[148-149]。适应性是指生物体具备的，能够适应所处环境，并能够在这种环境下生存和繁衍的基本性质。解读该定义可知，能否于所处环境中生存，是生物体是否具有环境适应性的前提；而能否生存，又取决于能否适应所处环境，因此，适应所在环境是生物体具有适应性的前提。从这个角度来说，适应性并不是生物体的天然属性，而是一个过程性质，并且是一个动态过程性质，例如，大规模环境变迁导致的生物大灭绝就是这个性质被摧毁的例证。生物体可以通过进化提升自己的适应性，以适应所处环境，并防备可能发生的环境变迁。

人类是拥有高度发达智力与社会文化的生物物种，因此人类的“适应”与“适应性”概念会在生物学理论的基础上，结合人类学和社会学的理论内涵[150-151]。因此，本研究将人类的适应与适应性阐述为：人类个体或族群通过自身行为与生存方式的选择、调整和改造，对其所处自然环境和社会环境的调适过程，即人类的环境适应；若这种自我选择、调整和改造的过程能够内化为人类个体或族群的环境适应能力，并能够稳定传递给人类后代，防备可能发生的环境变迁，这种能力即被称为人类的环境适应性。

（二）社会适应

由人类环境适应的定义可知，人类的环境适应包括对自然环境的适应和对社会环境的适应两部分。其中，社会适应是指人类个体或族群通过自身行为与生存方式的选择、调整和改造，对其所处社会环境的调适过程。社会环境适应与自然环境适应均是以进化论“适者生存”为理论依据，指出在竞争激烈的社会体系中，人类要不断自我完善，不断补充新的知识和学习新的本领，以适应社会环境的变迁，获得生存与发展的权利，否则就会被所处的社会环境淘汰[149]。现代社会适应理念则淡化了绝对的优胜劣汰，例如《中国百科大辞典》社会学篇就以此为基础给出了社会适应的定义：在困难的社会环境中，通过努力获得生存与发展的条件，实现自我与他人，个人与群体之间平衡的过程。从这个定义可以看出，现代社会适应理论概念更加倾向于实现一种社会平衡，而非绝对的优胜劣汰，这也是人类社会区别于自然界其他生物社会的重要标志之一[152]。

《中国大百科全书》社会学篇中的定义更为全面，指出社会适应是指个体或群体之间调整行为以适应他人或环境的过程。这个定义包括两个层次的适应过程：一是人与人之间的适应，促进人与人和谐相处，消除冲突与矛盾的适应过程；二是人与环境的适应，其中包括对社会环境的适应，但与自然环境相对，社会环境的适应更多的是一种基于社会文化的适应过程，很少涉及人类基因遗传特征的改变[153]。因此，为了与自然环境适应相区别，它也将人类的社会适应定义为“顺应”。“顺应”这个词体现出了人在适应过程中的主观能动性，更加强调人类个体与社会的互动。也就是说，人是社会适应的主体，一边认知已有的社会环境，一边参与社会环境的改造，而参与社会环境的变迁显然是人类更重要的职责。因此，人类的社会适应是一个双向适应过程，人适应社会与社会适应人几乎同等重要，这与其他生物的适应过程有显著区别。

综上所述，本研究将社会适应的理论内涵阐述为：人类个体于其所处的社会环境中，通过自我行为、心理与生计方式的变动，努力获得自身的生存与发展机会，同时顺应和参与社会环境变迁，最终实现自我与社会环境平衡的过程，即为人类的社会适应。参照以往学者的研究成果，本书将易地扶贫搬迁女性移民社会适应的具体研究维度概括为以下三个方面。

（1）经济适应，是指女性移民及其家庭成员通过调整生计方式、发展自身技能，以适应当地经济环境，进而在收入、消费和就业等方面逐渐与主流群体趋于一致的过程，经济适应是女性移民顺利完成社会适应过程的前提和基础[93-94]。

（2）生活适应，是指女性移民通过调整生活习惯、处事方式和心理状态，以使自身能够在新的生活环境和社会空间中，逐渐适应新的生活方式并与主流群体实现互动，进而达到能够与当地主流群体融洽相处、互不排斥目标的过程[93-94]。

（3）心理适应，是指女性移民在原有生活背景中形成的心理状态，与搬迁后对现有新的生活环境表现出的心理反应相协调[94]，即对自身的身份认同和对当地的归属感与主流群体趋于一致，并能够实现相互认同的过程[93]，心理适应是女性移民真正完成社会适应过程的标志。

二、生理性别、社会性别与性别平等

（一）生理性别与社会性别

生理性别源自自然性别，认为与生俱来的生理上的差异决定了两性的区分，这是人类最朴素的对性别的认识。而这种性别观念也导致了人类对性别认识的绝对化，产生了人类历史几千年的性别歧视[154]。

社会性别以社会内涵作为区别性别的依据，具体指社会对性别及两性关系的识别、期望和要求，即在特定的文化背景下适合其性别的总体特征和行为特质，包括生理差异和社会行为两个层面的综合特征。社会性别的社会性，导致其必然是后天形成的，遵循社会发展规律，不同历史时期、不同社会体制、不同经济发展阶段及文化传统的差异都会影响社会性别关系的塑造[154-155]。

（二）社会性别角色与性别平等

社会性别角色是在遵循社会发展规律的前提下，在某一确定的历史时期、统一的社会体制、稳定的经济阶段，基于文化传统的差异而形成的被社会认可的性别行为。不同的历史阶段与社会形态赋予男性和女性不同的角色、任务和机会，它具有典型的以偏概全特征，因此广义上的“性别歧视”在男性和女性行为识别中都有所体现。例如，在中国古代的文化形态中，都将男性定位于外出劳作、养家糊口的角色，甚至安定天下、保家卫国的责任也理所当然属于男性。因此出现了“大禹三过家门而不入”的美谈，而“商女不知亡国恨、隔江犹唱后庭花”则成为对女性没有家国情怀的苛责。男性过于重视家庭会被歧视，但又被要求“齐家”而后才可“治国，平天下”；女性则更为严格地被挡在家庭决策和国家决策的大门外，而家和国出现问题时又会被苛责。这种矛盾的情况，是中国古代传统文化形态两性社会性别角色绝对化的产物[156]。

两性社会性别角色的绝对化，必然导致了性别不平等的显性化。“男主外”使男性获得了更多展示自己强大力量和技巧的机会，崇高的家庭地位和社会地位被广泛认可；而“女主内”，使女性在承担繁重的家务和照料劳动，与男性几乎同等付出的条件下，仍然得不到社会的认可，长期以来社会地位被严重弱化。因此，性别平等必然以摒弃两性社会性别角色的绝对化为前提。打破性别障碍在所有领域，包括传统意识中两性各自擅长的领域，可以为男性和女性提供相同的机会，使男性和女性享受相同的权利，承担平等的义务，实现真正的性别平等[156]。

三、需求层次金字塔

需求层次金字塔结构包括五个层次：最底层为生理需求，即人生存所需的最基本需求，包括食物和衣服等；第二层是安全需求，即追求社会稳定，能够保障人身和财产安全，免除恐惧威胁的需求；第三层是社会交往的需求，即希望与他人建立情感联系的爱与友谊的需求，也是获得情感归属的需求；第四层是尊重的需求，包括自我尊重的需求和期望获得外部尊重的需求两个方面；第五层是自我价值实现的需求，即通过不断深造和完善自我，实现自我成就的需求。

随着社会的进步和人类需求内容的丰富，马斯洛将需求层次金字塔进一步扩展到七个层次，除传统的五个层次外，增加了求知的需求和审美的需求。其中，求知的需求指人认识、探索和理解世界，满足好奇心，追求自身能力和认知相匹配的需求。审美需求则是指人探求、欣赏和追求美的需求[157]。需求层次结构总体上可以分为两大类，其中第一类包括生理需求和安全需求，属于缺失性基础需求，这类需求是人生存的必要需求，得不到满足时无法生存，甚至危及生命。第二类包括社交需求、尊重需求、求知需求、审美需求和自我价值实现需求，属于成长性进阶需求，这类需求并不是绝对意义上人类生存所必须的，但它决定人的健康、知识、情感、尊严和自我实现，因此被称为成长性需求[157]。

四、妇女赋权概念辨析

关于妇女赋权的内涵，从字面含义来看，是指为妇女赋予某种或某些权利，但实际包含多层内涵。因此，对妇女赋权理论内涵的阐述应包含以下三个原则。第一，必以实现某一或某些特征目标为前提，而不是盲目或笼统地赋予权利，例如，为实现提升女性受教育水平的目标，致力于赋予和保障女性的受教育权。第二，妇女赋权理论内涵中所指的，需要赋予女性的权利实际是女性理应具备的基本权利的确认和发挥，而并不是外在的给予或许可。第三，妇女赋权是一个动态发展的过程，即女性逐步在政治、经济、社会、文化等领域获得参与权利的过程。基于此，可以对妇女赋权的具体内容进行定义。

（一）基本权利保障阶段

是以保障女性基本权利为主要内容，除包括生存权、生育权、堕胎权、受教育权等基本权利之外，还包括自由择偶权、营养权等定义比较宽泛的权利，例如，鼓励和支持婚姻自由，为妇女提供食品药品援助，改善营养状况等。基本权利赋予是20世纪初期女权运动的主要诉求，但到目前为止，还有很多欠发达地区的女性仍未有效实现基本权利的保障，还有很长的路要走。

（二）进阶权利赋予阶段

20世纪中后期开始，女权运动开始进一步发展，女性赋权的内容得到了明显扩展，在保障基本权利的基础上，促进女性进阶权利的赋予，包括择业权、政治权、发展权等，并逐步从追求单一的权利赋予，发展到全面促进性别平等，旨在提升妇女的社会地位，逐步消除男女性别差距。

（三）全面发展阶段

进入21世纪以后，女权运动逐渐发展到现在全面参与社会治理，明确妇女的主动参与者角色，从政治、经济、社会、文化等各领域强化女性的参与权。1995年，北京世界妇女大会首次将妇女赋权作为大会议程之一[158]。至此，妇女赋权的定义与理论内涵得到了更广泛、更权威的探讨与阐述。其中，联合妇女发展基金指出：讨价还价的能力、实现自我价值、建立个人信仰、控制自身生活是妇女理应具有的基本权利。《中华人民共和国妇女权益法》更是将妇女在政治的、经济的、文化的、社会的和家庭的生活等各方面享有同男子平等的权利纳入法律规范。

基于上述讨论，本书将妇女赋权的理论内涵总结为：妇女赋权是一种动态演化的过程，是为实现男女平等的目标，帮助妇女确认和发挥其所应具有的权利，并在制度层面保障之；最终致力于提升妇女的社会地位，帮助妇女在政治、经济、社会、文化等各领域中获得发展和参与的机会。

五、人口迁移内涵与概念辨析

关于人口迁移理论内涵的系统阐述，最为典型的是拉文斯坦的人口迁移七法则：①短途迁移为主；②移民迁移后留下的空间会吸引来自较偏远区域的移民迁入；③区域迁移的迁入和迁出过程往往同时存在；④迁出必定会有迁入回流补充；⑤长途移民以商业或工业中心城市为主要目的地；⑥农村居民更倾向于外迁；⑦女性的迁移意愿更强[159]。赫伯尔将其综合起来，阐述为“推拉”理论，认为人口迁移是迁出地的排斥力和迁入地的吸引力共同作用的结果。

之后，“引力模型”的创立使人口迁移理论的内涵更加系统，其阐述为两地之间人口迁移的规模与两地的人口总量成正比，与两地之间的净距离成反比，但引力模型仍旧不够完整，例如人口迁移仅考虑距离是远远不够的，收入、教育、生活等社会经济因素也是重要的影响因素[159-160]。后来，人口迁移理论内涵不断得到补充，学者引入社会经济要素，使人口迁移理论更加系统完善。其中联合国《多种语言人口学辞典》给出的定义得到了普遍认同：人口迁移是指人口在不同区域之间的空间移动，这种流动一般是永久性的，即居住地由迁出地永久迁移到迁入地的变动。该定义指出了人口迁移不同于其他形式人口流动的理论核心，即为永久性迁移。

第二节　理论基础

一、人口迁移理论

（一）工业革命带来的大规模人口流动潮引发了对人口迁移法则的思考

19 世纪中后期，随着第二次工业革命的完成，西方世界社会生产力不断提升，为了追逐更大的利益，出现了大规模的人口流动潮。一方面，是人口从乡村大规模迁移到城市，从 19 世纪开始，人口开始大规模向城市集中，到 20 世纪中期，地球城市人口增长了 23 倍以上。另一方面，则是规模同样庞大的跨国迁移，如世界银行在 1984 的报告中指出：1850—1910 年，北美洲人口的增长有三分之一来自外国劳工的迁入。在此时期，大规模的人口流动使部分西方学者开始关注这一现象和这一现象背后的规律与法则。例如，西方公认的人口迁移理论鼻祖——拉文斯坦的“人口迁移法则”就诞生于这一时期。拉文斯坦认为改善经济状况是人类迁移的根本原因，并基于此对人口迁移的模式、结构、机制和时空特征进行了梳理，后期经过不断的研究完善，提出了著名的人口迁移七法则[161-162]。

（二）“推拉”理论和引力模型推动了人口迁移理论的完善

进入 20 世纪，人口迁移的概念更加系统，如赫伯尔将人口迁移规律总结为“推拉”理论，认为人口迁移是由推力和拉力共同引起的，即人口迁移是迁出地的排斥力和迁入地吸引力共同作用的结果[163-164]。之后，多位学者探究并提出了基于推拉理论的计量模型，例如美国学者将万有引力定律与推拉理论结合，提出了著名的人口迁移“引力模型”，引力模型的基本构造来自万有引力定律公式，即两地之间人口迁移的规模与两地的人口总量成正比，与两地之间的净距离成反比。引力模型的提出为人口迁移的定量探究提供了方案，但同时具有很大的局限性[165]。后来引力模型得到了不断改进，大量学者引入社会经济要素，使人口迁移引力模型更加科学完善，最终成为研究人口迁移理论最重要的量化模型。

（三）新古典经济学强调了人力资本投资对迁移内生动力的影响

20 世纪中期开始，新古典经济学供求关系开始被引入人口迁移理论研究当中，认为区域劳动力供求差异引起了区域间的人口流动。代表人物是西奥多·舒尔茨，他的人力资本理论认为迁移是个体的一种人力资本投资行为。同时期双重劳动力市场理论则研究得更为深入，该理论将发达地区的劳动力市场分为两个部门：一种是正规部门，即主要劳动力市场，该市场环境相对优越，待遇较好，但对员工的受教育程度、技术水平有较高的要求，这个部门往往被本地居民所占据；另一种是非正规部门，即次要劳动力市场，该市场环境较差，待遇较低，但对员工自身素质要求较低，移民往往只能先在次要劳动力市场谋生[166]。

20世纪后期，发展经济学的成熟将人口迁移理论提升到一个更高的层次，其中以刘易斯模型和托罗达模型为代表[167]。刘易斯模型提出经济发展以工业部门扩张为前提，而工业部门的扩张需要农业部门提供丰富的廉价劳动力，这在一定程度上是农业劳动力迁移的根本动力；托罗达模型则进一步认为城乡预期收入差异的扩大是发展中国家农村人口迁移规模继续增大的主要原因。至此，人口迁移理论已趋于完善。

二、社会性别理论

（一）天然的性别观念——自然性别

性别平等理论源自性别的概念，而性别的概念自人类有性别意识以后便已产生，即自然性别，也就是人类在自然观念中认识到的男性和女性在生理结构、情感和体力上的差异，是一种朴素的性别观念。随着近代生理学的发展与进步，自然性别的概念得到了补充，除明确两性在生理和情感上的差异外，还强调了这种差异不会因人的种族、民族、地区或国籍而变化，形成了生理性别的概念。中华文化中虽然没有明确的关于“性别”的定义，但有强烈的以“阴阳”双极为基础的性别观念，以“男主阳，女主阴”为性别观念的核心解释，并辅以诸如“男女授受不亲”“男女七岁不同席”等俗语补充对于性别观念的认知[168]。中华文化阴阳理论主张“阴中有阳，阳中有阴”，阴阳调和才是性别和谐的最终状态，这也是中华文化自然性别观念的理论基础。

（二）西方“性别”定义强化了性别的二元对立

西方“性别”观念中由于男性和女性生理差异，导致了性别的二元对立，在男权社会中，男性为主体，掌握社会中的多数资源和主要权力，女性只能成为其附属[168]。而男性利用这一优势，才能掌握在性别关系中的主动权[169]。男性主张的男人的地位、身份、价值并不是自然存在的，而是通过否认女性的地位、身份、价值而确定的，同时通过一系列设计精巧细致的理论与观念建立起了一整套有利于保证男性优势地位的体系，例如“男尊女卑”“冠夫姓”“生育是结婚的目的而不是爱情”等。如法国著名的女权运动发起人和女性主义活动家波伏娃就指出“女人的定义是后天建构的结果，而不是自然形成的[170]”。并进一步指出，性别不平等的根本原因是只有男性被定义为真正的“人类”，女性在神话传说中被认为来自男人的肋骨[171]。西方性别二元理论贯穿整个西方社会发展史，也在西方社会方方面面都有渗透，导致人们对性别形成对立认知，并通过形式多样的教育、宗教、社会规范强化这种对立，以此来确立男性在社会中的优势地位。

（三）社会性别理论的成熟为性别平等的实现创造了理论依据

与此同时，社会学的不断发展也产生了一种新的性别概念，这种概念更加强调人类性别的社会内涵，社会对两性的识别以及对两性社会分工的要求和期望，具体可以阐述为在特定社会文化背景下适合其性别识别的总体特征和行为特质[172]。这种概念模糊了生理差异，强调了社会分工，但实际两性的社会分工也是由生理差异决定的，这种生理和社会上的必然联系也使这两个概念在多数条件下都是相通的，但社会性别会关注个体差异[172-173]。社会性别理论的发展，挑战了由生理差异导致的绝对的性别观，例如传统的“男主外女主内”“男尊女卑”“男刚女柔”等观念[173]，认为在社会分工中，个体间的差异使女性也有机会尝试并且有可能在男性主导的领域取得成功。该理论的典型代表是法国著名的女权主义运动家和理论家西蒙·伏波娃，她在其著作《第二性：女人》中提出的一个重要观点：女人不是天然形成的，而是后天塑造的。女性应该有勇气向传统性别观念发起挑战，在现代化的社会文化中，以社会性别重新塑造自己[174]。至此，社会性别理论发展成熟，为探究性别不平等的原因，讨论性别平等的实现途径创造了理论依据和可行方法。

三、需求层次理论

（一）“人本主义”的本质是个体不断追求高层次需求的过程

需求层次理论源自人本主义理论。人本主义强调人的发展和人的价值，核心内容包括四个方面：人的责任、时间空间、现象学中的个体、成长。

1. 人的责任

每个个体都应为所发生的事情负责，在外部环境的影响下，个体往往不得不做某些事，如“我不得不去锻炼”“我不得不听从上级的安排”等，实际我们也可以选择不做这些事，但在特定的环境下，类似的选择往往具有必要性，这实际是个体责任的延续。

2. 时间空间

个体应该更多关注和珍惜当下所发生的一切，既要珍惜当前所处的环境，也要珍惜当下所处的时刻，而个体往往很难做到这一点，部分个体沉溺于过去经历的种种，追忆往昔美好时光或回顾过去痛苦的经历；部分个体则喜欢计划未来的生活，而不顾眼前的经历。人本主义理论认为，个体在回忆和计划中每浪费的1分钟，都是你生命中浪费的1分钟，主张个体应该在当下的本来面貌中生活，只有生活在此时此刻，做更多有意义的事，人才能充分享受生活，成为一个完善的人。

3. 现象学中的个体

自己永远是最了解自己的，遇到困境和机遇时，应该依靠自己、鼓励自己。

4. 成长

人本主义理论认为，人生活的全部并不是所有需求都能得到迅速的满足，生活是追求需求满足的过程，而在这个过程中，人只有不断提升自我，才能够不断追求并达成高层次需求，这就是人的成长。

（二）激励行为为追求高层次需求提供了解决方案

人本主义理论关于人的成长的阐述指出了人的生活本质是不断追求高层次需求的过程，而激励理论的实质在于如何满足人的不同需求，以此来激发人的积极性，并鼓励其做出正确的行为决策，最大程度发挥其知识与技能，获得相应的成果。因此，激励理论的成熟将人本主义理论和需求层次理论联系在一起，提出了从人本主义到需求满足的解决方案，促进了需求层次理论体系的建立和完善。激励理论鼓励正确行为的方式主要通过激励行为来实现，包括成就、赞赏、机遇、责任、成长和发展等，激励因素会激发个体心理满足，调动积极性。除激励因素外，还包括保健因素，保健因素包括政策支持、管理组织、社交关系、劳动待遇、发展环境等，保健因素的提升可解除个体的后顾之忧，有利于消除个体的不满情绪。

（三）需求层次理论体系的建立和成熟

人本主义和激励行为通过鼓励人不断追求需求满足来促进人的成长和发展，而要实现这一目的，应该理清人类需求的层次脉络，才能有针对性地激发人的内在潜质。美国心理学家亚伯拉罕·马斯洛于20世纪40年代提出的人类需求金字塔结构创造性地解决了需求、激励和成就之间的鸿沟[175]。需求层次结构总体上可以分为两大类：第一类包括生理需求和安全需求，属于缺失性基础需求，这类需求是人生存的必要需求，得不到满足时无法生存，甚至危及生命；第二类包括社交需求、尊重需求、求知需求、审美需求和自我价值实现需求，属于成长性进阶需求，这类需求并不是绝对意义上人类生存所必需的，但它决定人的健康、知识、情感、尊严和自我实现，因此被称为成长性需求[175]。

虽然不同的需求层次适用于不同的人或人的不同阶段，并成为引导个体行为、激励个体成就自我的力量，但各需求层次并不是孤立的，也不是静态的，而是一个动态发展的过程。马斯洛认为，人的需求处于越低的层次，需要为之付出的力量就越大，但这种力量会随着需求层次的提高而下降。在大多数情况下，高层次需求必须在低层次需求得到满足之后才会出现，例如，人只有吃饱穿暖，并且安全得到保障之后，才会追求情感需求的满足。但这并不是绝对的，不需要低级需求的百分之百满足，只要低级需求部分得到满足，高级需求就会出现[176]。

四、社会适应理论

（一）“物竞天择、适者生存”的自然适应性观点

社会适应理论源自生物学的“适应”理论。19 世纪中叶，以达尔文为代表的经典进化论学说是生物适应理论的真正起源，其中“物竞天择、适者生存”是达尔文经典进化论的理论内核，指出适应是生物有机体对于其所处环境的调适过程，生物若无法适应所处环境，将无法生存繁衍，被自然选择所淘汰，最终走向灭绝[148]。同时期的“社会学之父”孔德首次将生物进化论融入社会科学研究中，他提出了人类社会也是生物进化产物的经典论调，指出人类社会虽然比其他所有地球生物进化更复杂，但其同样适用于生物进化的普适规律[149]。斯宾塞进一步发展了孔德关于社会进化论的学说，他认为“物竞天择、适者生存”的基本规律同时适用于人类社会和自然界，因此人类社会与自然界的基本规律无本质区别，都会受到进化规律的支配[177]。

（二）社会进化定义社会适应

20 世纪中后期，美国社会学家格尔哈特·伦斯基在其研究中全面阐述了社会科学与生物进化论科学的区别和联系，他在其著作《权力与特权：社会分层的理论》中提出了社会进化的理论观点：生物体和人类社会的进化都是代际传递的，且都是基于编码形式来实现这一过程的，生物体通过基因组编码，人类社会通过文化信息编码；同时，二者的进化都会存在变异和选择的过程，且正是由于选择的存在，促使了个体对环境适应的必要性[178]。此外，在进化的过程中，生物进化途径单一，只能通过有机体的基因复制进行传递，因此物种间存在信息传递限制，从而导致生物进化的多样性和差异化[148]；而社会进化的文化信息则更易被广泛传递，引起不同民族间的文化冲突与共鸣，从而导致社会进化的趋同性和单一化，这是社会适应的最终过程[179]。此后，各领域学者都尝试将“适应”及“社会适应”的理论内涵引入各自的研究领域，例如人类学、伦理学、地理学等，最终形成了完整的社会适应理论体系。

（三）社会资源与社会适应主要内容的确定

社会适应，是人类个体或族群与其生活的社会环境在心理、行为上的适应过程。在这个过程中，不同的社会个体、群体拥有的社会适应水平具有明显的异质性，这种异质性来自不同个体、群体占有的社会资源不同，这种现象也被称为社会分层现象，据此演化成为社会分层理论。分层的概念源自地质学中的stratify，意为地质的沉积成层现象，在被引入社会学后引申为社会群体间的分层特征，即社会成员和群体间由于占有社会资源的差异而导致的层化现象。而其中，社会资源是关键，社会资源是社会中所有对人有价值的物质和非物质资源的总称，也被称为社会资本，其包括但不限于：①政治资源，即某些社会成员拥有的政治地位、权力、声誉、职务等具有政治交换价值的资源；②经济资源，最直接的经济资源即社会成员的收入，此外储蓄、财产、职业及其他可以获取经济利益的方式都可统称为其拥有的经济资源；③生活资源，即客体提供的可以供其消费和享受的公共物品、商品及公共服务和商业服务。由此可见，社会成员拥有的社会资源的差异，决定了社会适应水平的差异，因此社会适应主要内容的确定亦离不开社会资源。

社会适应一般包括经济适应、生活适应和心理适应三个维度，其中，经济适应是指移民经过自我调适，适应当地经济环境，最终在经济发展方式与水平上与当地主流群体趋于一致的过程，实际上是个体拥有的经济资源与外部环境的适配过程，其中政治资源也被视为获取经济利益的方式被归入经济资源。生活适应是移民在生活方式上与迁入地主流生活方式相适应的过程，实际是生活资源在个体心理认知和感情归属层面的内化，因而也引出了心理适应的概念，即心理适应是与主流群体在群体归属感上趋同并最终在心理上实现相互认同的过程。移民社会适应则是具体到移民个体，在进入迁入地后，自身心理、行为、生计与生活方式等与迁入地经济基础、社会环境与社会规范的调整适应过程。迁移意味着移民告别了原有的生产方式、生活方式和人际关系，经济生产、文化习惯、身份认同都产生了变化，因此移民的社会适应是一个尤为特殊而漫长的过程。

五、妇女赋权理论

妇女赋权理论旨在通过为女性赋予并保障其所应当获得的权利，促使女性实现自我发展与社会地位的提升，这是真正实现性别平等的必经之路。

（一）母系氏族社会——性别平等的朴素观念

从女性实现自我发展与社会地位的提升这个意义上来说，妇女赋权理论源自性别平等理论，因此要追溯妇女赋权理论的起源，需要首先梳理性别平等理论的发展脉络[180]。实际上，性别平等观念从人类社会的诞生即开始伴随人类发展历程的始终。在原始母系氏族社会，女性掌握生产资料，同时负责分配劳动成果，女性拥有较高的地位。同时，在此时期社会生产力勉强满足社会成员基本生活需求的前提下，按需分配的原始公有制社会体系使每个社会成员按部就班、各取所需，不存在地位上的差别，性别的自然平等也就不会产生性别歧视的问题[180]。随着社会生产力的提升，物质资料出现剩余，此时男性由于其体力和耐力的优势，在社会生产中逐渐占据主导地位，物质资料的分配权也逐渐由男性掌握，以女性为主的原始公有制社会体系开始解体，父系氏族社会形成，并进一步发展为奴隶制社会；此时期，男女社会地位开始出现急剧分化，女性逐渐沦为男性的附庸，加上此时严酷的生存环境，使女性需要男性为整个社会生产物质资料并提供安全保障，因此性别平等观念长期受到主动和被动的压制。

（二）社会分工促进女性权利意识崛起

性别平等意识被压制的情况持续上千年，直到西方工业革命的爆发，随着社会生产力的大幅提升，出现了男女社会分工。同时，伴随着工业革命之后工业产业门类的逐渐完善，纺织、食品、印刷等轻工业部门蓬勃发展，而女性在这些工业部门占据重要地位，使女性也卷入到工业化的浪潮中，女性开始意识到自己在社会发展进程中也能够产生不亚于男性的重要作用[181]。在此背景下，对性别平等观念长达上千年的压制被逐渐打破，女性意识逐渐崛起，女权运动开始发展。此时期，女性运动的诉求不仅对于自身参与政治、经济、社会活动及接受教育的权利提出要求，并积极推动了全球女权运动的发展，以求在社会发展中获得与男性同等的权利。至 20 世纪初，多数国家的女性都逐步获得了一些基本的社会公民权利，例如受教育权、就业权、选举权等。虽然在很大程度上仍停留在象征层面，在现实中还是会体现出与男性的巨大差距，但这作为女性权利运动的重要实践成果，是一个十分重要的进步，为后来女权运动的发展和妇女赋权理论体系的构建和完善奠定了坚实的基础。

（三）妇女赋权理论体系的建立与女性全面赋权运动的发展

到 20 世纪中期，随着女性受教育水平的不断提升，女性开始掌握一定的理论话语权，超越传统口号式女权运动，开始尝试在学术层面探究性别平等的内在机理和实现途径[182]。例如，法国女权运动创始人之一，毕业于巴黎大学的西蒙娜·波伏娃，先后分别于 1949 年和 1954 年出版的著作《第二性》和《名士风流》中，论述了性别平等的必要性、阻碍和具体途径，指出跨越父权制是实现女性解放的根本途径，并将女性运动的主要方向转向争取完整的生育权，包括堕胎权和性自由等[183]。20 世纪后期至世纪之交，女权运动的内容不断丰富，女性的受教育权、就业权、生育权等基本权利都得到了保障，女性在政治、经济、社会、文化等各领域参与成果不断凸显，社会地位不断提升，男女权利差距也不断缩小，以追求性别平等为目标的女权运动取得了丰硕的成果[184]。进入21世纪以来，口号式女权运动逐渐减弱，妇女赋权的主要形式转为理论探讨，包括对性别平等内在机制的探究和妇女赋权理论内涵的阐述，逐渐形成了完整的妇女赋权理论体系。

第三节　易地扶贫搬迁女性移民社会适应理论分析框架

一、总体理论分析框架

易地扶贫搬迁是通过制定政策，帮助那些偏远地区难以通过自身力量完成生活和生存环境改善的女性移民获取迁移的动力，最终帮助她们迁出自然环境恶劣、交通不便与信息闭塞的不适宜生存地区，以获得家庭经济状况的改善和生活质量的提升，这在很大程度上契合了人口迁移理论的内在逻辑。参与易地扶贫搬迁之后，女性移民及其家庭所面临的生计和生活环境都发生了变化。比较过去以农业生产为主的生计方式，搬迁后的她们失去了赖以维生的土地，而不得不去适应新的生活环境，因此产生了相对更为普遍与严重的社会适应问题。

此外，随着女性移民在安置区居住时间的延长，其自身的社会适应状况会发生变化，在生理需求和安全需求等缺失性基础需求得到相对满足后，加上性别平等观念的树立和自我发展能力的内化，女性移民会尝试主动追求更高层次成长性需求的满足，这种需求在生计方式和生活环境变化更大的劳务安置和县外安置女性移民中更为强烈。其中，最先产生的就是爱与归属的需求，在迁入新的环境中后，期望能获得在新环境中的归属感，在身份认同上与当地居民逐渐趋同；而且期望能够重构社交网络，在陌生环境中得到群体的帮助。安置地归属感的形成和新社交网络的逐步完善，可以充分激发女性移民提高生活质量的主观意愿，也可以促进女性移民对易地扶贫搬迁政策的认同，并反馈到女性移民的社会适应水平提升的进程中，最终有利于易地扶贫搬迁“稳得住，能致富”目标的实现。

女性移民搬迁后在社会适应方面存在的障碍，不利于巩固脱贫成果和移民群体搬迁后的长期可持续发展，因而需要社会适应理论指导她们解决社会适应问题，并实现主体和客体适应性的统一。具体来说，一方面，女性移民个体需要充分发挥主观能动性，正确看待搬迁后的新生活，积极完善自己的文化知识储备与生存技能，提升自身认识社会、改造社会的能力，包括认知能力、协调能力、应变能力、创造能力、决策能力等，为自己创造更好的生存与发展权利，提升自身的社会适应水平，尤其是劳务安置女性移民，在面对经济社会发展水平相对更高，对劳动力知识储备和职业技能需求更高的就业环境时，应充分发挥主观能动性，在积极参加相关职业技能培训的同时，充分利用相对更为便捷的就业机会，为提高自身社会适应水平做出努力。另一方面，通过安置区政府主导、社会组织帮助、移民社区协调和女性移民个体的共同努力，创造良好的社会大环境，例如文明的社会环境、和谐的社区环境、健康的社交环境等，为女性移民更顺利地完成社会适应过程创造条件，同时有助于帮助女性移民提升社会适应能力，这一点对于生计方式和生活环境变化较大的劳务安置和县外安置女性移民更为重要。

而要实现提升女性移民的社会适应水平的进程，又必然以争取保障女性应得的权利为始，并在争取权力的同时，依据妇女赋权理论分别从制度设计和自我意识两个层面强化女性移民的自我意识和自我发展期望，将其内化为女性实现自我发展与社会地位的提升的能力。女性自我发展与社会地位提升能力的内化会受到社会性别定位的限制，人类传承上千年的传统性别观念会对两性社会性别角色的定位产生深刻影响，在自然环境较为恶劣，信息闭塞的地区尤为严重，而性别平等观念则冲击了社会性别角色的绝对化。在现代开明的社会形态中，会为男性和女性提供相同的发展机会，倡导男性和女性享受相同的权力，并承担平等的义务。鉴于此，本书构建了易地扶贫搬迁女性移民社会适应研究的总体分析框架（图 2－1）。

二、易地扶贫搬迁的内外动因

根据人口迁移的理论内涵，偏远地区的居民有更加强烈的迁移意愿，目的是迁出自然环境恶劣、交通不便与信息闭塞的不适宜生存地区，以获得家庭经济状况的改善和生活质量的提升。但在现实中，偏远贫困地区的人规模主动外迁往往很难实现，主要原因有三个方面：其一，世代居住在偏远贫困地区的居民微薄的收入和有限的家庭资本，无法承担迁移的成本；其二，偏远贫困地区交通条件较差，信息闭塞，很难获得足够的信息指导其外迁；其三，部分移民害怕无法适应新的生存和生活环境，因此不愿改变传统的生活方式。其中，第一个因素是限制人口迁移的最重要因素，也是最现实的阻碍，且往往靠自身很难解决。第二个因素会在客观上阻碍偏远地区居民外迁信息的获取，使他们的外迁意愿难以付诸实践。第三个因素则主要影响老一辈的居民，对于善于学习、愿意进取的年轻一代影响较小。面对这一困境，政府往往会采取措施帮助这些居民实现外迁目的，迁出偏远贫困的地区，并帮助他们改善家庭经济状

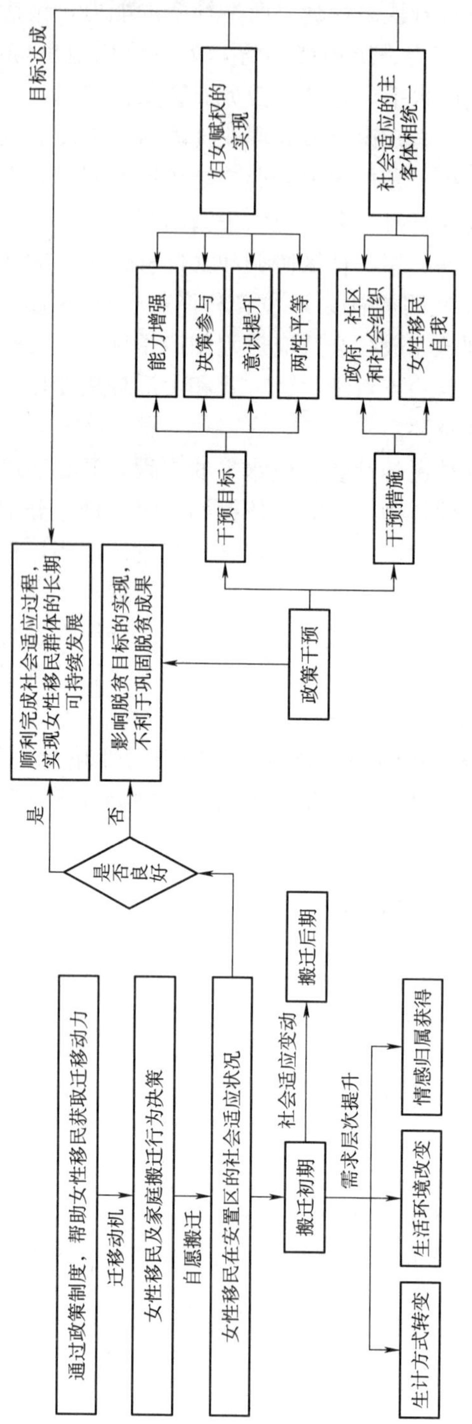
通过政策制度，帮助女性移民获取迁移动力
迁移动机
女性移民及家庭搬迁行为决策
自愿搬迁
女性移民在安置区的社会适应状况
搬迁初期
社会适应变动
搬迁后期
需求层次提升
生计方式转变
生活环境改变
情感归属获得
是否良好
是
否
顺利完成社会适应过程，实现女性移民群体的长期可持续发展
影响脱贫目标的实现，不利于巩固脱贫成果
政策干预
干预目标
干预措施
能力增强
决策参与
意识提升
两性平等
政府、社区和社会组织
女性移民自我
妇女赋权的实现
社会适应的主客体相统一
目标达成

图 2-1　总体分析框架

况，农村易地扶贫搬迁就是为实现这一目的而制定的政策。

结合宁夏“十三五”易地扶贫搬迁的实际情况可以发现，劳务安置和县外安置两种搬迁方式的距离更远，生计、生活方式的转变更大。而参与劳务安置和县外安置的女性移民家庭，搬迁前的收入水平和交通便利程度等，均呈现出比有土安置和县内安置女性移民家庭更差的状态。同时，在年龄方面，劳务安置和县外安置的女性移民更年轻。这恰好反映了人口迁移理论的内涵，即家庭经济状况更差、居住地更偏远的女性移民家庭具有更加大胆、强烈的迁移意愿，而更年轻的女性移民对适应新的生存和生活环境方面的顾虑相对更少。

为帮助宁夏中南部地区农村贫困群众脱离恶劣的生存和发展环境，尽快消除贫困，改善生产生活条件，宁夏政府在总结以往扶贫移民搬迁经验的基础上，实施“十三五”易地扶贫搬迁，重点攻坚中南部山区顽固的贫困问题。这一政策很好地解决了限制偏远地区居民外迁的因素，即通过资金支持担负移民的外迁成本，使女性移民及其家庭能够顺利迁入安置地，为女性移民自身及移民家庭改善生存生活环境提供了可能。

三、内化女性移民自我发展能力

社会性别理论的内涵是基于不同的社会分工给予的性别定位，而性别平等观念则冲击了社会性别角色的绝对化。在现代开明的社会形态中，会为男性和女性提供相同的发展机会，倡导男性和女性享受相同的权利，并承担平等的义务。但人类传承上千年的传统性别观念仍会对两性社会性别角色的定位产生深刻影响，在自然环境较为恶劣、信息闭塞的地区尤为严重，例如本书的研究区域——宁夏中南部山区就十分典型。在实际调查中可以发现，有关家庭重要事情和重大财务问题的处理，有不少家庭是由家中男性劳动力作决策的，这种现象尤其在户主年龄稍长的家庭中比较明显。例如，在对有关家庭收支问题、扶贫补助情况以及村干部的选举问题进行调查时，很多女性表现出并不是很清楚的状态。因此，要帮助女性移民实现自我发展，进而促进其社会适应水平的提升，基于社会性别理论，从文化层面倡导性别平等和改善外部环境是重要的依据。

其一，文化传统。文化层面的影响，主要在于社会文化传统会对女性移民赋权产生深刻影响，例如农村根深蒂固的“男尊女卑”“男主外女主内”等思想会严重影响女性赋权效果，无疑都是中国传统文化压迫女性的例证。在宁夏中南部山区，女性普遍存在结婚早、要生儿子和生育子女数量多的现象。因此，搬迁后安置区相对更为文明、完善的社会制度和较为发达的经济发展水平，为女性自身和丈夫等其他家庭成员树立正确的性别平等价值观提供了可能。

其二，外部环境。自然环境层面的影响因素集中体现在外部环境和客观条件中，如自然环境条件、社会发展程度、基础设施建设水平等都会影响女性权益的获取和保障。而宁夏中南部山区作为典型的极不适宜人类生存地区，面对自然环境恶劣、基础设施水平落后、社会发展程度低、交通与信息传递不畅、教育发展水平不足、医疗卫生保障不健全等一系列外部环境缺陷，女性地位必然更低，女性赋权状况普遍较差，都会在客观上影响妇女权益的获取和保障。因此，通过易地搬迁改善外部环境，进而推进性别平等是这一地区的重要选择。尤其是劳务安置方式下的女性移民，从较为封闭的中南部山区搬到性别观念更为平等和开放的城镇及城市周边后，其源于自身的传统观念也会逐渐发生改变。此外，更为便利的基础设施条件和较好的经济发展环境，也相对增加了女性移民外出务工的机会，从而有利于提升女性移民的家庭地位，增强她们在安置区长久生活的信心。

四、女性移民成长性需求的满足

需求层次理论认为，当个体的缺失性基础需求得到满足之后，会主动追求更高层次成长性需求的满足。参与易地扶贫搬迁的目的就是改善生存和生活环境，使生理需求和安全需求得到满足。因此在搬迁后，经济适应是女性移民社会适应过程的开始和基础，如何谋生是女性移民搬迁后需要首先解决的问题，怎样在安置区寻求一份工作赚取收入从而应付家庭开销，是女性移民开始安置区新生活的前提和基础，也是完成社会适应过程的必要环节。当女性移民的缺失性基础需求得到保障时，便会有机会、有能力去追求更高层次的需求。爱与归属是基础需求满足后首先追求的更高层次需求，主要表现在以下两个方面：一方面，随着在新环境中生活时间的延长，逐渐产生“当地人”的身份认同意识，反映了女性移民内心深处的“归属感”；另一方面，在原有社交网络被打破的情况下，期望能够在相对陌生的新环境中重新构建社交关系，以互相帮助。“当地人”身份认同意识的形成和新社交网络的逐步拓宽，是女性移民在后续生活中萌生提高生活质量意愿的动力，也是提升女性移民对搬迁政策认可度的因素，有利于提升女性移民的社会适应水平。此外，劳务安置和县外安置女性移民基本都搬迁到城镇或城市近郊，生活方式快速城市化，在客观上会迫切要求女性移民改变传统的生活方式，致力于提升生活质量，拥有更好的社会适应水平。

但值得注意的是，来自较不适宜生存地区的易地扶贫搬迁移民，长期处于交通不便、信息闭塞的环境中，而女性比又比男性更少外出，在搬迁后面对较大的环境变化时，出现的茫然无措感会严重影响社会适应水平的提升，表现出对未来生活的担忧，进而影响她们在安置区归属感的获得。其中生活、生存等环境发生较大变化的劳务安置和县外安置女性移民更易出现这一问题。出现这一问题的根源，还是在于基础需求，特别是安全需求没有得到全面满足导致的。较大的环境变化使女性移民易产生安全感的丧失，害怕在新的环境中无法适应和融入。这种情况在搬迁初期普遍存在，随着时间的推移会逐渐得到缓解。

五、女性移民的社会适应遵循主客体相统一

基于社会适应定义及理论内涵，影响人类社会适应的因素可以分为主体与客体两部分。主体即人类，或者说人类所具备的适应社会环境的能力，由于适应包括认知与改造，因此主体也影响社会适应的因素，也包括对社会环境的认知能力和改造能力两个部分。其中，认知能力是指人类认识客观世界，发现并总结客观规律的能力；改造能力则是人类参与社会变迁，创新创造社会治理模式的能力。两种能力中，认知能力决定人类个体能否适应社会环境，而改造能力则决定人类适应社会环境的能力；但认知能力是改造能力的前提，若个体无法有效认识客观世界，对社会的改造也无从谈起。客体就是环境，即人类所处的社会环境，具体来说，包括政治环境、文化环境、社区环境、网络环境等。客体是影响人类社会适应主要的外部因素，依托主体，或者主体的适应能力发挥作用，例如健全的政治制度、开放文明的社会文化、和谐良好的社区环境、健康向上的社交环境均能够为主体创造有利的社会适应条件。相反，政治制度不健全，社会文化封闭落后、社区环境混乱恶劣、社交环境病态无序则无疑会严重制约主体对客体的适应，更勿论去改造社会。从社会适应的影响机理来看，主体和客体是相统一的。一方面，主体改造社会的过程促使外部环境不断发生变化，进而影响主体的社会适应；另一方面，客体，即外部环境的不断变迁，也促使主体持续提升自己的社会适应能力，进而影响主体的社会适应。

伴随着“十三五”易地扶贫搬迁政策的实施，宁夏中南部山区的女性移民及其家庭所面临的生计和生活环境都发生了变化，其中，劳务安置方式对女性移民及其家庭带来的影响是最大的。相较于原先以农业生产为主的生计方式，搬迁后的她们失去了赖以维生的土地，而不得不去适应城镇化过程。女性移民生活区域的基础设施条件在搬迁后得到改善，然而由于自身在学历、务工经历、体力和技能等方面的劣势，使得她们在寻找外出务工机会可能面临碰壁的同时，还要去应付较高的生活成本；同时，由于原先长期生活在较为偏远封闭的山区，搬迁后原有的社交网络被打断，在面对新的生活环境时，心理会产生复杂变化。

本研究的最终目标是解决易地扶贫搬迁女性移民的社会适应问题，因此社会适应理论是研究的根本理论，贯穿研究始终。人类的社会适应是主客体相统

一的调适过程。从这个理论视角来说，要提升女性移民的社会适应水平，也需要遵循主客体相统一的原则。具体来说，女性移民个体需要充分发挥主观能动性，正确看待搬迁后的新生活，充分利用安置区政府组织的诸如纺织、烹饪、刺绣和家政服务等相关的培训机会，积极完善自己的文化知识储备与生存技能，提升自身认识社会、改造社会的能力，包括认知能力、协调能力、应变能力、创造能力、决策能力等，为自己创造更好的生存与发展权利，提升自身的社会适应水平。客体，即主体所处的社会环境，它是女性移民适应的目标和对象，因此它对提升主体的社会适应水平的作用主要体现在外部层面，即通过安置区政府主导、社会组织帮助、移民社区协调和女性移民个体的共同努力，创造良好的社会大环境，例如文明的社会环境、和谐的社区环境、健康的社交环境等，为女性移民更顺利地完成社会适应过程创造条件，同时有助于帮助女性移民提升社会适应能力，尤其是对于劳务安置和县外安置女性移民来说，安置区政府的协调和帮助对于她们顺利适应新生活有重要意义。

女性移民是整个家庭的枢纽，其自身在安置区良好的适应能力，是带动整个搬迁家庭顺利适应新生活的关键所在，也是实现易地扶贫搬迁“稳得住，能致富”目标的内在要求。

六、女性移民的社会权利和家庭权利并重

妇女赋权理论是经过长期女性权利运动理论化的成果，目的是争取并保障女性应得的权利，将其内化为女性实现自我发展与社会地位提升的最终目标。而这不仅是实现女性移民社会适应提升的根本路径，也是女性移民实现自我发展和提升的最终落脚点。总结起来，可以将妇女赋权理论分别从制度设计和自我意识两个层面强化女性移民的自我意识和自我发展期望。

其一，制度保障社会权利。制度层面对女性移民赋权的影响有两层内涵：一是，现有制度是否能够保障女性移民的受教育权、就业权、生育权等基本权利；二是，在现有社会制度下，女性移民是否能够自由参与政治、经济、社会、文化等各活动。例如，中国特色社会主义制度强调男女平等，重视妇女工作，新中国成立以来，先后颁布了《中华人民共和国婚姻法》《妇女权益保护法》等致力于保障妇女权益的法律，并建立了以中华人民共和国妇女联合会为领导的制度保障体系，不断推进和完善妇女权益保障工作，取得全球公认的妇女赋权成果。而在宁夏中南部农村地区，由于交通不便，信息闭塞，有部分女性在遭受家暴、被离婚以及受到前夫骚扰与威胁等纠纷时，不知道也不会利用法律武器维护自身的合法权益，从而导致良好的女性权利保障制度实际收效甚微，女性地位普遍较低。出现这种现象的原因，不仅是因为受农村女性实际经济状况的制约，也是因为在相对偏远闭塞的环境下，相关的法律制度不能充分

层层落实。因此，拥有文明、进步、完善的社会制度，是妇女赋权的核心因素。将宁夏中南部农村女性贫困人口搬迁到城市及城市周边后，她们会拥有相对更文明与完善的社会制度，有利于保障女性移民权益。

其二，自我意识争取家庭权利。自我意识层面的因素源自女性个体自身，但是它是与外界因素综合发生作用的。宁夏中南部农村地区由于生存区域自然条件恶劣，交通不便、信息闭塞，女性长期从事农业生产和家务劳动，自身性别平等意识淡薄，导致家庭和社会地位普遍低于男性，严重影响妇女权益的获取和保障，而这实际上是自然环境因素在主观行为上的反映，是一种综合效应。除此之外，文化因素也会产生自我意识层面的综合影响，例如妇女尤其是农村妇女，长期以来受传统观念的影响，会产生一种天然的男尊女卑观念，并内化到自我思想意识中，这种潜在的思想暗示会使妇女丧失界定自我权益的能力，主动放弃争取权益[119-121]。宁夏“十三五”易地扶贫搬迁政策的实施，旨在帮助中南部地区贫困人口消除贫困，改善他们的生产生活条件。搬迁后女性移民原本较为封闭的生活环境会发生变化，生计方式也逐渐多元化，相对更多的外出务工机会不仅可以提高女性移民收入，提升其经济地位，也可以为女性移民接触外界提供机会，这对于女性移民争取家庭权利，提升家庭地位有重要意义。

第四节 本章小结

首先，本章从界定适应与社会适应、妇女赋权、社会性别与性别平等、需求层次金字塔和人口迁移内涵与概念入手，提出了女性移民社会适应的概念界定。其次，运用社会适应理论、妇女赋权理论、社会性别理论、需求层次理论和人口迁移理论，阐释了女性移民社会适应研究的理论基础。最后，在相关概念界定与理论基础阐释的基础上，结合促进乡村地区高质量发展和帮助贫困人口改善生产生活条件的背景，围绕实现移民群体搬迁后“稳得住”目标的实现，建立本书的理论分析框架。

第一，人口迁移理论指出了人口迁移的动因，对女性移民参与易地扶贫搬迁具有重要的指导意义。人口迁移理论指出人类迁移的初衷在于改善经济状况，是迁入地在收入、教育和生活等方面的“吸引力”和迁出地的“排斥力”共同作用的结果。宁夏中南部山区农村妇女长期以来生活在交通闭塞、自然条件恶劣以及经济发展落后的地区，宁夏“十三五”易地扶贫搬迁政策的实施，旨在将这一地区贫困人口搬迁到基础设施完善、经济发展较为发达的县城和沿黄城市带，该政策的实施为这一地区农村妇女及其家庭的迁移行动提供了资金支持，使他们实现改善自身生活、经济状况的目标成为可能。

第二，从社会性别理论内涵来看，参与搬迁有助于宁夏中南部山区农村妇女实现自我发展，提升自身家庭和社会地位。自古以来，中华文化就主张“阴阳调和”，而由于男女两性在生理上的差异，使得男性在社会中掌握着更多的主动权，随着社会学的发展，社会性别理论向传统的“男尊女卑”观念发起了挑战，认为女性应与男性享有平等的机会和权利。由于信息闭塞和传统观念的影响，宁夏中南部山区农村妇女的家庭和社会地位较低，而易地扶贫搬迁政策的实施，有利于为这部分女性及其丈夫等家庭成员创造更为文明、开放和完善的外部环境，通过改变她们的生计方式、生活环境和思想观念来增强女性的家庭和社会地位，从而推进性别平等目标的实现。

第三，需求层次理论体现了女性移民搬迁后不同阶段的社会适应状况变化。人类的需求内容可以分为缺失性基础需求和成长性进阶需求两大类，第一类需求是人类生存所必要的需求；第二类需求主要是人的情感和自我价值实现需求，属于更高层次的需求。女性移民搬迁后首先面临的是如何在安置区立足的问题，即有关就业、收入和支出的生计问题是搬迁初期的首要需求。而随着时间的推移，当女性移民及其家庭在安置区相对稳定下来后，便会产生社会交往和爱与归属等更高层次的需求，归属感的形成是女性移民真正适应安置区新生活的标志。

第四，解决女性移民的社会适应问题是本研究的最终目标，因此社会适应理论贯穿本书的始终。“物竞天择，适者生存”是社会适应理论最原始的内涵，亦即人类个体或族群通过调整和改变自身的思维和行为模式、生存方式等，与其所处的社会环境相适应。参与搬迁后，女性移民的生计方式和生活环境都与以往不同，在基础设施条件得到大大改善的同时，也面临着收入不稳定、日常支出增加、对丈夫的依附性增强和社交网络中断等现实问题。如何帮助女性移民转变观念、提升自身的人力资本水平以及重构社交网络，进而带动移民家庭顺利适应安置区生活，是本研究的落脚点。

第五，在帮助女性移民争取外出务工机会，提高自我家庭和社会地位，进而提升社会适应水平的实际干预行动中，也充分体现了妇女赋权理论的内涵。妇女赋权是一个动态发展的过程，从保障女性生存权、生育权、受教育权等基本权利，到逐步促进包括择业权、政治权、发展权等进阶权利的赋予，为提升妇女的社会地位，实现男女平等提供制度保障。具体来说，通过实际行动干预，帮助女性移民提升知识和技能储备，树立自我意识，进而促进女性移民就业；通过开展相关活动帮助女性移民与周围人打交道，拓宽人际交往网络；同时，提升女性移民在家庭和社区的治理参与度等，均对实现女性移民赋权具有重要的现实意义。

第三章
女性移民搬迁历史与各时期发展特征

第一节　我国女性移民的搬迁历史及发展特征

本章通过梳理全国和宁夏的女性移民搬迁历史及各时期发展特征，吸取各阶段移民女性发展的经验教训，为提升宁夏“十三五”女性移民的可持续发展能力提供借鉴。

一、我国古代女性移民境遇的变迁

我国历史上的王朝兴衰总是伴随着大规模的人口迁移，而女性人口的境遇往往更加悲惨，有条件的可以跟随丈夫及家庭迁移，而没有条件的只有被卖或者被遗弃的命运。西晋“永嘉之乱”、唐朝“安史之乱”、宋朝“靖康之耻”等都导致了大规模的人口迁移，而女性无一例外都是最为悲惨的群体，其中“靖康之耻”甚至波及了养尊处优的贵族和皇族女性，使女性在大规模人口迁移中的弱势地位一览无余。我国古代数次大规模的人口迁移使华夏人口重心和经济重心逐渐南移，使江浙地区成为我国经济发展的核心地带，在确保我国人口分布战略的稳定之后，女性的境遇也到了改善，实现了一定程度的发展，“江南美女”也成为一个典型的时代属性。

除战乱外，明清两代出现了政策性质的有计划大规模迁移，并在民国时期全面展开，例如明初的“洪洞大槐树移民”和清初的“湖广填四川”，都是在战乱之后，政府有计划开展的人口迁移，目的是将人口迁往地广人稀地区，促进人口均衡发展，这类迁移由于受到政策支持，女性移民的基本权利可以得到保障[185]。而民国时期出现的“走西口”“闯关东”两次大规模人口迁移则是迁出地居民迫于生计外出谋生，这一时期的迁移处于中国社会逐步开放的历史时期，且多以家庭为单位进行迁移，因此女性权益可以得到进一步保障，与古代动乱时期的被动迁移差异明显，在客观上促进了女性的解放和发展。

二、计划经济时代的政策性人口迁移

新中国成立以后，已不存在因战乱导致的移民，而天灾导致的移民也逐渐减少，有计划的政策性移民逐渐成为计划经济时代人口迁移的主流。1962 年的知识青年上山下乡是规模最大的人口迁移，但由于安置政策不完善，自 1975 年后就出现了大规模的返城，截至 1979 年，累计返城知识青年总数已经达到知青总数的八成以上。总体来说，这一政策是在当时历史背景下比较合理的选择，但是不可避免地出现了很多社会问题，对于参与上山下乡的知识青年女性而言，这些问题尤为突出。多数参与插队的知识青年女性都处于人生发展的黄金期，正处于青春期的知识青年女性对自己人生的憧憬和未来发展的期望都荒芜在田间地头，偏离原来人生轨道的心理落差使得她们苦闷彷徨。随着在乡时间的延长，部分知识青年女性面临着组建家庭的问题，观念的冲突和婚后无节制的生育、沉重的家务等问题使她们的婚姻遭受诸多阻力和压力，并且在上山下乡运动逐渐式微后返程问题困扰着已婚知青，而多数已婚知青女性则是无奈地选择对现实妥协而继续留在农村[186]。

除此之外，在这一时期还有大小规模不等的屯垦开荒移民，最典型的即北大荒移民。自 20 世纪 50 年代开始，在 20 年的时间里累计迁入近一千万人次①，且基本都能够在安置地安家立业，返迁率较低，证明其移民组织和安置方式是相对成功的。但同时期的其他屯垦移民却以失败居多，例如 1956 年的青海垦荒移民，在山东、河南等地动员了近 7 万人参与搬迁，累计投资 1 亿元，但由于青海自然环境和社会环境差异较大，移民很难适应，后期移民基本全部返迁，造成了严重的资源浪费②。与此类似的还有 1958 年的河南农场建设移民，1965 年的山东军垦移民等，由于脱离实际，均未达到预期目标，造成了资源浪费。总结这一时期人口迁移和女性移民发展，由于户籍制度的限制，自发迁移的规模很小，因此基本以政策性迁移为主，而该时期的政策性迁移由于历史条件的局限，基本都未达到预期目标，但客观上给予了女性移民平等参与垦荒运动的机会，理论上消除了男女在社会资源竞争中的不平衡，为女性实现自我发展创造了平等的条件，促进了女性解放运动的飞跃。

三、改革开放初期的女性婚姻移民

改革开放之后，随着经济的发展和社会的开放，婚姻缔结的区域范围随之扩大，也不再局限于小范围地区，婚姻移民越来越普遍，婚姻女性移民的年龄

① 刘德龙．山东人“闯关东”文化现象学术研讨会综述［J］．山东社会科学，2007（4）：157－160.

② 陈熙．中国移民运动与城市化研究（1955—1980）［D］．上海：复旦大学，2014.

较小，其存在早婚的比例高于全国[94]。对于个体而言，改变自身的经济状况、生活状态和经济社会地位是女性婚迁的主要原因，因此有学者将婚姻迁移（以下简称“婚迁”）看作为女性实现阶层流动的一种“策略”和“跷跷板”[94]。我国婚迁的主要趋势是从经济发展较为落后的西部地区、农村地区向经济富裕、生活水平较高的东部、南部地区的城镇及农村转移。经济社会的发展、思想观念的转变以及女性在婚姻选择中自主性的提高，是促使婚迁逐步实现的重要因素[93-94]。

一方面，由于婚迁女性通常是迁入生活环境和经济发展相比原居住地更好的地区，在客观上促使婚姻移民女性离开了相对落后贫穷的环境，进而为自身的生存和发展带来了机遇[93-94]。另一方面，由于成长环境和地方文化的差异，进入本地人家庭的婚姻移民，通常会在社会交往、经济参与和日常起居等方面面临一些不适应，而如果婚姻女性移民不能适时调整自身的行为模式和心理状态，那么婚迁最终无法帮助女性移民实现获得更多发展机会的初衷。与此同时，婚迁女性移民的加入，在一定程度上缓解了当地男性的婚姻挤压问题，也促进了地区间的文化交流。然而，婚迁女性移民的配偶在本地的社会地位通常不高，加之婚迁女性原本较为落后贫穷的出身，导致婚迁女性会受到当地居民特别是当地女性一定的歧视，从而给婚迁女性的社会适应和融合增加了难度。因此，管理者、普通居民和婚姻移民自身需共同努力，帮助婚迁女性顺利融入当地家庭和社会，推动婚迁女性和当地居民双方的和谐、同步发展。

四、21 世纪女性劳动力移民

女性劳动力移民，主要指改革开放之后以劳务输出为主要形式，并在务工地安家的那部分流动女性人口。女性劳动力迁移虽然与婚姻移民几乎同时起步，但在改革开放初期发展十分缓慢。一方面，家庭外出务工以男性为主，女性仍以承担繁重的家务劳动和照料活动为主；另一方面，受户籍制度和传统观念的影响，女性期望通过外出务工改变自己经济地位的想法很难实现。随着国家经济的发展和社会的开放，各地户籍制度普遍开始松动，且传统观念受现代女性主义和妇女赋权思想的冲击亦开始逐渐解构，使女性实现自我发展成为可能。因此，女性劳动力移民爆炸式增长出现在 2000 年前后，人口普查资料显示，女性以“务农经商”为主要目的而进行的跨省迁移比例由“四普”的 16.6%，增加到“五普”的 64.7%[187]；而相应的女性以“婚姻”为目的而进行的跨省迁移比例下降到 20.7%[188]。

可见，女性劳动力迁移在 2000 年后已成为我国女性人口迁移的绝对主流，女性移民的标签已经逐渐从“外来媳妇”转变为“打工妹”“务工经商者”。而这一阶段也是我国经济腾飞的阶段，因此这一时期的女性劳动力移民也是时代的见证者。女性劳动力移民本身就以追求经济独立为目的，因此可将这类女性移民视为成功的自我发展践行者，且随着女性劳动力移民迁移强度的增加，为女性实现自我价值提供了重要途径[174]。

五、工程移民女性

改革开放之后，随着国家经济状况的改善和科技水平的提升，一系列大型工程上马，形成了一个特殊的移民群体——工程移民。改革开放初期至今，工程移民规模之大是前所未有的，其中最典型的、规模最大的也最成功的就是三峡工程移民。三峡工程规模庞大，合计淹没 2 座城市、11 座县城、1 711 个建制村，到 2009 年三期工程全部竣工时，累计搬迁移民 120 万人，是有史以来迁移规模最大、范围最广的水利工程移民[71][189]。

如此庞大的迁移规模，也引发了同样突出的移民安置问题，其中女性移民作为三峡移民中的弱势群体，安置问题更为突出。具体表现在：第一，工程女性移民并非自愿选择迁移，因此迁移过程并不符合自然迁移法则的渐进性和趋利性，面对迁移后生活环境、生活方式和社交网络的巨大变化，女性移民易产生适应障碍。第二，女性移民在社会资源竞争中处于劣势地位，很难积累起有效的社会资本以支撑其对于社会地位提升和自我发展的预期。第三，外出务工以男性为主，女性仍作为留守移民承担繁重的家务劳动和家庭照料。第四，迁入新环境之后，原有生计体系解构，而新的生计体系尚待重建，收入的不稳定以及收支的不平衡导致女性移民对未来生计与生活产生不确定性担忧。第五，社区治理参与不足，女性移民缺乏参与社区治理的渠道，在乡村自治和社区治理中明显处于边缘地位[189-190]。

而在三峡移民后期的稳定和发展中，也给予了女性移民足够的关注，从保障女性移民生理健康、支持女性移民参与社区治理、组织女性移民就业技能培训、完善社区照料福利设施等多个方面促进了女性移民发展权利的实现，而对于女性移民的发展权力的尊重，也是三峡移民取得成功的重要因素之一[189]。

六、生态保护与建设背景下的女性生态移民

随着我国经济发展水平的不断提升，对于自然资源的开发规模和自然环境的破坏规模都达到了前所未有的水平，华北地区、西北地区、东北地区的很多生态脆弱区由于过度开发导致了严重的生态环境退化问题，党中央、国务院高瞻远瞩，适时提出了科学发展观，要求按照“统筹城乡发展、统筹人与自然和谐发展”的要求推进各项事业的改革和发展。在这一伟大思想的指引下，我国政策性移民也发生了重大变化，从工程建设为主的移民，逐渐过渡到以生态保护和建设为主。

而在这一时期，也产生了各类规模不等的生态移民。例如著名的鄱阳湖生态移民，累计搬迁上百万移民，使鄱阳湖生态环境得到逐步恢复，产生了显著的生态效应[191]。此外，还有众多规模较小的生态移民，例如内蒙古自治区为了缓解生态环境保护与发展之间的矛盾而实施的鄂尔多斯市东胜区生态移民[192]。总结这一时期的女性生态移民，在遵循科学发展规律，追求人与自然和谐发展的前提下，基本都达到了预期目标，在实现保障移民生计稳定、生活适应的同时，产生了良好的生态效应。但生态移民的主要特征是放弃了过去以农业生产为主的生计模式，这对女性移民来说更具挑战性，因为男性移民过去本就多数时间在外打工，因此他们会更适应搬迁后的生计方式，而女性移民则长期以家务照料和农业劳动为主，退耕还林、退牧还草之后骤然失去农业劳动的资源，她们又缺乏在外谋生的技能和经验，使她们很难顺利实现生计方式的转变，更易陷入经济困境，并加大与男性之间的差距，被迫依附于男性而使女性的经济地位更低。针对这种情况，多地在推进生态移民的同时，十分重视对女性发展的政策支持，通过组织女性就业技能培训、完善社区照料福利设施、开展女性就业帮扶等措施鼓励和帮助女性外出务工，以支持女性通过经济独立实现自我发展[193]。

七、“打赢脱贫攻坚战”背景下的贫困女性移民

2015 年 11 月，“打赢脱贫攻坚战”成为国家战略，消除贫困、改善民生、促进共同富裕成为这一阶段的主要工作。基于此，产生以扶贫为目的的移民搬迁形式——易地扶贫搬迁，易地扶贫搬迁并不是在 2015 年后才开始实施的，实际早在 1983 年，著名的“三西”移民就具有典型的易地扶贫搬迁特征。到“十五”期间，国家即组织实施了较大规模的易地扶贫搬迁试点工程，并在“十一五”和“十二五”期间稳步扩大了试点规模。到“十三五”期间，随着脱贫攻坚工作的展开，明确指出要对居住在“一方水土养不起一方人”地方的建档立卡贫困人口实施易地搬迁，并积极完善相关后续扶持政策。在 2020 年下半年的全面评估核查中，易地扶贫搬迁移民在住房质量提升、子女就学改善、医疗条件改善等方面都达到或者超越预期，搬迁群众满意度达到了 100%。

总结这一时期的易地扶贫搬迁女性移民，一方面，贫困地区女性居民长期生活在信息闭塞的地区，仍存在传统封建思想的残余，导致女性始终在较为封闭的山区务农，而男性则被鼓励外出务工，相比女性更易接触到外部的信息，不仅导致女性移民存在技术贫困和意识贫困问题，也进一步加大了男性和女性在思想上和经济上的差异，因此女性移民的贫困问题更为突出。帮助迁移后的女性移民解决技术贫困和意识贫困问题，进而提升自我发展能力，是缓解女性移民贫困的有效途径，同时对易地扶贫搬迁“稳得住，能致富”目标的实现具

有重要意义。另一方面，安置区政府针对女性移民的帮扶措施，也在客观上为女性经济地位的提升和自我发展的实现创造了条件。

第二节　宁夏女性移民的搬迁历史及发展特征

一、“吊庄”模式女性移民的困境

从20世纪80年代开始，宁夏就率先组织实施了包括海原县、西吉县、固原县、隆德县等在内的“吊庄”移民搬迁。“吊庄”移民兼顾保护生态环境和帮助移民改善生产生活条件、稳定解决温饱问题的目标，是国家层面扶贫移民的开端[194]，也为宁夏开展后续扶贫移民项目开了先河。

妇女在移民过程中的作用反映了女性移民的社会和家庭地位[195]，而由于宁夏中南部山区长期以来生产力水平低下，再加上自然环境恶劣，对当地人口特别是女性人口的发展极其不利。因认识水平和能力的有限，大多吊庄移民女性并无权对家庭的迁移问题作主，受传统观念和出于提高自身家庭地位目的的影响，“西海固”吊庄移民女性早婚早育、多胎生育的现象非常普遍，繁重的生育任务不仅加重了妇女的照料负担，也在客观上降低了妇女走出家庭、参与社会的机会。同时，由于生态移民两性人口在文化程度和技术特长等方面的差别，吊庄移民女性在迁入区的经济和社会参与都比男性移民少。此外，作为一种符合宁夏发展实际的扶贫移民搬迁模式，在一户分两地的移民模式下，早期的吊庄移民主要是由年富力强的劳动力到迁入区进行开荒种植[196]，势必会导致以男性劳动力为主在迁出地与迁入地之间往返的现象，而不少妇女则留在当地继续从事家务劳动和农业生产，不仅加大了男女之间经济地位的差距，而且夫妻分居两地不利于妇女的身心健康，进而不利于家庭和谐，也不利于“吊庄”移民最终脱贫目标的达成。因此，在移民过程中促进妇女经济参与，提高女性人口文化素质，解决女性人口问题，对于促进移民工作的顺利实施是十分必要的。

二、东西部合作脱贫典范的闽宁镇女性移民

1996年，党中央决定做出东西部对口协作的战略部署，确定宁夏和福建结成对口帮扶，协作推动宁夏的扶贫脱贫工作。随后，时任福建省委副书记的习近平同志来到宁夏参加闽宁对口扶贫协作第二次联席会议，会上决定共同建设闽宁村，作为扶贫协作的示范村。在福建省的大力支持下，闽宁村正式奠基，并很快迎来了第一批来自“西海固”地区的移民，来到这个前景广阔的“新吊庄”开启新生活。到2001年12月，闽宁镇的成立正式得到宁夏回族自治区人民政府的批示，在随后的十多年里，闽宁镇陆续接纳了来自宁夏“西海

固”地区的4万多名移民，昔日的“新吊庄”已发展为现在常住人口6万余人的闽宁镇。作为东西部合作脱贫的典范，闽宁镇模式在扶贫开发中充分利用东部资源，以产业发展带动当地农民快速脱贫致富，创造了“干沙滩”变成“金沙滩”的奇迹。

闽宁镇模式作为世纪之交宁夏移民新模式的探索，也是东西部合作脱贫的典范，将现代化的人口迁移理念和妇女赋权理念纳入扶贫目标中，十分重视对女性自我提升和自我发展的支持[195]，破除了传统“吊庄”模式忽视女性发展的弊端。其中更是涌现了一批优秀的女性模范，例如银川市非遗文化传承人刘亚明老师，放弃了银川大学优越的教职工作，来到闽宁镇为待业妇女无偿传授编结和软陶技能，每天往返60多千米路程，不论冬夏，早出晚归、风雨无阻。2014—2017年，累计培训超过1千名农村女性，并以自身的经历鼓舞着身边的女性，为她们实现自我发展提供了巨大的助力，被当地女性亲切地称为“闽宁之花”[195]。从农田里走出的青年“拇指作家”马慧娟，在下田劳作、生儿育女和伺候老人的忙碌岁月里，依旧不忘在农闲时期通过相关平台学习文化知识，并敢于顶着村民和家人的误解、抱怨坚持写作，用自己的文字展现西北独特的风土人情和移民搬迁的经历，不仅通过文化知识改变了自己的命运，并带领更多的农村妇女读书识字，用文化的力量帮助众多被桎梏的农村妇女走出自己的世界[195]。刘莉是立兰酒庄的车间主管，原本生活在山大沟深的隆德县，移民后的她凭借着踏实认真、不怕累不怕脏的务工态度成为立兰酒庄的临时工，并在工作时认真学习酿酒流程、钻研技术技巧，逐渐从一名临时工提升为班长再到车间主管，用自己的付出和能力证明了“女人一样有价值”[195]。闽宁镇卫生院护士长冯顺变，从郑州护校毕业后怀着感恩的心，毅然决然地选择回到家乡闽宁镇，作为移民二代的她，用自己的专业和能力服务着家乡的村民[195]。只有三年级文化程度的荞麦花，在17岁时早早结婚，尽管过多的生育导致她无法在经济上独立并长期遭受家暴，但是她最终幡然觉悟决定和丈夫进行沟通，不再稀里糊涂地过日子[195]。正如影视剧《山海情》中的水花一样，“做凉皮的女人”马玉萍，在丈夫受伤瘫痪和子女幼小的困境下，靠着在闽宁镇各村集市卖凉皮、馓子和油果子等食品撑起了整个家[195]。马燕在闽宁禾美电商扶贫车间工作，主要负责通过网络推广枸杞、红枣和黄花菜等宁夏特产，网络主播的职务让她感受到了“生存的价值，有了尊严”[195]。还有在红树莓生态产业园做收银员的移民外地媳妇幺妹，又当妈又当爸的女强人戴晓霞，凭着自己手艺承包工程的离异女张英兰，命途多舛但靠自己创业的汉娜尚妃美容店老板李花，从福建远赴宁夏支教却因病离世的伟大年轻女教师李丹，宁夏人民永远忘不了的福建省闽宁办主任女干部林月婵[195]。

这些从“西海固”搬迁到闽宁镇的女性移民，犹如耐严寒抗风雨的石竹花一样，靠着坚定的信念和自己的双手，一点一点地改变着自己和家人的命运。同时，今天的闽宁镇已经从昔日四季风沙漫天的沙石滩变成了阡陌纵横、贫困发生率不足1%的“塞上江南”小镇[195]，这离不开党中央、福建省和宁夏回族自治区广大干部群众的艰苦努力，而其中那些扶贫驻村的女干部、来自福建的支教女教师和心手相传教女性移民学技术的女老师，她们在帮助女性移民脱贫过程中的坚韧与无私精神更为可贵。

三、21世纪初扶贫开发和生态建设中的女性移民

1998年，为响应《国家八七扶贫攻坚计划》，宁夏开展扬黄灌溉水利扶贫工程移民项目，帮助物质资源匮乏、生产生活条件落后的南部山区贫困群众，搬迁到引黄灌区开荒种植，进行开发建设。此次项目的实施共开垦耕地80万亩，累计安置移民40万人。随着区域环境和农业生产结构的优化，女性移民的农业生产劳动不仅变得更加便捷，家庭收入也得到了快速增长。同时，搬迁后风沙天气的减少、空气湿度的增加等区域内环境气候的改善，也有利于帮助贫困女性改善健康状况和精神面貌。此外，随着安置区内教育、交通、饮水和医疗等基础设施的不断完善，女性移民子女教育、医疗问题得到了有效解决。例如，贫困地区妇女患病人数占比比男性高[197]，许多农村贫困妇女因交通不便、路途遥远而“看病难”的问题在搬迁后得到了有效解决。在移民新村的移民群众不再面临“吃水难”的问题，并且随着村村通自来水目标的实现，女性移民的饮水、做饭和洗衣等日常生活方便很多。另外，移民新村电话、有线电视的逐渐普及，有利于女性移民拓展生产、生活空间，接受更为开放文明的文化，逐渐改变相对传统落后的思想观念。

2008年3月，宁夏决定实施中部干旱带县内生态移民工程，并将其纳入千村扶贫整村推进计划，全面推进“西海固”地区的扶贫开发工作。与以往移民搬迁不同的是，县内生态移民新村将民生和人居环境建设置于首位，在进一步完善水、电、暖、气等生活性基础设施的前提下，将住房标准增加到54平方米，增加了村级活动场所，并在活动场所门前预留1 500平方米集会广场，切实提高了女性移民的生活质量和社会参与程度。同时，向每户配备沼气设备一套、太阳能灶一台，沼气的使用不仅维护了女性移民的健康权益，也大大减轻了女性移民的劳动强度，为女性移民外出务工和参与业余生活节约了时间。此外，结合种养设施，对移民新村的庭院建设进行统一规划，打造井然有序、美观的安置村新风貌，并通过产业配套和福利设施的完善，为女性移民的自我提升和自我发展创造条件。

总之，这一时期的扶贫生态移民项目，不仅实现了贫困群众消除贫困和改善生态环境的双重目标，也在一定程度上推动了“大山”里妇女的发展，而如何提高女性移民的可持续发展能力，是今后移民搬迁项目需要重视和强化的地方。

四、“十二五”生态建设中的女性移民

与我国中、东部地区相比，宁夏回族自治区中南部地区生态环境脆弱、教育资源匮乏的问题突出[198]，总结自治区“十一五”乃至更早的扶贫移民项目，贫困问题和脆弱的生态环境问题不可分割，基于这一关键性的判断，宁夏回族自治区于“十二五”开局之年即制定了实施中南部地区生态移民规划。尽管自治区生态移民女性在法律政策上享有与男性平等的权利，但生态移民女性实际的发展状况亦受历史背景和经济发展程度的影响。2009 年的统计数据显示，西北等偏远地区 15 岁及以上的女性文盲比例远远超过男性[198]，生态移民女性较低的受教育水平限制了其外出务工的比例和所能从事的职业结构。受落后经济发展条件和历史遗留问题的影响，中南部生态移民女性，尤其是少数民族女性的思想较为保守，普遍将成为“贤妻良母”作为自己的追求，“自尊、自强”的意识薄弱。此外，宁夏生态移民女性并不熟悉移民新村的新型农业生产方式，并且她们对下种、灌溉等生产环节的学习态度相对被动[199]，不利于生态移民女性的农业劳动参与和社会适应。

与迁出地脆弱的生态环境和闭塞的交通相比，移民新村具有基础设施更为完善和水土资源相对丰富的优势。利用本土资源优势，大力发展特色种植业，每家分配一亩拱棚，引导移民向高效节水的绿色农业转型；扶持移民发展畜禽养殖，积极推进专业化养殖，是解决移民后续生计的途径，也是丰富女性移民生计空间的主要途径。“十二五”生态移民搬迁政策的实施，有效缓解了中南部山区生态环境的恶化，巩固了退耕还林成果，缓解了迁出区的生态环境压力，也为山区女性移民提供了发展自我和改善生活的契机。然而，据有关学者的调查显示，宁夏“十二五”部分生态移民村并没有提供对女性移民就业创业相关的扶持政策，且作为生态移民村外来媳妇的女性并不享有土地使用权。如何帮助生态移民村女性建立自我意识，并实现经济参与是今后需要重视和后续移民搬迁值得思考的地方。

五、“十三五”易地扶贫搬迁中的女性移民

宁夏为帮助中南部地区农村贫困群众脱离恶劣的生存和发展环境，以《宁夏“十三五”易地扶贫搬迁规划》为指导，继续实施易地扶贫搬迁。伴随着宁夏历届移民搬迁政策的实施，土地资源亦日趋紧张，已无法大规模地对移民分配土地，因此“十三五”期间的劳务安置规模进一步扩大[200]。在以劳务安置为主的安置模式下，“十三五”易地扶贫搬迁女性移民将会比往期女性移民面临更大的挑战。女性移民的文盲率高达 47%，而由于长期在山区从事较为粗放的农业生产活动，女性移民缺乏相关的技术手段，主观思想较为传统，其中

青年女性移民的孕育责任较大，以上种种都将会迫使“失去土地”的女性移民在面对城市生活时，遭遇更大的困难。尽管移民群体的就业质量和收入水平总体上比较低[201]，但在就业率、就业层次和收入水平方面依然存在性别差异，女性移民的经济参与率更低。此外，在社会参与方面，男性移民更活跃、更主动。在易地扶贫搬迁的实施和搬迁后的经济社会发展过程中，女性人口的参与意识、参与方式和程度，对整个移民工程的效果是至关重要的。

吸收以往的经验教训，宁夏回族自治区政府采取了多种配套补助措施帮助移民群体顺利搬迁。在就业创业扶持方面，不仅免费开展针对女性移民的包括家政、烹饪、刺绣和编织等职业技能培训，并将移民技能培训纳入城乡劳动力职业技能培训范围，按照职业（工种）A、B、C类别分别给予900元、800元、700元补贴，鼓励女性移民参与职业技能培训。同时，全力落实以促进扶贫对象稳定就业为核心的雨露计划，对扶贫家庭新成长劳动力接受中等职业教育给予生活费、交通费等特殊补贴，切实帮助女性移民家庭减少经济负担，促进女性移民家庭的移民二代提升人力资本水平。在产业发展方面，通过配套建设养殖棚圈或大中型拱棚，以及分配水浇地等措施[201]，帮助有土女性移民家庭发展种植、养殖等农业生产，有土女性移民利用以往从事农业生产的相关经验不仅可以帮助所在家庭增加收入，也可以实现自我价值。通过生产生活环境和文化背景的改善，以及组织就业技能培训和外出务工帮扶等方式，帮助宁夏中南部山区农村妇女改变观念和自身的经济处境，推动女性家庭地位的提升，是缓解和消除妇女贫困的有效途径。但随着搬迁后生计方式和生活环境的改变，女性移民将面临生计方式变迁、社交网络重建和寄托心理归属的问题，如何帮助女性移民顺利适应新生活，提高女性移民的可持续发展能力是本书关注的重点。

第三节　本章小结

本章从全国和宁夏两个角度梳理了历届女性移民搬迁的历史，并总结了各时期女性移民的发展特征，为提升宁夏“十三五”女性移民社会适应能力对策建议的提出做参考。从全国和宁夏女性移民的发展特征可以发现，女性移民的境遇经历了从开始的被遗弃到依附男性、多胎生育等被动发展，再到逐渐改善自身生活环境、增加经济参与以及提高家庭地位的过程。可以看出，较高的经济社会发展水平有利于女性移民及其家庭经济收入的提升，同时有利于女性移民通过劳动参与体现自我价值，从而有利于女性移民权益的获取和保障，而在社会治理环境较差、经济发展落后的条件下，女性权益的获取和保障无从谈起。因此，帮助宁夏“十三五”易地扶贫搬迁女性移民增强职业技能、提高收入水平及获取相对完善的社会治理环境，是帮助宁夏“十三五”易地扶贫搬迁女性移民增强自我意识、获得决策参与权和实现两性平等的重要途径。

（1）我国女性移民搬迁历史及发展特征。第一，随着我国历史的朝代更替，地位低下的古代女性人口经历着被遗弃、被卖或者跟随丈夫被动迁移的悲惨境遇；同时，随着江浙地区经济发展水平的提高，女性的处境也得到了相应的改善。此外，明清时期的政策性迁移，以及民国时期的“走西口”“闯关东”等人口迁移，由于受到政府的政策支持和我国社会的逐步开放，在一定程度上促进了女性人口的解放和发展。第二，新中国成立以后，随着知识青年上山下乡运动的开展，城市青年女性面临着偏离原来人生轨道的困境，尤其是已婚知青女性在农村男尊女卑主流思想的影响下，不得不担负沉重的家务，巨大的心理落差后是对现实的妥协；此外，在屯垦开荒移民群体中，女性移民享有了平等参与开垦荒地的劳动机会，为实现自我发展创造了条件。第三，婚姻迁移是女性改善自身生活环境和收入水平的一种“策略”，婚姻迁移为女性的生存和发展提供了机遇，然而婚迁女性无法逃避因文化差异和生活环境转变而带来的适应问题，帮助婚迁女性处理好与新的生活环境之间的关系，需管理者、家庭成员和女性移民的共同努力。第四，以外出务工为主要形式的女性劳动力人口流动在改革开放之后逐渐兴起，随着妇女赋权思想的冲击和我国经济社会的发展，女性劳动力移民在2000年后成为女性迁移人口的主流，这一阶段的女性劳动力移民通过自身经济处境的转变为实现自我价值奠定了基础。第五，三峡女性移民作为三峡工程移民中的弱势群体，迁移后不仅存在因生活环境和生计方式改变易产生社会适应障碍的问题，也因缺乏参与社区治理的渠道明显处于边缘地位，而三峡女性移民的发展问题在后期移民的稳定与发展措施中得到了足够的关注。第六，在我国经济发展水平快速增长的同时，很多地区由于人口的增长和资源的过度开发导致生态环境破坏严重，而在科学发展观指导下的女性生态移民，由于迁移后农业生产资源的丧失和在外谋生技能的缺乏，不得不进一步增强对男性的依附，从而导致了自身经济地位的下降。第七，帮助易地扶贫搬迁女性移民转变技术贫困和意识贫困的不利处境，促进易地扶贫搬迁女性移民经济地位的提升，是缓解女性移民贫困的有效途径，也是实现易地扶贫搬迁“稳得住，能致富”目标的内在要求。

（2）宁夏女性移民搬迁历史及发展特征。20世纪80年代宁夏组织实施的早期“吊庄移民”，主要由年富力强的男性劳动力在迁入地和原居住地之间往返，大多吊庄移民女性没有权利决定家庭是否参与搬迁以及何时搬迁等问题，而“西海固”吊庄移民女性由于传统观念的影响，早婚早育、多胎生育的现象非常普遍。因此，促进女性人口文化素质和经济参与程度的提高，是保障移民工程效果的内在要求。闽宁镇是东西部对口协作扶贫战略的成果，在闽宁镇的

“西海固”女性移民犹如艳丽但又不张扬的石竹花一样，靠着自己不怕苦不怕累的精神和一双勤劳的双手，带领家人逐渐实现搬迁后的脱贫致富。宁夏于21世纪初开展的扬黄灌溉水利扶贫工程移民项目，促进了女性移民种养等农业生产结构的优化和居住地气候的改善，而搬迁前“吃水难”“看病难”的问题也得到了有效解决，女性移民的洗衣做饭等日常生活在搬迁后同样便利很多；同时，移民新村电话、有线电视等设施的配套建设，为女性移民接受先进的思想观念开拓了渠道。此外，中部干旱带县内生态移民项目更加注重民生建设，村级活动场所、沼气和太阳能灶等设施的配备，提高了女性移民家务劳动的效率和生活质量，也促进了女性移民的社会参与。“十二五”生态移民的实施，不仅促进了宁夏中南部山区生态环境的恢复和重建，也通过特色种植业的发展和专业化的畜禽养殖，扩展了女性移民的生计空间。以劳务安置为主的“十三五”易地扶贫搬迁项目，对女性移民的可持续发展能力提出了要求，帮助人力资本水平较低的女性移民转变观念，实现充分的经济参与和社会参与，推动女性移民家庭地位和社会适应能力的提高，是实现“稳得住，能致富”脱贫目标的前提。

第四章 宁夏易地扶贫搬迁女性移民的社会适应现状与困难

第一节 女性移民的社会适应现状调查分析

在借鉴以往有关女性移民社会适应相关研究成果的基础上，结合前文中社会适应相关概念的界定和理论视角，本章运用宁夏“十三五”不同安置方式的女性移民入户调查数据，从经济适应、生活适应和心理适应三个维度对易地扶贫搬迁女性移民的社会适应现状进行初步的描述分析，在总体上把握和了解女性移民在安置区的社会适应概况，为后文进一步探究影响女性移民社会适应状况背后的原因奠定基础。本章只针对搬迁初期女性移民的社会适应现状进行调查分析，有关后期女性移民社会适应状况随时间推移发生的变化，将在后续章节中专门展开研究。

经济层面的适应是女性移民在安置区立足的基础，是女性移民开始新生活和提升内心“归属感”的前提，对女性移民乃至整个移民群体的社会适应至关重要。处在经济社会发展水平相对较高、基础设施条件更为完善以及拥有较多产业园基地地区的劳务安置和县外安置女性移民，拥有相对更多的务工机会，一定程度上有利于女性移民社会经济地位的提升。为了更准确、全面地考察易地扶贫搬迁女性移民的经济适应状况，反映经济适应现状的指标结合了女性移民自身客观的经济状况和主观评价，主要包括就业、收入、支出和主观感受几个方面。女性移民的经济适应现状具体分析如下。

一、经济适应现状

（一）女性移民务工率整体较低，且存在显著的性别差异

从务工情况来看，除县外安置方式外，其他安置方式下约有 65%的女性移民没有外出务工，外出务工率整体较低。其中，县外安置方式下女性移民的外出务工率明显高于县内安置方式下女性移民的外出务工率，县外安置方式下女性移民主要被安置在宁夏沿黄经济区，便利的交通、相对完善的配套基础设施和更为发达的经济为这部分女性移民外出务工提供了机会。从务工女性移民

的年龄阶段来看，处于35～49岁的女性移民外出务工率是最高的，这部分女性移民的育儿等家庭照料负担较青年女性移民轻，且在体力、技能和适应性方面优于50岁以上的女性移民，是外出务工女性移民群体的主力。

根据前文样本基本特征统计结果可知，18～34岁的女性移民所占比例基本与35～49岁女性移民持平。然而，根据各年龄阶段的在业和无业占比结果可以发现，18～34岁的青年女性移民外出务工率较35～49岁女性移民低，这种现象在整体年龄更低的劳务安置和县外安置女性移民中尤为明显，两种安置方式下这部分女性移民的无业率分别高达53.4%和54.1%。18～34岁的青年女性移民群体，由于需要承担怀孕、哺乳或者照顾幼小子女等家庭照料责任而“自动失业”。另外，50～59岁女性移民样本数量占比不足20%，其外出务工率也是女性移民群体中最低的。值得注意的是，处于50～59岁的劳务安置和县外安置女性移民在业率分别是12.5%、13.4%，几乎是此年龄段有土安置和县内安置女性移民在业率的两倍，这不仅与搬迁后相对发达的经济发展水平有关，也是这部分女性移民“离土”后迫于生计的选择（表4-1）。

表4-1　各年龄段不同安置方式下两性移民人口外出务工人口比例

单位：%

年龄	女性移民				男性移民			
	劳务安置	有土安置	县外安置	县内安置	劳务安置	有土安置	县外安置	县内安置
18～34岁	41.07	35.29	39.13	38.64	33.53	17.99	32.03	25.00
35～49岁	46.43	58.82	47.83	54.55	43.71	53.96	42.97	46.88
50～59岁	12.50	5.88	13.04	6.82	22.75	28.06	25.00	28.13

此外，分不同性别来看，在易地扶贫搬迁移民群体中，男性移民的务工率明显高于女性移民安置，劳务安置、有土安置、县外安置和县内安置四种安置方式下男性移民的务工率相差不大，分别为87.77%、88.32%、87.07%和89.89%。由此可见，移民群体的务工率存在显著的性别差异。依据实际调研了解的情况，受农村传统观念的影响，男性移民整体的受教育程度较女性移民高，且家庭照料的责任主要落在女性移民身上，加之男性移民在体力、技能方面的优势，使得男性移民成为家庭经济收入来源的主力（表4-2）。

表4-2　不同安置方式下两性移民外出务工人口比例

单位：%

	劳务安置	有土安置	县外安置	县内安置
女性移民	35.22	36.56	42.99	30.34
男性移民	87.77	88.32	87.07	89.89

（二）女性移民就业稳定性差，职业结构以消耗体力为主且较男性移民差

女性移民搬迁后就业状态如表 4－3 所示，四种安置方式下女性移民的就业形式均以打零工为主，绝大部分女性移民并没有固定的职业，收入极其缺乏稳定性。由表 4－3 可知，相对有土安置女性移民，劳务安置女性移民的就业状态较为理想，其长期合同工（5.45%）、短期合同工（3.64%）和无合同长期工（23.64%）的比例均高于有土安置女性移民，且劳务安置女性移民的零工比例（67.27%）也低于有土安置女性移民，这主要与劳务安置女性移民所在地区具有相对发达的经济发展水平以及安置区政府的帮扶有关。

表 4－3　不同安置方式下两性移民人口就业稳定性统计

单位：%

		劳务安置	有土安置	县外安置	县内安置
女性移民	长期合同工	5.45	2.86	4.26	4.65
	短期合同工	3.64	2.86	4.26	2.33
	无合同长期工	23.64	5.71	17.02	16.28
	零工	67.27	88.57	74.47	76.74
男性移民	长期合同工	9.58	8.26	9.38	8.75
	短期合同工	2.40	9.92	5.47	5.63
	无合同长期工	16.77	11.57	17.97	13.12
	零工	71.26	70.25	67.19	72.50

从整体上看，女性移民的职业结构以消耗体力为主，尤其是有土安置女性移民群体中消耗体力为主的劳动者占比高达 88.24%。有土安置女性移民采用就近转移和在沙坡头区、平罗县等城市周边的农村进行安置的方式进行转移，女性移民的务工形式基本围绕农业劳动展开，尤其是县外有土安置女性移民，通常在当地的农业大棚务工，受农作物季节性生长周期的影响，有土安置女性移民的就业稳定性差，务工收入以按日结算的小时工资为主。

劳务安置女性移民群体中，知识型和技能型务工人员的占比相对较高，但受女性移民整体受教育程度偏低和职业技能匮乏的约束，劳务安置女性移民的务工形式仍然以打零工为主，结合实际的访谈情况可以发现，“转着找活儿，有活就干”是劳务安置女性移民的普遍情况。另外，通过对调研数据的简单统计可知，在劳务务工女性移民群体中最多的是保洁人员，其次是农业采摘工，再次是饭店商店服务员，个体工商户和建筑业工人也占有一定比例，而在国家企事业单位就业的女性移民少之又少。可以看出，劳务安置女性移民绝大多数人依然从事对知识和技能需求较低的体力劳动，所从事的工作具有体力强度大、收入较低且稳定性差的特征（表 4－4）。

表 4-4　不同安置方式下两性移民人口职业结构统计

单位：%

		劳务安置	有土安置	县外安置	县内安置
女性移民	知识型与高新技术型	5.36	5.88	6.52	2.27
	技术型和技能型	16.07	5.88	10.87	13.64
	消耗体力为主型	78.57	88.24	82.61	84.09
男性移民	知识型与高新技术型	9.58	4.96	9.38	6.25
	技术型和技能型	15.57	15.70	17.97	15.00
	消耗体力为主型	74.85	79.34	72.66	78.75

此外，从调研中可以了解到，务工女性移民群体缴纳就业保险的比例非常低。总之，搬迁后女性移民的务工形式以打零工为主，绝大多数为非正规就业者，所从事的工作多数具有体力强度大、缺乏保障的特征，务工收入较低且不稳定，只有极少数受教育程度较高的女性移民在正规部门就职。

同时，根据表 4-4 中数据可知，无论哪种安置方式，男性移民中知识型务工者和技术型务工者所占比例均高于女性移民，以消耗体力为主的务工形式的人口比例低于女性移民，移民群体的职业结构同样存在性别差异。劳务安置、有土安置、县外安置和县内安置男性移民知识型和技术型务工者合计比例分别为 25.15%、20.66%、27.35%和 21.25%，超过了女性移民所占比例（分别为 21.43%、11.76%、17.39%和 15.91%）。由此可见，男性移民的职业结构相对更优，男性移民群体中以出卖劳动力赚取收入的务工者比女性移民少，且就男性移民本身，也呈现出劳务安置和县外安置务工者的职业结构优于有土安置和县内安置的现象，这与参加劳务搬迁和县外搬迁的移民具有年龄更小、学历水平更高的特征有关，也与安置区更高的经济发展水平有关。

（三）女性移民务工收入整体较低，且较男性更易受到安置方式的冲击

从表 4-5 可知，女性移民的务工年收入多数在 15 000 元以下，劳务安置、有土安置、县外安置和县内安置四种安置方式下女性移民务工年收入在 15 000 元以下的比例分别为 64.29%、68.58%、63.83%和 68.18%，尤其是务工年收入在 5 000 元以下的女性移民也占有不小的比例，劳务安置女性移民务工年收入在 5 000 元以下的比例（25%）远远超过了有土安置女性移民（14.29%）。根据宁夏回族自治区统计局公布的数据，2018 年宁夏人均年收入为 22 400.4 元，明显高于女性移民的务工收入，女性移民务工收入水平整体偏低。

表 4-5　不同安置方式下两性移民人口个人务工收入情况统计

单位：%

	年收入	劳务安置	有土安置	县外安置	县内安置
女性移民	5 000 元以下	25.00	14.29	14.89	27.27
	5 000～14 999 元	39.29	54.29	48.94	40.91
	15 000～24 999 元	25.00	17.14	25.53	18.18
	25 000～34 999 元	1.35	5.71	2.13	9.09
	35 000～44 999 元	1.79	8.57	6.38	2.27
	45 000 元以上	3.57	0.00	2.13	2.27
男性移民	5 000 元以下	4.79	8.26	5.47	6.88
	5 000～14 999 元	32.34	31.40	34.38	30.00
	15 000～24 999 元	34.73	29.75	33.59	31.88
	25 000～34 999 元	10.78	9.92	8.59	11.88
	35 000～44 999 元	10.78	11.57	10.94	11.25
	45 000 元以上	6.59	9.09	7.03	8.13

从不同性别看，四种安置方式男性移民的务工收入均高于女性移民，且不同安置方式下男性移民的收入相差不大，说明不同的安置方式对女性移民的收入水平造成的冲击更大。由表 4-5 可知，男性移民的务工收入较女性移民呈现向高收入组靠拢的趋势，劳务安置、有土安置、县外安置和县内安置四种安置方式下男性移民务工年收入在 15 000 元以下的比例分别为 37.13%、39.67%、39.84%和 36.88%，几乎是同等收入水平女性移民比例的一半（分别为 64.29%、68.58%、63.83%和 68.18%）。劳务安置、有土安置、县外安置和县内安置四种安置方式下男性移民务工年收入在 45 000 元以上的比例分别为 6.59%、9.09%、7.03%和 8.13%，远远超过了同等收入水平的女性移民的比例（分别为 3.57%、0.00%、2.13%、2.27%）。总之，女性移民由于文化程度较低、务工经验少而不得不从事以出卖劳动力为主的工作，收入不稳定且收入水平较低，男性移民较高的收入水平为自身在家庭事务中的话语权奠定了基础。

（四）劳务安置女性移民家庭收入偏低支出偏高的问题突出

从不同安置方式看，劳务安置女性移民的家庭年收入相比有土安置女性移民低。从收入较低的分组看，家庭年收入在 10 000～19 999 元和 20 000～29 999 元的劳务安置女性移民家庭占比分别为 25.79%和 20.75%，明显高于有土安置女性移民家庭占比（分别为 8.6%、12.9%），将近一半的劳务安置女性移民家庭年收入处于 10 000～30 000 元，收入偏低的问题较为严重。从收入较高的分组来看，家庭年收入在 80 000～89 999 元、90 000～99 999 元和 100 000 元以上的劳务安置女性移民家庭占比分别为 0.63%、0.63%和 1.89%，远远低于有土安置女性移民家庭占比（分别为 7.53%、6.45%和 5.38%）。综合来看，劳务安置女性移民家庭因就业稳定性差、失去务农收入和相关补助收入等因素，存在收入比有土安置女性移民家庭低的现象（表 4-6）。

表 4-6　不同安置方式下女性移民家庭年收入与家庭年支出统计

单位：%

		劳务安置	有土安置	县外安置	县内安置
家庭年收入	10 000 元以下	3.77	4.30	5.61	2.76
	10 000～19 999 元	25.79	8.60	19.63	19.31
	20 000～29 999 元	20.75	12.90	19.63	16.55
	30 000～39 999 元	17.61	15.05	14.95	17.93
	40 000～49 999 元	12.58	7.53	8.41	12.41
	50 000～59 999 元	6.92	12.90	10.28	8.28
	60 000～69 999 元	6.29	16.13	10.28	9.66
	70 000～79 999 元	3.14	3.23	2.80	3.45
	80 000～89 999 元	0.63	7.53	2.80	3.45
	90 000～99 999 元	0.63	6.45	1.87	3.45
	100 000 元及以上	1.89	5.38	3.74	2.76
家庭年支出	10 000 元以下	0.63	0.00	0.93	0.00
	10 000～19 999 元	7.55	21.51	13.08	12.41
	20 000～29 999 元	20.13	13.98	19.63	16.55
	30 000～39 999 元	22.01	22.58	25.23	20.00
	40 000～49 999 元	17.61	20.43	16.82	20.00
	50 000～59 999 元	14.47	11.83	6.54	18.62
	60 000～69 999 元	8.18	6.45	10.28	5.52
	70 000～79 999 元	2.52	1.08	1.87	2.07
	80 000～89 999 元	3.77	2.15	2.80	3.45
	90 000～99 999 元	2.52	0.00	2.80	0.69
	100 000 元及以上	0.63	0.00	0.00	0.69

在女性移民家庭年支出方面，总体上女性移民家庭的占比均呈现出劳务安置高于有土安置、县外安置高于县内安置的趋势。具体来看，有土安置女性移民家庭年支出在 50 000 元以下的比例合计为 78.49%，明显低于劳务安置女性移民家庭同等水平的比例（67.92%）；而有土安置女性移民家庭年支出在

60 000元以上的比例合计为9.68%，同样明显低于劳务安置女性移民家庭同等水平的比例（17.61%），有土安置女性移民家庭的支出相对集中分布在较低分组。同样的，相比于县内安置女性移民家庭的支出，县外安置女性移民家庭的支出集中分布在较高分组。相比于蔬菜、粮食等可以部分自给自足的有土安置女性移民，失去土地的劳务安置女性移民搬迁后在蔬菜粮油等生活用品、物业费和子女教育等方面的开支明显加大，因此出现家庭年支出高于有土安置女性移民的现象。此外，县外安置女性移民包括县外有土安置和县外劳务安置两部分，县外有土安置女性移民分配到的土地有限，且由村内实行统一管理、集体流转，所以这部分女性移民的蔬菜粮油等家庭年支出也较县内安置女性移民高。

总之，相比于有土安置和县内安置两种安置方式，劳务安置和县外安置女性移民家庭存在收入偏低而支出偏高的问题，甚至有部分劳务安置女性移民家庭处于入不敷出的困境。

（五）劳务安置和县外安置女性移民感受到的经济压力相对较大

由表4-7可知，劳务安置女性移民对家庭经济情况非常不满意和比较不满意的比例合计为45.91%，几乎接近一半的人感受到了较大的经济压力，远远超过了有土安置女性移民同等感受的合计比例（30.11%）。同时，劳务安置女性移民群体中，对家庭经济情况比较满意和非常满意的人仅占总体的31.45%，而在有土安置女性移民群体中这一比例达到了47.31%，即将近一半的有土安置女性移民对自身以及家庭的物质生活条件感到满意。另外，由表4-7中数据可知，县外安置女性移民对家庭经济情况非常不满意和比较不满意的合计比例达53.27%，这一比例比县内安置女性移民群体多出了23%。

表4-7　不同安置方式下女性移民对家庭经济情况的主观评价

单位：%

	劳务安置	有土安置	县外安置	县内安置
非常不满意	9.43	2.15	9.35	4.83
比较不满意	36.48	27.96	43.93	25.52
一般	22.64	22.58	15.89	27.59
比较满意	25.79	39.78	28.04	33.10
非常满意	5.66	7.53	2.80	8.96

笔者从调研情况中了解到，劳务安置女性移民的土地在搬迁后被收回，这部分女性移民面临着在失去种养收入来源的同时，因多种因素限制而存在就业难、换工次数频繁、收入较低且不稳定的困境。除此之外，明显增加的城市生活成本也是导致原本收入缺乏保障的劳务安置女性移民家庭经济压力增加的因

素。从部分劳务安置女性移民“不识字，没活干”“城里花销大，打工难”“老家没负担，花钱少”“老家能种地，年老之后无处打工”和“老家种地、喂牛羊的收入高”等以上这些主观感受中可以发现，“离乡离土”的劳务安置女性移民具有较大的生活压力。县外安置包括县外有土安置和县外劳务安置两种方式，劳务安置女性移民的主观感受已在前文中阐述，县外有土安置女性移民由于分配到的土地面积较少且被集中流转，从而同样存在蔬菜粮油等部分生活用品成本上升的问题，再加上搬迁初期家具等生活必需品购置成本的增加，也在一定程度上增加了这部分女性移民的主观压力。

总之，劳务安置女性移民和县外安置女性移民在家庭经济情况方面的评价得分整体上低于有土安置和县内安置女性移民。

二、生活适应现状

生活层面的适应是反映女性移民在安置区适应与否以及适应程度的关键指标，主要体现在女性移民搬迁后的交通出行、人际交往和居住环境等日常生活的方方面面。在考察女性移民生活适应状况时，同样从安置区当地的生活环境、女性移民的社交网络等客观情况和女性移民对住房、治病就医效果等主观感受两个方面入手，具体包括邻里关系、集体活动参与状况、家庭地位情况、住房类型和对安置区教育水平以及治病就医效果的主观评价等几个指标。女性移民的生活适应现状具体情况如下。

（一）女性移民的邻里关系整体较为融洽，有土安置和县内安置更好

由表4-8可知，劳务安置、有土安置、县外安置和县内安置四种安置方式下女性移民邻里关系比较好和非常好的合计比例分别为78.62%、94.6%、75.7%和91.03%，女性移民邻里关系整体较为融洽。同时，有土安置和县内安置女性移民邻里关系的指标得分呈现向高分集中的趋势，即有土安置和县内安置女性移民的邻里关系较劳务安置和县外安置好。

表4-8　不同安置方式下女性移民的邻里关系情况统计

单位：%

	劳务安置	有土安置	县外安置	县内安置
非常不好	0.00	0.0	0.00	0.00
不太好	5.66	1.1	5.61	2.76
一般	15.72	4.3	18.69	6.21
比较好	53.46	53.8	59.81	48.97
非常好	25.16	40.9	15.89	42.07

笔者结合实际调研情况了解到，有土安置女性移民搬迁后仍然以平房式传统村落的形式集中居住，这种聚居的生活环境便于邻里之间的走动和交往，且由于邻里大多为本村村民或同样来自宁夏中南部山区的移民，相似的经历、口音和处境等也增加了她们交往的机会。同样地，在集中安置的方式下，劳务安置女性移民周围的邻居也是与其自身出身、经历相同的移民，从而有利于促进邻里之间的相处。然而，由于劳务安置女性移民搬迁后居住在城镇小区内，逐渐城市化的生活方式在一定程度上减少了女性移民与周围邻居接触和交往的机会，从而其邻里关系不如有土安置女性移民群体活跃。

（二）女性移民的集体活动参与率偏低且较男性被动，劳务安置和县外安置更低

从总体上看，四种安置方式下女性移民经常参与集体活动的占比均非常小，分别为 8.81%、9.68%、4.67%和 12.41%，而“有时”或“偶尔”参加集体活动的女性移民比例分别为 11.32%、18.28%、16.82%和 11.72%，整体上超过 70%的女性移民从不参加集体活动。由表 4－9 可知，集体活动参与状况呈现劳务安置女性移民较有土安置女性移民积极性低和县外安置女性移民较县内安置女性移民积极性低的趋势。

女性移民整体集体活动参与率之所以偏低，一方面是由于女性移民安置小区所在社区或者村集体组织的集体活动本来就不多，另一方面是由于女性移民平时因忙于生计、家庭照料等没有多余闲暇时间参与集体活动。尤其是劳务安置和县外安置女性移民，搬迁后相对较大的经济压力、生活环境的较大改变以及家庭照料等原因，导致这部分女性移民的集体活动参与率更低。

表 4－9　不同安置方式下两性移民人口集体活动参与状况

单位：%

		劳务安置	有土安置	县外安置	县内安置
女性移民	不参与	79.87	72.04	78.50	75.86
	偶尔参与	11.32	18.28	16.82	11.72
	经常参与	8.81	9.68	4.67	12.41
男性移民	不参与	70.00	67.68	75.80	63.77
	偶尔参与	17.50	20.12	13.38	22.71
	经常参与	12.50	12.20	10.83	13.53

从表 4－9 的统计结果来看，尽管男性移民整体的集体活动参与率同样不高，但四种安置方式下男性移民的集体活动参与状况均比女性移民活跃，劳务安置、有土安置、县外安置和县内安置四种安置方式下男性移民“偶尔参加”

和“经常参加”集体活动的合计比例分别为30%、32.32%、24.20%和36.23%，超过了女性移民同等参与状况的比例（分别为20.13%、27.96%、21.50%和24.14%）。此外，在男性移民参与集体活动的数据统计中，也同样呈现出劳务安置和县外安置方式的参与积极性比有土安置和县内安置低的特征，生活环境相对熟悉的安置方式有利于移民群体参与集体活动。已有研究表明，居民参与社区等集体活动的主观意愿是与其社会经济地位相辅相成的[95]，相对弱势的经济地位和处理烦琐家务事务的需要，在一定程度上影响了女性移民参与集体活动的频率；此外，较男性移民低的受教育程度也是影响女性移民参与集体活动的因素，尤其是在一些选村干部的集体活动中，女性移民的参与率更低。总之，相比于男性移民，女性移民的集体活动参与显得更被动。

（三）女性移民对安置区基础设施感到满意的同时，对未来生活存有担忧

由表4-10可知，搬迁后女性移民对住房条件、交通条件、治病就医效果和当地教育水平的主观感受均比较理想，四种安置方式下女性移民对住房条件感到比较满意和非常满意的合计比例分别为80.50%、80.65%、68.22%和89.66%，对交通条件感到比较满意和非常满意的合计比例分别为96.86%、72.04%、90.65%和85.52%，对治病就医效果感到比较满意和非常满意的合计比例分别为78.62%、73.12%、66.36%和84.14%，对当地教育水平感到比较满意和非常满意的合计比例分别为86.79%、65.59%、73.83%和57.24%。

表4-10　不同安置方式下女性移民对安置区基础设施的主观感受

单位：%

		劳务安置	有土安置	县外安置	县内安置
住房条件	非常不满意	0.63	2.15	0.00	2.07
	比较不满意	8.18	6.45	14.02	2.76
	一般	10.69	10.75	17.76	5.52
	比较满意	55.97	53.76	53.27	56.55
	非常满意	24.53	26.88	14.95	33.10
交通条件	非常不满意	0.00	8.60	0.00	5.52
	比较不满意	0.63	8.60	1.87	4.83
	一般	2.52	10.75	7.48	4.14
	比较满意	54.72	52.69	55.14	53.10
	非常满意	42.14	19.35	35.51	32.41

（续）

		劳务安置	有土安置	县外安置	县内安置
治病就医效果	非常不满意	1.89	2.15	3.74	0.69
	比较不满意	6.29	10.75	12.15	4.83
	一般	13.21	13.98	17.76	10.34
	比较满意	62.89	61.29	54.21	68.28
	非常满意	15.72	11.83	12.15	15.86
当地教育水平	非常不满意	1.26	2.15	1.87	1.38
	比较不满意	4.40	12.90	8.41	6.90
	一般	7.55	19.35	15.89	8.97
	比较满意	55.97	50.54	53.27	54.48
	非常满意	30.82	15.05	20.56	2.76

由以上结果可以看出，搬迁后女性移民的基础设施均得到了不同程度的改善。其中，虽然搬迁后按照人均 15～25 平方米的政策安置移民，从而导致住房的平均面积有所降低，但房屋质量得到了很大提升，从过去女性移民家庭住房以土坯房为主，到搬迁后全部搬进国家建设的砖混房，甚至大多数劳务安置女性移民住上了现代化的楼房，住房条件的改善十分明显。交通情况在搬迁后也得到了有效改善，劳务安置基本实现了公共交通全覆盖，而有土安置的公共交通覆盖率也得到了较大的提升，四种安置方式下女性移民到最近购物地点的平均距离大幅缩小，搬迁前几乎都在 10 千米以上，搬迁后普遍在 5 千米以内。此外，到县城的距离也同样大幅缩小，搬迁前普遍在 45 千米以上，搬迁后相比搬迁前缩小几乎一半。同时，安置村或社区医疗卫生点的配置率搬迁后普遍达到了 80%以上，相比于搬迁前得到了提升。另外，搬迁后由于拥有相对集中和优质的教育资源，女性移民对子女的受教育水平也感到满意，这也是女性移民参与搬迁的初衷之一。总之，女性移民及家庭的生产生活环境在搬迁后得到了很大的改善，这种改善尤其在搬迁到经济发展水平较高地区的劳务安置和县外安置女性移民群体中更为突出，生活设施和交通情况的改善有助于女性移民生活适应水平的提升，为女性移民经济适应和心理适应的提升创造了条件。

由表 4－11 可知，将近一半的女性移民表现出了对未来生活的担忧，劳务安置、有土安置、县外安置和县内安置四种安置方式下女性移民对未来生活感到非常担忧和比较担忧的合计比例分别为 62.89%、50.54%、71.96%和 48.28%，劳务安置和县外安置女性移民对未来生活的担忧程度更甚。劳务安置和县外安置女性移民搬迁后的生计方式和生活环境发生了较大改变，这部分女性移民由于自身在受教育程度和技能方面的劣势，大多从事以出卖劳动力为主的工作来赚取收入，而女性移民的体力和身体健康将会随着年龄的增长逐渐失去优势，进而会影响她们原本微薄且稳定性较差的收入，再加上搬迁后相对增加的家庭支出，致使她们对未来生活的担忧更突出。

表 4－11　不同安置方式下女性移民对未来生活的担忧程度

单位：%

	劳务安置	有土安置	县外安置	县内安置
非常担忧	21.38	11.83	26.17	11.72
比较担忧	41.51	38.71	45.79	36.55
无所谓	3.14	4.30	5.61	2.07
比较乐观	26.42	32.26	18.69	35.86
非常乐观	7.55	12.90	3.74	13.79

（四）女性移民的家庭地位整体较低，仍具有较大的提升空间

由表 4－12 可知，在日常支出方面，劳务安置、有土安置、县外安置和县内安置四种安置方式下移民家庭中男主人做决定的比例分别为 33.96%、27.96%、33.64%和 30.34%，超过了女主人做决定的比例（分别为 28.30%、19.35%、20.56%和 28.28%），而四种安置方式下夫妻共同商量决定日常支出的比例分别为 37.74%、52.69%、45.79%和 41.38%。此外，在大额支出方面，劳务安置、有土安置、县外安置和县内安置四种安置方式下移民家庭中男主人做决定的比例分别为 45.91%、38.71%、45.79%和 41.38%，远远超过了女主人做决定的比例（分别为 8.18%、5.38%、4.67%和 8.79%），而四种安置方式下夫妻共同商量决定大额支出的比例分别为 45.91%、55.91%、49.53%和 49.66%。

表 4－12　不同安置方式下女性移民的家庭地位情况

单位：%

		劳务安置	有土安置	县外安置	县内安置
日常支出决定权	男主人	33.96	27.96	33.64	30.34
	女主人	28.30	19.35	20.56	28.28
	一起商议	37.74	52.69	45.79	41.38
大额支出决定权	男主人	45.91	38.71	45.79	41.38
	女主人	8.18	5.38	4.67	8.97
	一起商议	45.91	55.91	49.53	49.66

综合以上情况可以看出，不管是家庭日常开支还是大额支出，移民家庭中男性做决定的比例都高于女性自身做决定的比例，尤其在大额支出的决定权方

面，男性拥有更强势的话语权。同时，不论是日常开支还是大额支出，夫妻共同商量做出决定的移民家庭基本只占一半，共同商量决定大额支出的比例略高于决定日常支出的比例，女性移民的家庭地位依然具有较大的提升空间。受农村传统观念的影响，男性移民的受教育程度较女性移民高[200-201]，加之男性移民在体力和技能方面的相对优势，使得男性移民成为家庭经济收入来源的主力，而女性移民在育儿、养老等方面具有的人力资本培育价值通常被忽视，经济上的依附性和家庭照料的无酬化导致女性移民的家庭地位整体上较男性低。

三、心理适应现状

心理层面的适应反映了女性移民内心深处对安置区归属感和对自我群体归属的认同度，心理适应的实现代表着女性移民社会适应过程的最终完成[202]，是女性移民社会适应的最高层次。为了考察女性移民的心理适应状况，本研究围绕着女性移民对自我的群体身份定位和地域的认同展开调查，具体指标包括身份认同感和在安置区长久生活意愿两个指标，调查发现，女性移民的心理适应状况较为复杂。女性移民的心理适应现状具体情况如下。

（一）女性移民的身份认同感不强，劳务安置和县外安置女性移民尤为突出

身份认同感为女性移民迁入安置地后的心理归属程度，由表 4－13 可以看出，无论是哪种安置方式，女性移民认为自己是老家人的认同倾向都较为集中，劳务安置、有土安置、县外安置和县内安置四种安置方式下女性移民认为自己是“老家人”的比例分别为 54.09%、49.46%、55.14%和 50.34%，所占比重基本在 50%以上。此外，上述四种安置方式下女性移民认为自己是“移民地人”的比例分别为 38.36%、40.86%、34.58%和 42.76%。可见多数女性移民还认为自己是“老家人”，且劳务安置和县外安置女性移民的身份认同感呈现向低分值靠拢的趋势，即劳务安置和县外安置女性移民群体中有更多的人认为自己是“老家人”，这两部分女性移民的身份认同感更低。女性移民的身份认同感离不开搬迁政策本身、社交网络、自身受教育程度和婚姻状况等因素的影响。尤其对于劳务安置和县外安置女性移民来说，迁入安置地后生活成本上升，语言、居住结构等生活环境的变化致使重构社交网络具有一定的难度，加之收入的极其不稳定，均影响了女性移民的心理归属程度。

表 4－13　不同安置方式下女性移民的身份认同感

单位：%

	劳务安置	有土安置	县外安置	县内安置
老家人	54.09	49.46	55.14	50.34
一半移民地人，一半老家人	7.55	9.68	10.28	6.90
移民地人	38.36	40.86	34.58	42.76

（二）绝大多数女性移民倾向于在安置区长久生活

安置区长久生活意愿反映了女性移民对迁入地客观条件的认识、评价和今后的定居意愿。由表 4－14 可知，劳务安置、有土安置、县外安置和县内安置四种安置方式下女性移民“比较愿意”和“非常愿意”在安置区长久生活的合计比例分别为 81.76%、86.02%、73.83%和 90.34%，多数女性移民倾向于在安置区长久生活。可见，女性移民对安置区的地域认同感比对自我的身份认同感理想，女性移民群体愿意在安置区长久生活的原因主要在于安置区经济社会发展程度较高、基础设施建设更为完善、交通便捷、教育水平较高以及社会制度更为文明完善。

表 4－14　不同安置方式下女性移民的长久生活意愿

单位：%

	劳务安置	有土安置	县外安置	县内安置
非常不愿意	3.14	2.15	5.61	0.69
不太愿意	11.32	3.23	18.69	4.14
无所谓	3.77	8.60	1.87	4.83
比较愿意	56.60	45.16	50.47	53.79
非常愿意	25.16	40.86	23.36	36.55

第二节　女性移民社会适应面临的困难

一、经济适应面临的困难

（一）经济上的依附使女性移民的经济地位处于弱势，劳务安置和县外安置更甚

从上一节女性移民的经济适应现状调查分析结果中可以看出，女性移民外出务工的比例整体较低，且务工女性移民群体大多从事以消耗体力为主、缺乏保障的工作，换工次数频繁，收入较低且极其不稳定。女性移民相比男性移民在务工率、职业结构和收入水平方面均处于相对弱势的地位，男性移民的经济适应状况为他们在家庭公共事务参与和社会集体事务参与方面的话语权奠定了基础。相比于女性移民，不同安置方式对男性移民的就业率、收入水平等造成的影响较小，对女性移民的经济适应造成的冲击更大。参与易地扶贫搬迁后，多数女性移民家庭失去了赖以维生的土地，在务工收入不足以弥补失去农业生产收入的同时，面临着包括蔬菜粮油、物业费和购置家具家电等生活开支加大的现实，这种窘迫的生计环境加剧了女性移民在经济上对作为家庭经济收入来

源主力的男性移民的依附，这种情况在安置区位于城市以及城市近郊的劳务安置和县外安置女性移民群体中更加明显。从女性移民的主观感受中同样可以体会到，几乎将近一半的劳务安置和县外安置女性移民感受到了较大的经济压力。

综上所述，由于女性移民和男性移民在职业结构、收入水平等方面存在实际差异，使得女性移民在家庭经济结构中具有依附性，多数女性移民由于缺乏独立的收入来源，使得自身的经济地位处于弱势，这种现象在劳务安置和县外安置女性移民中更突出。尽管男性移民的就业状态及务工收入比女性移民理想很多，但从整体上看，多数男性移民所从事的工作仍然属于对受教育程度和技能水平需求较低的职业，且大多男性移民没有签订劳动合同[200]，即为非正规就业者，同样存在收入水平较低且不稳定的问题，从而使得男性移民群体的经济社会地位也处于较低的位置，由于女性移民在家庭经济结构中对其配偶具有依附性，男性移民较低的经济社会地位也决定了妻子较低的经济社会地位。总之，在移民群体经济社会地位原本就较低的情况下，依旧存在着性别的差异，使得女性移民在家庭内部和社会经济结构中的弱势地位更明显。

（二）女性移民较低的人力资本水平和“外来人”身份是发展经济的障碍

首先，女性移民自身包括文化水平、技能的掌握程度和语言能力等在内的人力资本特征，在很大程度上决定了女性移民所从事的工作性质和收入水平[93]。其中，文化知识的存量在一定程度上是女性移民掌握新技术和学习新语言的基础，从女性移民的样本基本特征来看，几乎接近一半的女性移民没有上过学，而拥有小学文化水平的女性移民占比也达到了30%，可见女性移民总体的受教育程度较低，“知识”“文凭”的缺乏导致女性移民从事知识型职业的占比非常小，加之女性移民职业技能的匮乏，致使80%的女性移民只能靠出卖劳动力挣钱，尤其是在有土安置、县外安置和县内安置女性移民群体中，超过80%的女性移民的职业结构以消耗体力为主。对安置区位于城市及城市近郊的劳务安置和县外安置女性移民来说，尽管所在地区的经济发展水平较高，但受限于自身较低的文化水平和职业技能的匮乏，无法充分利用外部环境来发展经济。另外，语言能力也是务工人员求职过程中的重要技能，在调研中发现几乎没有女性移民在问卷调查过程中讲普通话，这对于搬迁到银川市、沙坡头区等地的劳务安置和县外安置女性移民来说，操持着宁夏中南部地区方言的她们不仅在务工过程中与当地居民存在一定的沟通障碍，也很容易被识别并被冠以“山汉”的称号，从而遭受当地人的排挤，即使与当地居民从事同一种工作，也会被安排干最苦、最脏和最累的活儿，这对女性移民的经济适应形成了进一步的挑战。

其次，如前所述，女性移民的“外来人”身份也是发展经济的障碍，主要表现在来自当地社会关系的排斥。具体来说，相比于女性移民群体，安置区本地居民在劳动力市场具有更多的信息和社会资源，依附着较为成熟的社交网络，有更多的本地人能够实现就业，而女性移民更多的则是依靠与自己身份相同的移民群体，在语言、社交网络和信息资源方面的劣势，使得女性移民群体的就业相对被动，“有活儿就干”的普遍心理导致女性移民大多从事“苦、脏、累”等技术含量低的工作，即便是与本地女性居民从事农业采摘等同种工作，也被排挤干着最累的活儿，这种现象在劳务安置和县外安置女性移民群体中更为典型。

（三）性别身份的影响——家庭内部和职业本身的性别分工限制女性移民发展

女性移民的务工状态、职业结构和收入水平都离不开社会性别关系的影响[93]。首先，家庭内部结构的性别分工使得女性移民被赋予承担更多的生育、养老等家庭照料责任，出现“自动失业”的现象，从而迫使女性移民在经济上形成了对丈夫等男性的依附；其次，由于女性移民自身在受教育水平、体力和技能方面的劣势，使得她们在就业市场较男性移民处于弱势地位；最后，由于职业本身存在的性别分工现象，在移民群体总体文化水平和职业技能等方面处于劣势的情况下，还隐藏着性别的差异，男性移民有更多选择职业结构相对较优的工作的机会，造成女性移民在收入水平上与男性移民有所差异，从而加剧了女性移民经济地位的弱势化。

具体来说，女性移民因怀孕、哺乳、照顾学龄儿童、年迈老人及家务劳动等家庭照料责任，没有空闲时间外出务工，在劳动力市场被迫“自动失业”。女性移民的无酬照料劳动发挥着人力资本投资的重要作用，然而照料劳动被看作是女性的私事，其价值得不到家庭和社会的认可[203]。尤其是负有生育责任的青年女性移民，其外出务工机会更少，在经济上对丈夫的依附性更强。对于平均年龄更小的劳务安置和县外安置女性移民群体来说，搬迁前的她们在负责家庭照料的同时还可以通过兼顾务农来体现自身的经济价值，而“失去土地”意味着“失去工作”，搬迁后的她们无法兼顾外出务工和家庭照料。再加上搬迁后生计不稳定，且生活成本大幅增加，在这样较大的反差之下，女性移民自身的“自动失业”加剧了经济上对丈夫的依赖。

此外，男性移民的受教育程度相对较高，更容易学习和掌握新的技术，再加上体力方面的优势，在劳动力市场上拥有更大的选择空间，尤其在移民群体大多以出卖劳动力赚取收入的现实环境下，男性移民的就业机会更多。同时，职业本身具有的性别分工特征，使得缺少“知识”“文凭”和“技能”的现状，对女性移民的就业状况和收入水平产生的冲击更大。总之，女性移民由于自身的性别因素，不得不在经济上依附丈夫等男性移民，在家庭事务参与和社会事务参与过程中缺少谈判的筹码，也不利于她们争取正当的话语权。

二、生活适应面临的困难

（一）本地人的偏见和歧视不利于女性移民社会资本的积累

由于长期以来宁夏中南部山区存在自然环境恶劣、经济社会发展滞后和居民生活水平低等历史和现实问题，在本地人的观念中对易地扶贫搬迁女性移民存在一些固有的偏见和歧视，尤其是对于搬迁到银川市、沙坡头区等地的劳务安置和县外安置女性移民群体，这种来自本地人的歧视和偏见更普遍、更突出。根据实际调研中女性移民的反映，本地人将她们统称为“山汉”，在外出务工的接触过程中看不起她们，并在共事时被安排干最苦、最累的活儿。同时，安置区本地人带着固有的思维，认为女性移民会存在偷盗、在工作中偷奸耍滑以及懒惰等不良品质，并经常对她们指指点点。这种固有的偏见和歧视使得女性移民在与本地人交往的过程中容易变得自卑和敏感，进一步加深了女性移民与本地人交往的障碍，从而不利于女性移民社交网络的重新构建和归属感的形成，进而对女性移民的社会适应进程产生负面影响。

此外，交往中本地人的偏见和歧视除了会影响女性移民的情感归属外，也使得女性移民很难从本地人那里得到实际的支持，而由于搬迁后女性移民与老家的经济社会联系被切断，原有的信息资源和社会关系无法利用，社会资本随之失效。在迁入新环境之后，“人生地不熟”的境地使女性移民的失业风险增强，而当地居民对女性移民的抵触态度，使女性移民的社会资本积累面临挑战，增加了女性移民的心理隔阂和对未来生活的担忧，这种情况主要发生在人际关系落差较大的劳务安置和县外安置女性移民群体中。

（二）被动且较少的集体活动参与，使社会关系网络重建困难

女性移民在社区内或者村内，参与集体活动时彼此之间发生的各种接触和情感，能够发挥社会整合和社会团结的作用[94]。集体活动的参与是女性移民影响社会公共事务和利益的途径，如前文所述，女性移民是否参加集体活动以及多久参加一次集体活动，会受到其自身社会经济地位的显著影响。然而，根据前文分析可知，没有外出务工的女性移民占有很大比例，且为数不多的务工女性移民收入水平整体较低，经济上对丈夫等男性移民的依附性较强。此外，女性移民的家庭收入同样不高，尤其是劳务安置女性移民家庭年收入在 30 000 元以下的占比达到了 50.13%。因此，不管是在家庭内部还是在社会结构中，有相当一部分女性移民处于相对弱势的地位，影响了她们参与集体活动的主观意愿。

参与搬迁前，女性移民的社交结构相对稳定，基本以自己的家人、亲戚以及本村住户为主，流动性较小。而搬迁后，特别是劳务安置和县外安置下，生活环境发生了较大变化，社会交往从过去以家人、亲戚以及本村住户为主，转化为以地缘关系为基础的包含家人、亲戚和近邻的社区式复合型交往。社交体系的复杂化弱化了女性移民的固有社会关系网络，与此同时，在本就不多的社区和村内集体活动中，女性移民的参与更像是在响应社区或者村部的号召，往往只是单纯为了完成布置的“任务”，抑或是为了获取一些福利资源，从而被动地加入一些活动。总之，多数女性移民的集体活动参与较为被动，或者只停留在“参加”这一层面，不利于构建新的社交网络，使女性移民自身及其家庭在短时间内很难通过这一社会资本为自己提供支持，甚至有部分女性移民产生“孤立无援”的想法，从而在增加女性移民家庭贫困风险的同时，也为女性移民的生活适应和情感归属设置了障碍。

（三）较低的家庭地位降低了女性移民的自我认同度，影响了社会适应进程

家庭地位是女性移民参与家庭公共事务的基础，反映了女性移民在家庭内部的议价能力。已有研究表明，女性自身的受教育程度、收入水平和能够获得的社会支持等因素对其家庭议价能力具有显著的正向作用[204]。女性移民的家庭地位是影响其社会适应进程的重要因素，根据前文分析可知，女性移民在家庭公共事务中的决策权较小，仅仅一半的家庭能够在家庭公共支出决议中做到夫妻双方共同商议，女性移民的家庭地位仍具有较大提升空间。对于劳务安置和县外安置女性移民来说，尽管搬迁后安置区本地具有更加文明、完善的社会制度，但由于女性移民的受教育程度普遍不高，外出务工的机会较少且务工收入水平较低，促使女性移民加大了在经济上对丈夫收入的依靠程度，家庭地位进一步弱势化。同时，劳务安置女性移民家庭面临着收入偏低而支出偏高的困境，这更强化了作为家庭经济收入来源主力的男性移民对家庭支出等公共事物的决定权，在安置区本地女性居民的衬托下，女性移民在家中的话语权显得更加微弱。

个体对自我在工作、工资和生活等方面表现的认同度会对其行为模式产生深刻影响，那些肯定自我能力的人往往更容易克服挫折和困难[204]，较低的家庭地位不利于提升女性移民的主观幸福感和婚姻满意度，会降低她们的自我认同度，也不利于她们克服搬迁后的焦虑、胆怯等不良情绪，从而为女性移民适应安置区新生活，并带动其他移民家庭成员完成社会适应过程产生阻碍。

三、心理适应面临的困难

（一）较低的心理归属感是女性移民适应新生活的障碍

从女性移民身份认同感的统计结果来看，超过一半的女性移民依然将自己

定位为“老家人”，尤其是在劳务安置和县外安置女性移民群体中，有更多的人倾向于认为自己是“老家人”。尽管女性移民搬迁后的生活环境和生计方式发生了转变，但是由于搬迁后居住时间较短、经济状况与预期存在较大出入和语言差别等原因，女性移民的身份认同感整体较低。心理归属感反映了女性移民内心深处对安置区新生活的认同度，是社会适应最高层次的适应内容，较低的心理归属感是女性移民经济适应和生活适应不够理想的表现，也是女性移民进一步适应安置区新生活的障碍，植根于女性移民内心的“老家人”观念，在无形中架起了心理防线，使其与他人的交往始终保持距离，会降低女性移民社会适应的积极性和主动性，从而影响整个移民群体的社会适应水平，不利于实现安置区的长期可持续发展。

（二）搬迁初期的负面情绪不利于女性移民后续生活的展开

搬迁后的不适应会使女性移民普遍产生负面情绪，这种负面情绪不利于女性移民后续生活的展开。从实际的调查访谈中可以了解到，在女性移民搬迁初期，有不少女性移民存在焦虑、自卑和胆怯等负面情绪，尤其是在搬迁到银川周边的劳务安置女性移民群体中，这种情况更加突出。据女性移民反映，由于生活环境的突然改变和较大的经济压力，以及自身的经历，使得她们缺乏信心与当地人接触，存在失眠、焦虑和心慌等心理。上述负面情绪不利于女性移民增强在安置区改善生活的信念，容易动摇女性移民及移民群体在安置区脱贫致富的信心。女性移民的不良情绪，究其原因，还是缘于自身在文化水平和职业技能方面的短板，无法充分实现就业，以解决经济问题。因此，帮助女性移民及其家庭改善经济状况和拓展人际交往网络，才是缓解女性移民的负面情绪，进而提高社会适应水平的根本。

第三节　本章小结

本章首先分析了女性移民搬迁后的社会适应现状，紧接着归纳了女性移民在社会适应过程中所面临的问题。

第一，女性移民群体中外出务工的人员比例整体较低，且男性移民的务工率显著高于女性移民。就外出务工的这部分女性移民来说，大多从事以消耗体力为主的零工工作，工资收入以日工资或小时工资居多，收入较低且缺乏稳定性。同时，女性移民的收入水平和职业结构均呈现出劣于男性移民的状态。女性移民的收入状况受不同安置方式的影响更大，四种安置方式下男性移民的收入差距小于女性移民。此外，劳务安置移民家庭面临着收入较低而日常支出加大的困难，因此这部分女性移民具有较大的经济压力。

第二，四种安置方式下女性移民的邻里关系均较融洽，女性移民的集体活动参与率偏低，而且较男性移民稍被动。同时，不管是邻里关系还是集体活动参与状况，劳务安置和县外安置女性移民均不如有土安置和县内安置女性移民理想。此外，女性移民对安置区的交通、教育和医疗等基础设施条件均感到满意，这也体现了易地扶贫搬迁政策的初衷。然而，男性移民的经济状况奠定了自身在家庭公共事务决策中的话语权，女性移民的家庭地位较低。

第三，多数女性移民对自我的“移民地人”群体身份认同感较低，尤其是在“离乡离土”的劳务安置和县外安置女性移民中，依然认为自己是“老家人”的比例更高。然而，由于安置区相对完善的基础设施建设，多数女性移民均表现出愿意在安置区长久生活的状态。

第四，由于女性移民在文化水平、体力和技能方面的劣势，使得女性移民的经济地位较弱，而在经济上对男性的依附更是间接加剧了女性移民经济地位的弱势化，这种情况在收支反差较大的劳务安置女性移民家庭中更为突出。同时，女性移民较低的人力资本水平是限制其获取务工机会和提高收入水平的因素，而她们的“外来人”身份又是女性移民经济适应进程中的一大挑战。此外，性别分工导致女性移民承担更多的家庭照料活动，使得女性移民面临“自动失业”的窘境，从而在客观上减少了女性移民外出务工的机会，这种现象在整体更年轻的劳务安置和县外安置女性移民群体中尤为明显。

第五，对于劳务安置和县外安置女性移民来说，安置区本地人对她们固有的偏见和歧视，是影响她们构建社交网络的不利因素。同时，女性移民整体的集体活动参与并不积极，且呈现出较男性移民被动的趋势。此外，较低的家庭地位也不利于女性移民对自我的认同和肯定，进而不利于女性移民克服搬迁后的一些负面情绪，从而妨碍到自身和移民群体的社会适应进程。

第六，心理适应水平的提升是女性移民顺利适应安置区生活的体现，而多数女性移民较低的心理归属感不仅是社会适应水平较低的标志，也是进一步阻碍女性移民接受新的生活环境并主动适应安置区生活的不利因素。此外，部分女性移民在搬迁初期存在的焦虑等负面情绪，会阻碍其后续提升自身和其他移民的社会适应水平。

第五章

宁夏易地扶贫搬迁对女性移民经济适应和生活适应的影响

宁夏“十三五”易地扶贫搬迁政策的实施，旨在帮助中南部地区的贫困人口摆脱恶劣的生产生活环境，提高收入水平，进而实现脱贫致富。女性移民作为家庭关系的纽带，其搬迁后良好的社会适应状况，有利于带动整个搬迁家庭顺利适应安置区生活，进而实现移民群体在安置区的长期可持续发展。基于社会适应理论和现有文献的研究框架，女性移民社会适应一般包括经济适应、生活适应和心理适应三个维度。女性移民及其家庭在安置区的经济状况是进行后续社会活动的基础，搬迁后的生产生活条件也是影响女性移民社会适应能力的重要因素，在安置区的居留意愿和身份认同情况是衡量女性移民及其家庭是否真正完成社会适应过程的标志。由于心理适应情况只出现在搬迁后的女性移民样本中，不存在对照组。因此，本部分研究将采用倾向得分匹配模型探究易地扶贫搬迁政策对女性移民经济适应和生活适应的影响机制，以更全面地把握政策的实施效果。对于女性移民心理适应影响因素的探究，将在下一章展开。

第一节　研究设计

一、影响机理分析

个人或家庭为改善长远的生活状况，会进行有针对性的谋生、收入获取和资产积累活动，而这些活动依赖于可直接利用的自然资本和物质资本，例如自然环境、资源存量、基础设施等[203]。易地扶贫搬迁政策的实施，旨在将生活在自然环境恶劣、交通闭塞的山区贫困女性及其家庭，搬迁至交通便利、基础设施较为完善的城镇或产业基地周边，帮助贫困女性及其家庭改善可利用的自然资本和物质资本条件从而摆脱贫困，实现“挪穷窝、换穷业、拔穷根”的易地扶贫搬迁目标。“稳得住，能融入，能致富”是易地扶贫搬迁工程的远景要求[204]，移民群体能否在经济、生活和心理方面具有良好的社会适应水平，是确保搬迁群众“稳得住”进而“能致富”的关键所在。女性在家庭关系中扮演着“穿针引线”的作用，是一个家庭甚至是家族的联系枢纽，搬迁后女性移民的社会适应状况，对移民群体良好地适应安置区生活具有重要意义。

生理需求和安全需求是人生存的必要需求，当个体的生理和安全需求得到满足之后，才会主动追求更高层次需求的满足。因此，对于参与易地扶贫搬迁的女性移民及其家庭来说，搬迁后首要面临的是如何实现就业、赚取收入从而在安置区立足的问题。多数女性移民家庭搬迁后不再以务农为主要的生计手段，其中劳务安置更是完全放弃了农业生产。尽管参与易地扶贫搬迁能够为女性移民创造良好的生产与发展环境，并且安置区政府采取了多种形式帮助女性移民就业，但是由于女性移民自身在意识、文化和技能方面的缺陷，以及性别身份的影响，不可避免地面临无法在劳动力市场获取外出务工机会，进而为自身和家庭赚取收入的问题，而经济适应状况是决定女性移民及移民群体顺利适应安置区生活的前提和基础，女性移民在经济适应方面的现实问题，不仅加剧了女性移民在经济上对丈夫等男性的依附，影响了其提升自身家庭和社会地位的进程，同时也对女性移民的生活适应和心理适应产生了不利影响。

另外，对于搬迁到城镇或城市近郊的劳务安置和县外安置女性移民来说，生活环境、生活方式和社交网络均发生了不同程度的变化，搬迁后存在无法适应当地语言、生活习惯以及需要重新构建社交网络的问题，进而对女性移民的生活适应产生不利影响。马斯洛认为，在大多数情况下，在生理、安全等低层次需求得到满足之后，才会出现追求情感满足的高层次需求，仅当女性移民及其家庭在安置区能够充分实现稳定就业，以及赚取稳定收入以后，才能逐渐产生对安置区的地域认同感和对自我群体归属的身份认同感，心理归属感的形成是女性移民真正适应安置区生活的标志。对于移民家庭来说，女性移民扮演着“穿针引线”的作用，而女性移民搬迁后在就业、收入、社会交往和心理归属等方面较低的适应水平，将会影响整个移民家庭的稳定和后续发展，甚至导致移民群体的“返贫返乡”情况。

由此可见，女性移民是否能够较好地适应安置区生活，是影响移民群体在安置区“稳得住”并实现可持续发展的重要因素。因此，本书以宁夏“十三五”不同安置方式为角度，就女性移民搬迁后的社会适应状况进行评估，为提出女性移民社会适应水平的提升策略和政策建议奠定实证基础。

二、模型构建

易地扶贫搬迁是女性移民家庭自主选择参与的项目，因此参与易地扶贫搬迁政策不是随机行为，而是根据自身条件和家庭状况的自主选择行为。存在自选择问题的样本无法通过传统线性回归作出无偏估计，倾向得分匹配法则可以解决这一问题[141]，估计易地扶贫搬迁政策对女性移民经济适应和生活适应的影响。

倾向得分匹配的基本思想是找到参与易地扶贫搬迁项目女性移民个体的反

事实，即未参与项目的个体；然后，利用 logit 模型估计参数计算倾向得分，将处理组和对照组的多维协变量转化为只有一维协变量的新样本，表示样本个体参与项目的条件概率，即：

$$P\ (X)\ =\Pr[D=1\,|\,X]=E[D\,|\,X] \tag{5-1}$$

式（5－1）中 D 为研究变量，P 为个体参与政策的概率，X 为影响个体参与政策的相关变量。倾向得分值采用 Logit 模型进行估计：

$$P\ (X_i)\ =\Pr[D=1\,|\,X]=\frac{\exp\ (\beta X_i)}{1+\exp\ (\beta X_i)} \tag{5-2}$$

其中，P（ X_i）为个体 i 参与政策的倾向得分值，β 为参数向量。

然后，根据计算出的倾向得分值为处理组寻找其“反事实”估计的对照组，通过两组之间的差值来反映政策实施的净效应，即计算出的平均处理效应 ATT[205]。

$$\begin{aligned} A\hat{T}T &= E(y_{1i}-y_{0i}\,|\,D_i=1)=E[\{y_{1i}-y_{0i}\,|\,D_i=1,p(x_i)\}] \\ &= \frac{1}{N_1}\sum_{i:Di=1}(\hat{y}_{1i}-\hat{y}_{0i}) \end{aligned} \tag{5-3}$$

其中，y_{1i} 和 y_{0i} 表示同一个体参与政策与未参与政策两种情况情下的结果变量。

三、变量设计

经济适应更关注女性移民在安置地的实际经济状态，而收入和支出则是直接体现其经济状态的指标。但考虑到女性移民在经济上对其所在家庭的依附特征，且部分女性移民仍在务农，这部分收入无法准确区别到个体，因此单独考量女性移民自身的收入和支出可能无法体现女性移民真实的经济适应状况，而家庭人均收入和支出这两个指标则更具代表性。因此，笔者在研究中统计家庭中所有与女性移民经济联系密切的家庭成员总收入来计算家庭人均年收入，家庭人均年支出亦同理获得①。其中，为了全面统计女性移民的家庭人均年收入，将家庭务工收入、种养收入以及低保、水暖搬迁补助、政府扶贫贷款、劳务安置女性移民创业小额贷款和种养业补助等家庭政策性扶持收入全部纳入考量；而对家庭人均年支出的统计，则主要考量了女性移民及其家庭在衣食住行、教育、治病就医及养老等方面的支出。此外，外出务工情况和职业类型是促进女性移民生计多样化，提升女性移民经济适应水平的重要手段。因此，本研究分别选取女性移民家庭人均年收入、家庭人均年支出、外出务工情况和职

① 后文所提到的家庭人均年收入和家庭人均年支出都基于此标准。

业类型四个指标作为反映经济适应状况的结果变量[94]。

生活适应是女性移民在生活方式上与迁入地主流方式的适应过程。因此，生活适应更关注女性移民在迁入地生活方式的变化。首先，迁入地的生活是否便利是衡量生活适应的要素之一，而这一指标在很大程度上取决于迁入地交通便利情况；其次，住房条件向来是普通民众最为关注的民生生活指标之一；再次，女性移民在迁入地的社会参与状况和邻里关系是否和谐也是衡量移民生活适应的重要指标；最后，是否担忧安置区未来的生活，可以很好地从侧面反映出女性移民对新生活的适应程度。另外，女性移民在家庭事务中的话语权体现在生活中的点点滴滴，家庭地位对其生活适应的影响也是一个关键因素。基于此，本研究选取到最近公交站的距离、住房条件满意度、集体活动参与状况、村或小区邻里关系、对未来生活的担忧程度和家庭地位六个指标作为反映生活适应状况的结果变量[71][94][198]。

研究变量按照 2 类 4 种安置方式划分，即劳务安置与有土安置，县内安置与县外安置，取值分别为 0 和 1，0 表示女性移民及其家庭没有参与该种安置方式，1 表示参与该种安置方式。通过对比分析参与不同类型安置方式对结果变量影响的差异，全面衡量政策因素对移民社会适应的影响。

匹配变量的选取应与女性移民政策参与和社会适应相关，本研究结合现有文献的研究成果，将匹配变量选为：代表女性移民个体特征的年龄，受教育程度和健康状况，代表女性移民家庭特征的基期家庭人均年收入，代表迁出地特征的家周围有无公交站，到最近购物地点的距离和到学校的距离[206-207]。

变量设计如表 5－1 所示。

表 5－1　变量含义及计算

变量类型	变量名称	变量含义及计算
匹配变量	年龄 x_1	女性移民的实际年龄
	受教育程度 x_2	女性移民的实际受教育年限
	健康状况 x_3	健康取 1，病残但有劳动能力取 2，失去劳动能力取 3
	基期家庭人均年收入 x_4	2015 年（搬迁前）与女性移民经济联系密切的家庭成员人均年收入取对数
	家周围有无公交站 x_5	家周围（2 千米以内）有无公交站，有取 1，无取 0
	最近购物地点到家的距离 x_6	居住地到最近购物地点的距离取对数
	到学校距离 x_7	居住地到学校的距离取对数

（续）

变量类型		变量名称	变量含义及计算
结果变量	经济适应	当期家庭人均年收入 x_8	2018 年（搬迁后）与女性移民经济联系密切的家庭成员人均年收入取对数
		外出务工情况 x_9	外出务工取 1，否取 0
		职业类型 x_{10}	取值 1～16 对应职业类型
		当期家庭人均年支出 x_{11}	2018 年（搬迁后）与女性移民经济联系密切的家庭成员人均年支出取对数
	生活适应	居住地到公交站距离 x_{12}	居住地到公交站的距离取对数
		住房条件满意度 x_{13}	取值 1～5 分别对应非常不满意～非常满意
		集体活动参与状况 x_{14}	参与村或社区集体活动的频率，取值 1～3 分别对应不参加～经常参加
		村或小区邻里关系 x_{15}	取值 1～5 分别对应非常不好～非常好
		家庭地位 x_{16}	家庭大额支出由谁决定衡量，男主人取 1，女主人取 2，一起商量取 3
		对未来生活的担忧程度 x_{17}	取值 1～5 分别对应非常担心～非常乐观
研究变量	劳务安置		安置方式为劳务安置取 1，否取 0
	有土安置		安置方式为有土安置取 1，否取 0
	县外安置		安置方式为县外安置取 1，否取 0
	县内安置		安置方式为县内安置取 1，否取 0

第二节　易地扶贫搬迁对女性移民经济适应和生活适应的影响

一、描述性统计分析

宁夏“十三五”易地扶贫搬迁旨在帮助生活在“一方水土养不起一方人”地区的贫困人口，摆脱恶劣的生产生活条件，进而实现增加收入、消除贫困的目标。本部分研究通过对主要变量进行描述性统计，在整体上把握不同安置方式女性移民及其家庭的基本特征，并对比分析未参与搬迁和不同搬迁安置方式的女性移民及其家庭，在收入、住房、邻里关系和家庭地位等方面的差异，从而初步了解易地扶贫搬迁对女性移民在经济、生活等方面的影响。表 5－2 为所有变量的描述性统计结果。

表 5-2 主要变量的描述性统计

变量	未搬迁		劳务安置		有土安置		县内安置		县外安置	
	均值	标准差	均值	标准差	均值	标准差	均值	标准差	均值	标准差
x_1	42.22	8.73	35.79	9.11	37.94	9.52	37.94	9.52	36.42	8.72
x_2	2.31	3.44	3.76	4.09	3.82	4.53	3.82	4.53	3.58	3.93
x_3	1.28	0.50	1.19	0.46	1.24	0.48	1.24	0.48	1.15	0.38
x_4	8.52	0.87	8.41	1.22	7.90	2.20	7.90	2.20	8.45	1.33
x_5	0.83	0.38	0.31	0.46	0.39	0.49	0.39	0.49	0.42	0.50
x_6	2.07	0.90	2.35	0.94	2.37	0.78	2.37	0.78	2.28	0.86
x_7	2.17	0.71	2.53	0.92	2.57	0.84	2.57	0.84	2.46	0.92
x_8	9.04	0.67	8.71	0.72	9.10	0.81	8.88	0.80	8.82	0.74
x_9	0.22	0.42	0.36	0.48	0.39	0.49	0.39	0.49	0.32	0.47
x_{10}	2.72	4.01	4.40	5.41	4.10	5.24	4.61	5.32	4.05	5.36
x_{11}	8.68	0.50	9.04	0.52	8.88	0.53	8.88	0.53	9.01	0.55
x_{12}	3.94	0.69	3.93	0.89	3.98	0.92	3.98	0.92	4.17	0.82
x_{13}	0.82	0.93	0.51	0.37	1.36	0.92	1.36	0.92	0.91	0.81
x_{14}	1.75	0.87	1.25	0.55	1.38	0.66	1.38	0.66	1.34	0.65
x_{15}	4.43	0.58	3.98	0.80	4.34	0.62	4.34	0.62	4.30	0.71
x_{16}	2.13	0.95	2.02	0.96	2.17	0.96	2.17	0.96	2.09	0.95
x_{17}	3.16	1.11	2.44	1.21	3.33	1.25	3.33	1.25	2.92	1.25

从统计结果中可以看出，年龄（x_1）越小的女性越倾向于参与搬迁，且参与劳务安置和县外安置的女性移民年龄比参与有土安置和县内安置的小，说明年龄更小的女性想要摆脱原有恶劣环境的束缚，进而争取改善自己生产生活条件的意愿更为强烈，这部分女性受“故土情结”的影响更小，且年龄越小越愿意接受在城市和城市周边生活。受教育程度（x_2）越高的女性越倾向于参与搬迁，说明文化水平越高的女性目光越长远，这部分女性更愿意为摆脱现有困境做出改变。从参与搬迁的女性移民及其家庭基期家庭人均年收入（x_4）均低于未参与搬迁家庭的结果可以看出，越是经济贫困的女性及其家庭，越渴望找到新的出路，从而改变现状。从家周围有无公交站（x_5）和最近购物地点到家的距离（x_6）的统计结果可以看出，越是家周围没有公交站、最近购物地点离家越远的女性越倾向于参与搬迁，表明生活的便利程度也是影响女性及其家庭参与搬迁的因素。此外，到学校距离（x_7）越远的女性越倾向于参与搬迁，说明了对子女教育的重视也是女性重要的搬迁动机之一。

如表 5-2 所示，是否参与搬迁对结果变量的影响存在差异。有土安置女性移民的家庭人均年收入（x_8）水平相比于未参与搬迁的女性家庭得到提升，但劳务安置方式的女性移民收入水平却比未搬迁的农村女性更低，体现出与预期结果较大的出入。在实际调研中发现，多数劳务安置女性移民及其家庭成员存在打工难，收入不稳定的问题，这是导致这一现象出现的主要原因。从外出务工情况（x_9）和职业类型（x_{10}）的结果来看，参与搬迁促进了女性外出务工机会的增加和生计多样化。除收入外，消费支出的差异也很大，且各安置方式女性移民的家庭人均年支出（x_{11}）均高于未参与搬迁的女性家庭。分安置方式来看，劳务安置和县外安置的平均年支出更高，结合实际调研情况来看，主要是由于这两种安置方式生活成本更高引起的。此外，除劳务安置方式外，其他各安置方式的女性移民住房条件满意度（x_{13}）普遍高于未参与搬迁的农村女性，说明参与搬迁在一定程度上改善了生活条件。综合上述指标，可以初步发现劳务安置女性移民的生活窘境，一方面收入水平并没有得到显著提升，部分移民甚至出现收入水平下降的情况，另一方面生活支出大幅度增加，导致劳务安置女性移民及其家庭经历着更大的生活压力，在本书的后续研究中将进行重点关注。就集体活动参与状况（x_{14}）和邻里关系（x_{15}）来看，参与搬迁女性的均值均低于未参与搬迁女性的均值，且劳务安置和县外安置的均值低于有土安置和县内安置的均值，说明在搬迁后由于尚未建立起新的社交网络，再加上忙于生计，社交状况出现不同程度的下降，而这种状况在劳务安置方式和县外安置方式中更为明显。

二、模型假设检验

研究采用倾向得分匹配法，估计易地扶贫搬迁政策对女性移民经济适应和生活适应的影响，以避免由于女性移民的自选择行为对结果造成的有偏影响。使用 logit 模型估计倾向得分，为了防止出现遗漏变量对本研究结果产生的严重误差[208]，本研究选取了既影响女性移民搬迁行为，又影响社会适应的变量，此外还把与女性移民社会适应有关，但与搬迁选择无关的变量[209]放入模型中进行估计。表 5 - 3 为研究的 logit 回归结果。

表 5 - 3　Logit 回归结果

变量	劳务安置	有土安置	县内安置	县外安置
年龄	−0.070 3***	−0.040 7*	−0.064 3***	−0.032 7
	(0.022 8)	(0.024 3)	(0.020 9)	(0.025 6)
受教育程度	0.059 2	0.047 7	0.038 1	0.104**
	(0.044 6)	(0.046 8)	(0.045 6)	(0.050 3)

（续）

变量	劳务安置	有土安置	县内安置	县外安置
健康状况	0.237 (0.382)	0.264 (0.408)	−0.038 3 (0.367)	0.468 (0.443)
基期家庭人均年收入	−0.028 2 (0.131)	−0.151 (0.102)	0.049 3 (0.129)	−0.249 * (0.128)
家周围有无公交站	0.257 (0.209)	0.513 * (0.267)	0.189 (0.225)	0.704 *** (0.254)
最近购物地点到家的距离	−2.281 *** (0.375)	−1.628 *** (0.387)	−1.765 *** (0.377)	−2.586 *** (0.405)
到学校距离	−0.076 3 (0.209)	−0.065 1 (0.249)	−0.025 6 (0.231)	−0.085 3 (0.238)
_*cons*	4.014 *** (1.375)	2.434 * (1.391)	3.307 ** (1.334)	2.515 * (1.498)
$Pseudo-R^2$	0.027 2	0.200 5	0.189 2	0.358 2

注：回归采用 robust 稳健型标准误；***、**、* 分别表示数据在 1%、5%、10%的水平上显著。

从结果来看，年龄、最近购物地点到家的距离和家周围有无公交站对搬迁行为产生了显著影响。其中，年龄越小的女性移民越倾向于参与搬迁，劳务安置和县内安置方式下的影响都尤为显著，说明年轻一代的女性更倾向于尝试和接受新的生活方式，而不太会受到“故土情结”的影响。不管是选择哪种安置方式，最近购物地点到家的距离对女性移民搬迁行为的影响都是十分显著的，说明生活越不便利的女性移民，越有强烈的搬迁意愿。而家周围没有公交站的女性移民也更倾向于参与搬迁，但总体并不显著，仅对有土安置和县外安置有较为显著的影响。

研究采用准实验评估方法，即倾向得分匹配法，构建政策干预组与反事实对照组，评估易地扶贫搬迁政策对女性移民经济适应和生活适应的因果关系影响。为了确保政策干预组与反事实对照组之间不存在系统性的差别，从而使倾向得分匹配的结果能准确反映政策实施效果，研究首先对匹配后处理组与控制组之间的偏离程度进行检验，即检验匹配变量是否满足平衡性假设和共同支撑假设。

（1）共同支撑假设：研究选择一比二最近邻匹配进行匹配。处理组和控制组的倾向得分值（*PS*）在最近邻匹配下匹配前后的核密度对比如图 5－1 所示。图中处理组用实线表示，控制组用虚线表示。

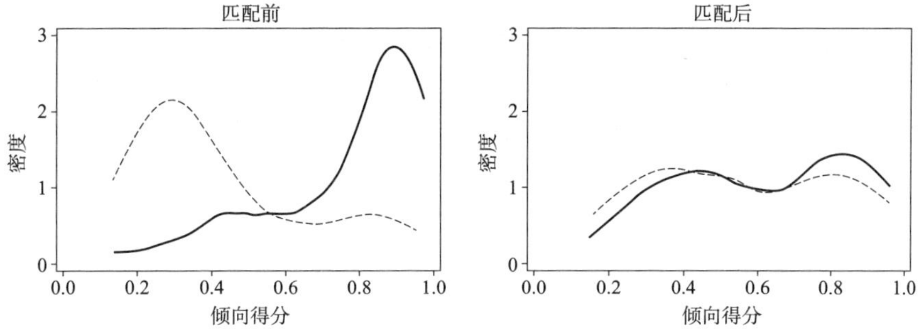

a. 劳务安置

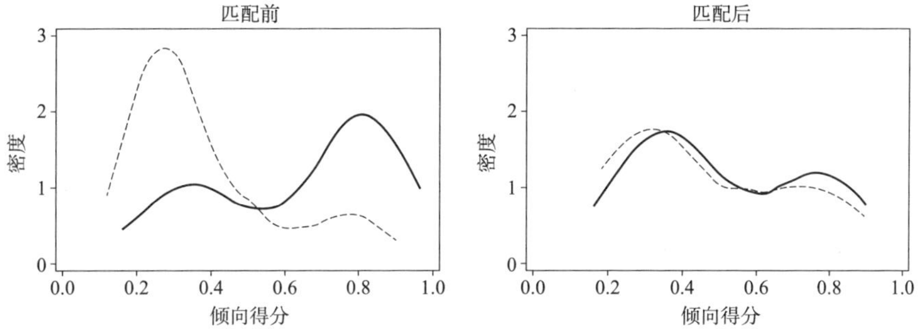

b. 有土安置

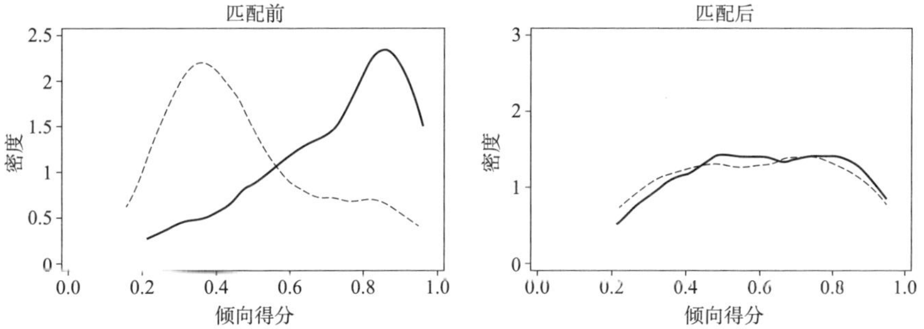

c. 县内安置

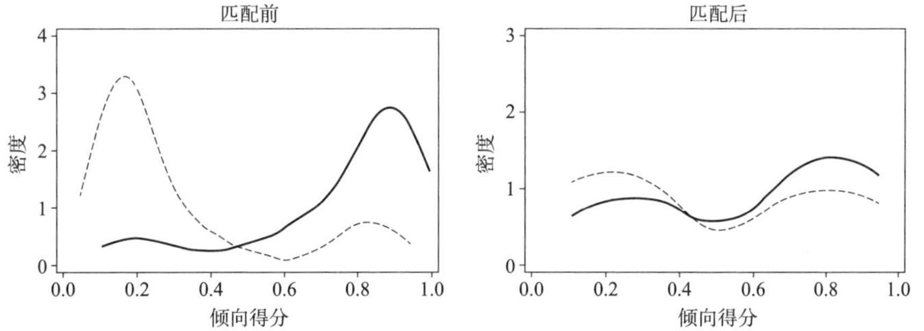

d. 县外安置

图 5-1　匹配前后 *PS* 值核密度分布（1：2 最近邻匹配）

从图 5-1 中可以看出，匹配前处理组和控制组存在显著差异，而在匹配后趋于一致，说明匹配效果较为理想，通过了共同支撑假设检验。

（2）平衡性检验：通过平衡性检验考察匹配后处理组与对照组的系统差异，以确保倾向得分匹配的估计质量（表 5-4）。

表 5-4　匹配质量的平衡性检验

研究变量	匹配方法		*LR chi2*	*MeanBias*	*MedBias*
劳务安置	匹配前		85.7 ***	47.8	38.4
	匹配后	最近邻匹配	1.44	3.4	3.1
		半径匹配	0.7	2.5	2.6
		核匹配	1.78	3.7	1.5
有土安置	匹配前		50.15 ***	45.4	37.4
	匹配后	最近邻匹配	3.04	6.5	4
		半径匹配	2.77	6.1	6.2
		核匹配	2.36	6.8	7.2
县内安置	匹配前		57.18 ***	40.9	34.3
	匹配后	最近邻匹配	6	7.4	7.9
		半径匹配	1.09	3.8	3.3
		核匹配	2.76	5	5.1
县外安置	匹配前		95.56 ***	57.2	43.5
	匹配后	最近邻匹配	2.43	5.6	5.7
		半径匹配	0.77	3	1.7
		核匹配	0.89	5.5	6.9

注：*** 表示数据在 1%的水平上显著。

根据表 5-4 可知，*LR chi2* 似然比检验统计量匹配前均在 1%的显著性水平上被拒绝，而匹配后无论采取哪种匹配方法均未被拒绝，说明协变量系数具有较高的综合显著性。此外，匹配后 *MeanBias* 标准偏差均值和 *MedBias* 中位数偏差均出现大幅下降，均在 10%以内。同时，所有协变量匹配后的 t 值均不显著。可见匹配后已基本消除了处理组和控制组可观测变量的显性偏差，匹配结果真实可靠，通过了平衡性检验。

三、倾向得分匹配分析

易地搬迁后，女性移民及其家庭的生计方式和社交网络都会发生变化。为了探究易地扶贫搬迁政策本身对不同安置方式下女性移民经济适应和生活适应情况的净影响，本研究运用倾向得分匹配方法，排除了参与搬迁和未参与搬迁的女性移民及其家庭在年龄、受教育程度、健康状况、基期家庭人均年收入、家周围有无公交站、最近购物地点到家的距离和到学校距离等方面的差异，评估参与不同搬迁安置方式和未参与搬迁的女性移民及其家庭在经济适应和生活适应方面的不同表现，以全面了解政策实施效果。

（一）劳务安置对女性移民经济适应和生活适应的影响

1. 社交网络被打破的同时面临着较大的经济压力

易地扶贫搬迁劳务安置方式对女性移民经济适应和生活适应的影响如表 5－5 所示。

表 5－5　劳务安置对女性移民经济适应和生活适应的影响

结果变量	因变量	处理组	对照组	*ATT*	*s. e*	*t* 值
经济适应	当期家庭人均年收入	8.688 6	8.932 7	−0.244 1	0.146 4	−1.670 0*
	当期家庭人均年支出	9.045 4	8.848 3	0.197 1	0.121 6	1.620 0
	外出务工情况	0.363 0	0.198 6	0.164 4	0.093 0	1.770 0*
	职业类型	4.376 7	2.708 9	1.667 8	0.908 2	1.840 0*
生活适应	住房条件满意度	3.972 6	3.893 8	0.078 8	0.185 5	0.420 0
	居住地到公交站距离	0.517 8	1.622 7	−1.104 9	0.245 9	−4.490 0***
	集体活动参与状况	1.246 6	1.554 8	−0.308 2	0.169 3	−1.820 0*
	村或小区邻里关系	3.972 6	4.438 4	−0.465 8	0.132 9	−3.500 0***
心理适应	家庭地位情况	2.020 5	2.082 2	−0.061 6	0.208 4	−0.300 0
	对未来生活的担忧程度	2.424 7	3.243 2	−0.818 5	0.3033	−2.700 0***

注：匹配后标准误和 t 统计量通过 Bootstrap 重复抽样 500 次得到，表中为最近邻匹配 1∶2 的匹配结果，处理组为参与易地扶贫搬迁的女性移民，对照组为未参与搬迁的女性移民，其中 *、**、*** 分别代表估计结果在 10%、5%、1%的水平上显著。

由表 5－5 可知，劳务安置方式下女性移民的家庭收入出现了显著下降的现象，且其家庭支出也较对照组有所增加。同时，劳务安置显著促进了女性移民外出务工机会和职业类型的增加，女性移民居住地到公交站的距离在搬迁后显著缩小，交通情况得到了明显改善。另外，由于搬迁后生活环境的改变，劳务安置方式对女性移民的集体活动参与状况和邻里关系产生了显著的负影响，尤其是对邻里关系的影响更大。总之，较大的经济压力和社交网络的中断，致使劳务安置方式显著增加了女性移民对未来生活的担忧程度。

2. 原因分析

上述结果的主要原因在于，劳务安置方式下女性移民在搬迁后原有土地被政府收回，将女性移民及其家庭搬迁到经济较为发达的沿黄城市带和山区大县城，这部分女性移民不再分配土地和棚圈，所以大多会选择外出务工以维持生计，由于受教育程度普遍较低、缺乏必要的职业技能和外出务工经验，她们当中打零工的现象非常普遍，换工频繁，收入较低且极其不稳定，同时随着搬迁后相关种养补助收入的减少，出现搬迁后务工收入水平还无法与对照组务农收入相当的现象。但同时，相对发达的经济社会发展环境也为这部分女性移民提供了务工机会。总之，劳务安置方式促进了女性移民外出务工机会的增加和生计多样化，但也显著增加了女性移民家庭的经济压力。

由于劳务安置下女性移民主要居住在城市或城市周边，基础设施条件较为完善，所以交通情况在搬迁后得到了明显改善。而由于迁入新的环境中，原有的社交网络被打破，再加上生活方式逐渐城市化，邻里关系和集体活动参与状况出现了明显下降，尤其是邻里关系的下降更为明显，可能的原因在于原本的集体活动参与状况与邻里关系活跃度相比更低。

此外，由于女性移民及其家庭未能在搬迁后建立起稳定的生计手段，务工收入暂不足以弥补由于放弃从事农业生产而损失的收入，再加上迁入城镇日常消费支出大幅增加，经济适应情况较差，普遍加剧了女性移民对未来生活的担忧程度。

（二）有土安置对女性移民经济适应和生活适应的影响

易地扶贫搬迁有土安置方式对女性移民经济适应和生活适应的影响如表 5－6 所示。

表 5－6　有土安置对女性移民经济适应和生活适应的影响

结果变量	因变量	处理组	对照组	*ATT*	*s.e*	*t* 值
经济适应	当期家庭人均年收入	9.144 6	8.834 6	0.310 0	0.158 1	1.960 0**
	当期家庭人均年支出	8.867 9	8.776 4	0.091 5	0.128 2	0.710 0
	是否外出务工	0.395 3	0.180 2	0.215 1	0.102 3	2.100 0**
	职业类型	4.000 0	2.755 8	1.244 2	1.070 6	1.160 0
生活适应	住房条件满意度	3.965 1	3.883 7	0.081 4	0.189 3	0.410 0
	居住地到公交站距离	1.321 5	1.395 1	−0.073 6	0.266 5	−0.280 0
	集体活动参与状况	1.38 37	1.552 3	−0.168 6	0.175 7	−0.960 0
	小区邻里关系	4.360 5	4.465 1	−0.104 7	0.137 6	−0.760 0
心理适应	家庭地位情况	2.162 8	2.017 4	0.145 3	0.219 6	0.660 0
	对未来生活的担忧程度	3.383 7	3.220 9	0.162 8	0.299 2	0.540 0

注：匹配后标准误和 *t* 统计量通过 Bootstrap 重复抽样 500 次得到，表中为最近邻匹配 1∶2 的匹配结果，处理组为参与易地扶贫搬迁的女性移民，对照组为未参与搬迁的女性移民，其中 *、**、*** 分别代表估计结果在 10%、5%、1%的水平上显著。

1. 务工机会增加且家庭收入有所提升

相比于劳务安置，有土安置方式对女性移民经济适应和生活适应的影响则更为理想（表 5－6）。有土安置在显著促进女性移民外出务工机会增加的同时，也显著提升了女性移民家庭的收入水平；同时，相比于劳务安置，参与有土安置对女性移民的集体活动参与状况和邻里关系没有造成太大的影响，该安置方式下的女性移民也没有表现出过于强烈的对未来生活的担忧。

2. 原因分析

有土安置包括县内有土安置和县外有土安置两部分。对于县内有土安置女性移民来说，只是被就近安置在交通较为便利的山下或者靠近公路的地方，并配套建设基础设施，所以原有的主要生计方式并未发生变化，且搬迁后生活和生产环境得到了一定的改善。这部分女性移民搬迁后原经营的土地并没有发生变化，加上政府在种养方面的多种补助鼓励措施，在一定程度上促进了女性移民家庭收入的提升。同时，交通条件的改善以及由政府组织的劳务输出，也为女性移民在农闲时期寻找外出务工机会增加了可能性。县内有土安置女性移民的原有社交网络基本没有发生变化，就地转移的安置方式对女性移民的集体活动参与状况和邻里关系没有产生太大的影响。

县外有土安置女性移民及其家庭的原有土地在搬迁后被收回，可按照政府政策人均分到 1 亩水浇地，但由于前期历届大规模移民导致耕地资源紧缺，并没有实质性的水浇地供这部分移民耕种，基本以发放流转金的形式进行补偿。同时，这部分女性移民的安置区位于城市周边，交通便利程度大大改善，再加上当地具有较多建设相对完善的种养基地和工业园区，从而促使女性移民前往周边的产业园区、工业园区进行务工。生计方式的转变、交通便利程度的提高和周边较为良好的就业环境，显著促进了这部分女性移民外出务工机会的增加，也对女性移民家庭的收入产生了积极影响。此外，相比于劳务安置，县外有土安置的女性移民依然居住在农村，居住结构依然是平房式院落，相较之前没有发生太大变化，生活方式没有被城市化，所以邻里关系和集体活动参与状况受到的影响相对较小。

（三）县外安置对女性移民经济适应和生活适应的影响

1. 人际交往频率下降且显著表现出对未来生活的担忧

易地扶贫搬迁县外安置方式对女性移民经济适应和生活适应的影响如表 5－7 所示。

表 5-7　县外安置对女性移民经济适应和生活适应的影响

结果变量	因变量	处理组	对照组	*ATT*	*s.e*	*t* 值
经济适应	当期家庭人均年收入	8.824 9	8.924 9	−0.099 9	0.174 8	−0.570 0
	当期家庭人均年支出	8.932 4	8.833 2	0.099 2	0.137 1	0.720 0
	外出务工情况	0.434 8	0.271 7	0.163 0	0.118 3	1.440 0
	职业类型	4.445 7	3.244 6	1.201 1	1.119 4	1.070 0
生活适应	住房条件满意度	3.619 6	3.885 9	−0.266 3	0.213 7	−1.240 0
	居住地到公交站距离	0.658 4	1.652 5	−0.994 1	0.308 0	−3.570 0***
	集体活动参与状况	1.260 9	1.668 5	−0.407 6	0.191 8	−2.170 0**
	小区邻里关系	3.826 1	4.434 8	−0.608 7	0.144 5	−4.100 0***
心理适应	家庭地位情况	2.065 2	1.820 7	0.244 6	0.269 4	0.910 0
	对未来生活的担忧程度	2.576 1	3.288 0	−0.712 0	0.348 8	−2.080 0**

注：匹配后标准误和 *t* 统计量通过 Bootstrap 重复抽样 500 次得到，表中为最近邻匹配 1∶2 的匹配结果，处理组为参与易地扶贫搬迁的女性移民，对照组为未参与搬迁的女性移民，其中 *、**、*** 分别代表估计结果在 10%、5%、1%的水平上显著。

由表 5-7 可知，县外安置显著缩小了女性移民居住地到公交站的距离，交通便利程度得到显著提升；同时，县外安置方式对女性移民的集体活动参与状况和邻里关系产生了显著的负向影响；此外，县外安置方式下女性移民对未来生活的担忧程度显著增加。

2. 原因分析

形成上述结果的主要原因在于，县外安置主要是将来自生产生活环境恶劣、不适宜生存的中南部山区贫困女性及其家庭，搬迁到银川市、利通区、沙坡头区等经济社会发展相对发达的城市周边或城市周边的农村，这些区域具有相对完善的基础设施建设，交通较为便利，搬迁后女性移民居住地到公交站的距离显著缩小，交通状况相较之前得到显著改善。同时，由于女性移民搬迁前长期在较为封闭、落后的山区从事务农，搬迁到经济社会发展相对发达的川区后，生计方式、生活环境和社会关系等都发生了变化，原有的社交网络被打破，引起了集体活动参与状况和邻里关系的显著下降，尤其是邻里关系大不如前。这部分女性移民的生计方式基本以外出务工为主，而由于缺乏必要的职业技能和文化程度较低，她们当中大部分人靠打零工维持生计，生计的不稳定性和日常开销的增加，加剧了这部分女性移民对未来生活的担忧。

（四）县内安置对女性移民经济适应和生活适应的影响

易地扶贫搬迁县内安置方式对女性移民经济适应和生活适应的影响如表 5-8 所示。

1. 生计多样化的同时增加了家庭支出

相比于县外安置，参与县内安置的女性移民，其交通便利程度同样在搬迁后得到明显改善；县内安置搬迁政策促进了女性移民的生计多样化，也在一定程度上增加了女性移民的家庭生活支出和对未来生活的担忧程度。

2. 原因分析

相比之下，县内安置主要是将贫困女性及其家庭搬迁至县城，或就近转移到交通较为便利的山下以及靠近公路的地方，这部分女性移民的交通便利程度在搬迁后得到了显著改善。其中，安置区位于县城的女性移民及其家庭，搬迁后原有的土地被政府收回，"失去土地"的现状迫使她们寻找外出务工的机会以维持生计，而县城相对发达的服务业、特色产业等，以及由政府为符合条件的移民安排的公益性岗位均为女性移民提供了就业途径。就近转移的女性移民及其家庭，随着搬迁后交通便利程度的提升，以及日益加快的城镇化建设，在一定程度上增加了女性移民农闲时期外出务工的意愿。总之，县内安置搬迁方式同样促进了女性移民的生计多样化。值得注意的是，县内安置方式下，女性移民及其家庭的生活开销显著增加，这种现象主要出现在搬迁至县城的这部分女性移民群体中，由于外出务工收入暂抵不上搬迁前从事务农而获得的收入，再加上生活开销相对加大，促使这部分女性移民产生了对未来生活的担忧。

表 5-8　县内安置对女性移民经济适应和生活适应的影响

结果变量	因变量	处理组	对照组	*ATT*	*s.e*	*t* 值
经济适应	当期家庭人均年收入	8.879 0	8.977 4	−0.098 4	0.136 0	−0.720 0
	当期家庭人均年支出	9.008 9	8.788 2	0.220 7	0.107 9	1.940 0*
	是否外出务工	0.326 4	0.184 0	0.142 4	0.091 4	1.620 0
	职业类型	4.069 4	2.486 1	1.583 3	0.935 2	1.650 0*
生活适应	住房条件满意度	4.173 6	3.906 3	0.267 4	0.178 8	1.540 0
	居住地到公交站距离	0.914 2	1.566 0	−0.651 8	0.236 1	−2.730 0***
	集体活动参与状况	1.340 3	1.479 2	−0.138 9	0.158 1	−0.840 0
	小区邻里关系	4.298 6	4.444 4	−0.145 8	0.125 0	−1.170 0
心理适应	家庭地位情况	2.097 2	2.149 3	−0.052 1	0.191 8	−0.270 0
	对未来生活的担忧程度	2.930 6	3.441 0	−0.510 4	0.282 4	−1.910 0*

注：匹配后标准误和 *t* 统计量通过 Bootstrap 重复抽样 500 次得到，表中为最近邻匹配 1∶2 的匹配结果，处理组为参与易地扶贫搬迁的女性移民，对照组组为未参与搬迁的女性移民，其中 *、**、*** 分别代表估计结果在 10%、5%、1%的水平上显著。

四、稳健性检验

针对匹配结果是否稳健的问题，需要进一步进行稳健性检验。研究采用最近邻匹配、半径匹配和核匹配三种不同匹配方式，并结合 bootstrap 自抽样 500 次的稳健标准误，对前文的研究结果进行稳健性检验。结果如表 5-9 所示，不同匹配方式的改变未能显著影响前文研究结果，因此可以证明前文中针对易地扶贫搬迁对女性移民经济适应和生活适应影响的实证研究结果通过了稳健性检验。

表 5-9 匹配结果的稳健性检验

结果变量	匹配方式	劳务安置		有土安置		县内安置		县外安置	
		ATT	*t*	*ATT*	*t*	*ATT*	*t*	*ATT*	*t*
当期家庭人均年收入	最近邻匹配	−0.24	−1.67*	0.31	1.96**	−0.10	−0.72	−0.10	−0.57
	半径匹配	−0.27	−2.03**	0.19	1.39	−0.11	−0.86	−0.17	−1.13
	核匹配	−0.30	−1.80*	0.21	1.19	−0.15	−0.96	−0.03	−0.16
当期家庭人均年支出	最近邻匹配	0.20	1.62	0.09	0.71	0.22	1.94*	0.10	0.72
	半径匹配	0.23	2.25**	0.08	0.75	0.25	2.73***	0.11	0.83
	核匹配	0.16	1.33	−0.01	−0.06	0.25	2.21**	0.17	1.11
是否外出务工	最近邻匹配	0.16	1.77*	0.22	2.10**	0.14	1.62	0.16	1.44
	半径匹配	0.16	2.04**	0.20	2.34**	0.12	1.64	0.22	2.07**
	核匹配	0.20	1.93*	0.22	1.90*	0.14	1.54	0.27	2.13**
职业特征	最近邻匹配	1.67	1.84*	1.24	1.16	1.58	1.65*	1.20	1.07
	半径匹配	1.76	2.14**	1.28	1.37	1.58	1.92*	1.93	1.82*
	核匹配	1.81	1.76*	1.45	1.21	1.37	1.40	2.13	1.59
住房条件满意度	最近邻匹配	0.08	0.42	0.08	0.41	0.27	1.54	−0.27	−1.24
	半径匹配	0.09	0.54	0.05	0.28	0.29	2.01**	−0.24	−1.23
	核匹配	−0.01	−0.05	0.16	0.70	0.16	0.92	−0.24	−1.01
居住地到公交站距离	最近邻匹配	−1.10	−4.49***	−0.07	−0.28	−0.65	−2.73***	−0.99	−3.57***
	半径匹配	−1.05	−4.96***	−0.13	−0.54	−0.55	−2.67***	−0.94	−3.49***
	核匹配	−1.19	−4.36***	−0.02	−0.05	−0.45	−1.92*	−1.06	−3.17***
社区参与状况	最近邻匹配	−0.31	−1.82*	−0.17	−0.96	−0.14	−0.84	−0.41	−2.17**
	半径匹配	−0.27	−1.83*	−0.21	−1.28	−0.21	−1.46	−0.31	−1.82*
	核匹配	−0.25	−1.44	−0.16	−0.81	−0.19	−1.14	−0.32	−1.57
小区邻里关系	最近邻匹配	−0.47	−3.50***	−0.10	−0.76	−0.15	−1.17	−0.61	−4.10***
	半径匹配	−0.48	−3.82***	−0.08	−0.69	−0.15	−1.37	−0.62	−4.47***
	核匹配	−0.50	−3.40***	−0.01	−0.07	−0.10	−0.70	−0.71	−3.54***

（续）

结果变量	匹配方式	劳务安置		有土安置		县内安置		县外安置	
		ATT	*t*	*ATT*	*t*	*ATT*	*t*	*ATT*	*t*
家庭地位情况	最近邻匹配	−0.06	−0.30	0.15	0.66	−0.05	−0.27	0.24	0.91
	半径匹配	−0.06	−0.33	0.10	0.54	−0.07	−0.38	0.11	0.43
	核匹配	0.02	0.11	0.09	0.36	−0.06	−0.29	0.15	0.50
对未来生活的担忧程度	最近邻匹配	−0.82	−2.70***	0.16	0.54	−0.51	−1.91*	−0.71	−2.08**
	半径匹配	−0.74	−2.56**	0.17	0.63	−0.33	−1.34	−0.69	−2.09**
	核匹配	−0.83	−2.45**	0.37	1.20	−0.49	−1.79*	−0.77	−1.97**

注：表中每一个匹配结果均通过 Bootstrap 重复抽样 500 次得到，其中最近邻匹配个数为 1∶2，半径匹配的匹配半径为 0.01，*、**、*** 分别代表估计结果在 10%、5%、1%的水平上显著。

第三节　本章小结

本章基于社会适应理论和现有文献的研究框架，采用倾向得分匹配模型，以宁夏“十三五”不同安置方式的女性移民入户调查数据为基础，探究易地扶贫搬迁不同安置方式对女性移民经济适应和生活适应的影响，以更全面地把握政策实施效果，研究结论如下。

（1）综合来看，在经济适应方面，相比于劳务安置，有土安置方式下女性移民的经济适应状况较为理想。

不管是劳务安置方式还是有土安置方式，均显著促进了女性移民外出务工机会的增加，而劳务安置女性移民由于居住在城市或城市周边，经济社会发展相对发达，从而搬迁后的生计更加多样化。尽管劳务安置女性移民在安置区的谋生手段增多，但由于缺乏必要的职业技能以及受限于偏低的文化水平，劳务安置女性移民中大多数人靠打零工维持生计，务工收入通常为小时工资或者日工资，生计不稳定，女性移民及其家庭外出务工所获得的收入暂不能高于搬迁前从事种养业获得的收入；同时，劳务安置女性移民及其家庭面临着城市生活日常开销相对加大的现实。

然而，相比于劳务安置，有土安置女性移民的安置区位于本村镇交通较为便利的地方，或者是城市周边的农村，搬迁后家庭开销增加的幅度小于劳务安置；同时，当地普遍建有相对完善的种养基地和产业园区，政府在种养方面有多种补助和鼓励措施，交通条件便利等，均促进了女性移民家庭收入的提升。总之，劳务安置女性移民在搬迁后面临入不敷出、生计不稳定的现状，有土安置女性移民的经济适应比劳务安置女性移民理想。有土无土两种不同的安置方式引起了生计手段的转变，进而导致女性移民家庭收支结构的变化，而县内县外两种安置方式对女性移民经济适应的影响相对较小，因此不做详细分析。

（2）在生活适应方面，劳务安置女性移民的集体活动参与状况和邻里关系在搬迁后大不如前，而且这部分女性移民在搬迁后显著产生了对未来生活的担忧，相比之下，有土安置女性移民的生活适应更为理想。县外安置女性移民及其家庭搬迁后的生活环境和社会关系都发生了变化，从而引起了集体活动参与状况和邻里关系的显著下降，且这部分女性移民对未来生活的担忧更甚，相比之下，县内安置女性移民的生活适应更为理想。

尽管劳务安置方式显著提升了女性移民居住地的交通便利程度，但也因为居住结构和生活方式的转变，对女性移民集体活动的参与状况和邻里关系产生了显著的负向影响，尤其是对邻里关系的负向影响更为明显。相比于劳务安置，由于有土安置方式下女性移民的生活方式并没有向城市化转变，居住房屋的结构没有发生本质性变化，该种安置方式并没有对女性移民的集体活动参与状况和邻里关系产生太大的影响。此外，劳务安置方式下的女性移民表现出对未来生活的担忧，而有土安置女性移民并不存在这种现象，主要是由于劳务安置方式下女性移民及其家庭在搬迁后未能建立起稳定的生计手段，城市生活的日常开销相对更大，入不敷出的现状加剧了这部分女性移民对未来生活的担忧。

从县内县外两种安置方式的研究结果来看，两种安置方式均显著缩短了女性移民居住地到公交站的距离，交通便利程度在搬迁后得到了显著改善。相比于县内安置，县外安置由于将女性移民从原本相对封闭的山区搬迁到经济社会发展相对发达的川区，生活环境和社会关系都发生了变化，再加上安置区当地居民对女性移民及其家庭固有的“山汉”印象，以及语言障碍等原因，这部分移民的集体活动参与状况和邻里关系均出现了显著下降的现象。此外，两种安置方式下的女性移民均不同程度地表现出对未来生活的担忧，而以外出务工为主要生计手段的县外安置方式下的女性移民，由于生计的不稳定性导致她们对未来生活的担忧更为严重。

第六章

宁夏易地扶贫搬迁女性移民心理适应的影响因素

女性移民作为家庭关系的纽带，若搬迁后具有良好的心理适应状况，可以加深女性移民对易地扶贫搬迁政策的认同，有助于整个移民家庭社会融入水平的提高。

但由于搬迁前的移民群体祖祖辈辈在较为封闭落后的山区从事种田、养牛羊等农业生产，且相比于男性，当地女性外出务工的机会更少。在搬迁后面对新的环境时，适应能力较男性弱，且情感亦更加细腻脆弱，因此在搬迁后更易产生身份认同感不强，不愿在安置区长久生活的问题，特别是对于离乡离土的劳务安置和县外安置女性移民来说，这一问题更为突出。因此，如何解决易地扶贫搬迁女性移民的心理适应问题，对最终实现易地扶贫搬迁“稳得住，能致富”目标极为重要。

第一节　研究设计

一、理论假说

基于社会适应定义及理论内涵，影响人类社会适应的因素可以分为主体与客体两部分。主体即人类对社会环境的认知能力和改造能力两个部分。客体即人类所处的社会环境，具体来说，包括政治环境、文化环境、社区环境、网络环境等。

易地扶贫搬迁政策的实施，旨在帮助中南部地区贫困人口改善生产生活条件，增加收入，消除贫困。女性移民作为家庭关系的纽带，其搬迁后良好的社会适应能力，是带动整个搬迁家庭顺利适应安置区新生活的关键，心理适应的实现标志着女性移民社会适应过程的完成[210]。参与易地扶贫搬迁后，安置区的交通便利程度大大提升，与女性移民生活息息相关的饮水、取暖、住房、子女教育和医疗等公共基础设施条件相对完善。此外，政府除了对移民群体组织刺绣、编制、烹饪和种养等相关的职业技能培训外，还会为符合条件的移民安排公益性岗位。安置区相对发达的经济社会发展环境、数量较多的种养基地和产业园区以及政府在就业方面的帮助等为女性移民外出务工提供了良好的就业环境。同时，劳务移民安置区位于经济较为发达的城市及城市周边，搬迁后的安置区具有相对完善、文明的社会制度，为女性移民保障自身权益提供了可能，有利于提升女性移民在安置区的心理归属感。尽管女性移民的生产生活条件在搬迁后得到改善，为提高女性移民心理适应状况奠定了基础，但由于女性移民搬迁前所处的生产生活环境较为封闭落后，再加上自身偏低的文化程度、职业技能和务工经验匮乏以及搬迁后语言的变化等因素，会对其身份认同感和在安置区长久生活意愿产生不利影响。基于以上理论分析，本研究提出如下假设。

H1：对于劳务安置方式下的女性移民来说，尽管搬迁后安置区具有相对完善的生产生活环境，但由于女性移民自身固有的缺陷，在面临生计方式的转变、邻里关系的下降和当地居民固有的偏见等问题时，会不可避免地出现心理适应问题，从而对自身的身份认同感和居留意愿产生负面影响。相比于劳务安置，有土安置方式下的女性移民搬迁后的生计方式变化较小，而搬迁后安置区的公共基础设施条件更为完善，这部分女性移民的心理适应相对理想。相比于县外安置，县内安置方式下的女性移民由于语言、生活习俗等生活环境的变化较小，使得县内安置方式下女性移民的心理适应更理想。

妇女赋权理论认为，女性在就业、生育、受教育等方面享有与男性同等的权利，有利于提升她们的社会地位，从而促使女性实现自我发展。参与搬迁后，女性移民所在地的基础设施建设水平得到提升，交通更加便利。相比于过去，女性移民的谋生途径变得多样化，同时有更多的机会参与相关职业技能培训，逐渐在经济上减少对男性的依附，有利于增强女性移民的自信心，从而提升她们在安置长久生活的意愿。此外，安置区相对更为文明完善的社会制度和更为平等开放的社会氛围，有利于加强女性移民自身和其家庭成员的性别平等观念，增加女性移民在家庭中的话语权。根据需求层次理论，女性移民在基本需求得到满足后，就会产生爱与归属的需求。而在安置地的归属感一旦形成，可以提升女性移民的身份认同感和在安置区长久生活的意愿，进而提升其心理适应水平[211]。但同时需要注意的是，参与易地扶贫搬迁前，女性比男性更少外出务工，长期生活在较为封闭的山区务农，搬迁后面对新的环境时，易产生心理适应障碍，表现出对未来生活的迷茫和担忧，进而影响她们在安置区长久生活的意愿。其中，生活、生存等环境发生较大变化的劳务安置和县外安置女性移民更易出现这一问题。因此，女性移民在搬迁后心理适应状况会出现复杂变化。基于以上理论分析得出如下假设。

H2：从长远来看，尽管参与易地扶贫搬迁可以为女性移民创造外出务工机会，使其在经济上减少对男性的依附，增加对家庭事务的决策权，从而提升在安置区长久生活的意愿，然而在面临搬迁后生计不稳定、生活环境发生变化以及当地居民的歧视等问题时，女性移民易产生心理适应障碍，表现出对未来生活不确定性的担忧，对她们在安置区的身份认同感和长久生活意愿产生影响。其中，生活、生存环境发生较大变化的劳务安置和县外安置女性移民的心理适应问题更为复杂。

二、变量设计

心理适应实际是女性移民主流群体在群体归属感上趋同并最终在心理上实现相互认同的过程。身份认同情况是女性移民内心深处对自己属于哪个群体的一种定位和认可，会促使女性移民加强与其他群体成员的联系和互助，身份认同的“移民地人”倾向往往代表更好的心理归属，是女性移民在安置区具有良好心理适应状况的象征，这对实现易地扶贫搬迁“稳得住”的目标意义重大。基于此，本研究选取女性移民身份认同情况作为被解释变量之一。同时，在安置区长久生活的意愿反映了女性移民对搬迁后新生活的认可程度，是衡量女性移民心理适应状况的重要指标，也是检验女性移民是否完成社会适应过程的必要环节。女性移民“比较愿意”以及“非常愿意”在安置区长久生活的状态，是女性移民对安置区生活具有良好希冀的表现，这种状态有利于促使移民群体社会适应水平的提高，从而巩固扶贫成果。基于此，本研究选择安置区长久生活意愿作为另一个被解释变量[43]。

解释变量的选取参考马金涛[200]，黎毅[209]等人的研究成果，以反映女性移民心理归属的综合影响为原则，分别为：代表女性移民个体特征的年龄、民族、受教育程度、家庭抚养比、健康状况和婚姻状况，代表女性移民经济状况的外出务工情况和家庭人均年收入，代表政策因素的住房条件满意度、集体活动参与状况、邻里关系和户口是否迁入安置地（表 6－1）。

表 6－1　变量含义及计算

变量类型	变量名称	变量含义及计算
被解释变量	身份认同情况 y_1	老家人取 1，一半老家人一半移民地人取 2，移民地人取 3
	安置区长久生活意愿 y_2	取值 1～5 分别对应非常不愿意～非常愿意
控制变量	年龄 x_1	女性移民的实际年龄
	民族 x_2	汉族为 1，回族为 2，其他民族为 3
	受教育程度 x_3	女性移民的实际受教育年限
	家庭抚养比 x_4	（未成年人数＋老年人人数）/劳动力人数
	健康状况 x_5	健康取 1，病残但有劳动能力取 2，失去劳动能力取 3

（续）

变量类型	变量名称	变量含义及计算
控制变量	婚姻状况 x_6	有配偶为 1，无配偶为 0
	外出务工情况 x_7	外出务工取 1，否取 0
	家庭人均年收入 x_8	与女性移民经济联系密切的家庭成员人均年收入取对数
	住房条件满意度 x_9	取值 1～5 分别对应非常不满意～非常满意
	集体活动参与状况 x_{10}	参与村或社区集体活动的频率，取值 1～3 分别对应不参加～经常参加
	邻里关系 x_{11}	取值 1～5 分别对应非常不好～非常好
	户口是否迁入安置地 x_{12}	户口迁入安置地为 1，否则为 0

三、模型架构

身份认同情况代表了女性移民内心深处对自己的定位，是女性移民在安置区心理归属的标志，而是否愿意以及在多大程度上愿意在安置区长久生活，反映了女性移民对安置区新生活的认可程度，上述两个变量代表了女性移民在安置区的心理适应状况。这两个变量均为多值有序变量，适用概率模型进行分析。本研究在描述了搬迁后女性移民身份认同感和安置区长久生活意愿基本情况的基础上，使用有序 Probit 模型来探究影响搬迁后女性移民身份认同情况和安置区长久生活意愿的主要因素，基本模型构建如下。

$$P_r\ (Y_i \leqslant j \mid X_i)\ /\partial X_i = \phi\ (\alpha_j - X_i\beta) \qquad (6-1)$$

$$j=1,\ 2,\ 3,\ \cdots,\ n$$

式中 Y_i 表示第 i 个移民的身份认同情况和在安置区长久生活的意愿，X_i 是解释变量集，α_i 表示阈值参数，β 表示回归系数。

第二节　女性移民心理适应的影响因素研究

一、描述性统计分析

女性移民在安置区对自我“移民地人”身份的认同，和“比较愿意”以及“非常愿意”在安置区长久生活的状态，可以促进其他家庭成员尽快适应搬迁后的新生活，从而有利于实现易地扶贫搬迁“稳得住”的目标，为进一步“能致富”目标的实现奠定基础。通过对不同安置方式下心理适应相关变量进行描述性统计，初步了解女性移民的心理适应状况和女性移民及其家庭的基本情况。表 6-2 为所有变量的描述性统计结果。

表 6－2　主要变量的描述性统计

变量	劳务安置（159 人）		有土安置（93 人）		县内安置（145 人）		县外安置（107 人）	
	均值	标准差	均值	标准差	均值	标准差	均值	标准差
Y_1	1.84	0.95	1.91	0.95	1.92	0.97	1.79	0.93
Y_2	3.89	1.01	4.14	0.98	4.21	0.77	3.67	1.19
X_1	35.79	9.11	37.94	9.52	36.42	8.72	36.79	10.08
X_2	1.71	0.45	1.56	0.5	1.74	0.44	1.53	0.50
X_3	3.76	4.09	3.82	4.53	3.58	3.93	4.06	4.64
X_4	0.95	0.66	0.83	0.7	1.03	0.71	0.74	0.58
X_5	1.19	0.46	1.24	0.48	1.15	0.38	1.29	0.55
X_6	0.94	0.23	0.91	0.28	0.93	0.25	0.93	0.25
X_7	0.36	0.48	0.39	0.49	0.32	0.78	0.44	0.74
X_8	8.70	0.69	9.03	0.83	8.83	0.47	8.81	0.50
X_9	3.93	0.89	3.98	0.92	4.17	0.82	3.65	0.92
X_{10}	1.25	0.55	1.38	0.66	1.34	0.65	1.24	0.51
X_{11}	3.98	0.8	4.34	0.62	4.30	0.71	3.86	0.75
X_{12}	0.59	0.49	0.47	0.5	0.37	0.48	0.79	0.41

注：括号内数据为样本数量。

如表 6－2 所示，总体上来看，女性移民身份认同情况（y_1）的均值不到 2，可见该指标对“移民地人”的倾向性并不强，其中有土安置方式下女性移民的身份认同情况优于劳务安置，县内安置方式下女性移民的身份认同情况优于县外安置。而安置区长久生活意愿（y_2）则相对集中，多数女性移民都倾向于“比较愿意”在安置区长久地生活下去，其中有土安置和县内安置方式下女性移民在安置区长久生活的主观意愿更强。劳务安置和县外安置主要是将女性移民及其家庭从中南部山区搬迁到川区的中心城市周边以及城市周边的农村，搬迁后的生计方式转变为外出务工，而务工收入多为小时工资或者日工资，生计不稳定的同时还需应付城市生活日常开销加大的问题。同时，居住结构、邻里关系和语言等生活环境的变化较大，当地居民对移民整体存有一定程度的歧视和偏见，从而导致这部分女性移民的心理适应状况相对较差。相比劳务安置和县外安置，有土安置和县内安置方式下女性移民的生活环境和生计手段变化相对较小，尤其是县内就近转移的女性移民，其生活环境不仅整体上变化很小，而且搬迁后的交通情况、基础设施建设等得到了改善，这部分女性移民的心理适应状况相对较好。

参与易地扶贫搬迁的女性移民年龄（x_1）普遍较低，四种安置方式下女性移民平均年龄均在40岁以下，其中劳务安置下女性移民的年龄最小。女性移民的受教育程度（x_3）普遍偏低，平均受教育年限低于4年，也就是说绝大多数女性移民文化程度仅为小学。四种安置方式下女性移民的家庭抚养比（x_4）均接近1，可见女性移民家庭整体的抚养压力比较大。健康状况（x_5）的均值趋近于1，说明女性移民整体健康状况较好。从外出务工情况（x_7）的均值来看，只有40%左右的女性移民选择外出务工，主要是由于女性移民整体比较年轻，子女普遍较小需要照料，从而限制了女性移民外出务工。劳务安置方式下女性移民及其所在家庭虽然通过参与搬迁促进了自身的生计多样化，但由于移民当中打零工的现象非常普遍，务工收入多为小时工资或者日工资，生计不稳定，家庭人均年收入并没有显著提升（x_8），其均值低于有土安置方式下女性移民的家庭人均年收入。就住房条件满意度（x_9）的结果看，劳务安置方式下女性移民的满意度低于有土安置方式，主要是由于搬迁后居住面积缩小，居住环境较为拥挤，再加上下水道返臭、隔音差和墙皮掉落等原因，导致住房条件满意度下降。县外安置方式下女性移民的住房条件满意度也低于县内安置。此外，从邻里关系（x_{11}）的均值结果来看，有土安置方式下女性移民的邻里关系比劳务安置方式下的理想，县内安置方式下女性移民的邻里关系比县外安置方式下的理想，与实际调研情况相符。这主要是由于在有土安置方式中，有一部分女性移民及其所在家庭为本村就近安置，邻居都是村内“老熟人”；而对于另一部分县外有土安置的女性移民及其所在家庭来说，其搬迁后的住房依然是平房，而且很多人都在本地的种养基地打工，更易于互相走动，因此有土安置方式下邻里关系整体更好。女性移民的集体活动参与状况（x_{10}）则整体偏低，主要原因可能是一方面搬迁后女性移民忙于家务劳动、家庭照料和外出生计，基本没有空闲时间参与集体活动；另一方面，安置区较少组织集体活动，从而在客观上导致女性移民集体活动参与程度较低的现状。其中，生活环境变化较大的劳务安置和县外安置女性移民的集体活动参与状况相对更低。

二、基准回归结果分析

研究采用有序probit模型，分别探究不同安置方式下，影响女性移民身份认同情况和在安置区长久生活意愿的因素，为提升女性移民在安置区的心理适应水平，进而为易地扶贫搬迁“稳得住，能致富”政策目标的后续完善措施提供些许参考。

（一）多重共线性分析

为了避免解释变量之间可能存在的相关性问题对估计结果的影响，本书采用方差膨胀因子（*VIF*）和容忍度（*Tolerance*）方法估计变量间的相关系数，以此来进行模型的多重共线性分析，估计结果如表 6-3 和表 6-4 所示。

表 6-3　身份认同的多重共线性

变量	*VIF*	*SQRT-VIF*	*Tolerance*	*R-Squared*
身份认同情况	1.19	1.09	0.84	0.16
年龄	2.18	1.48	0.46	0.54
民族	1.23	1.11	0.81	0.19
受教育程度	1.69	1.30	0.59	0.41
家庭抚养比	1.65	1.28	0.61	0.39
健康状况	1.41	1.19	0.71	0.29
婚姻状况	1.11	1.05	0.90	0.10
外出务工情况	1.12	1.06	0.89	0.11
家庭人均年收入	1.31	1.14	0.76	0.24
住房条件满意度	1.28	1.13	0.78	0.22
集体活动参与状况	1.06	1.03	0.95	0.05
邻里关系	1.22	1.11	0.82	0.18
户口是否迁入安置地	1.10	1.05	0.91	0.09

方差膨胀因子 *VIF* 的取值大于 1，只要 $VIF<10$，就可以证明变量间不存在多重共线性；*SQRT-VIF* 为辅助检验，$SQRT\text{-}VIF<2$，则表明变量间显著不存在多重共线性。容忍度（*Tolerance*）取值在（0，1），越接近 1，越不存在多重共线性问题。从估计结果来看，无论是身份认同情况模型，还是在安置区长久生活意愿模型，解释变量中最大的 *VIF* 为 2.18，且所有解释变量的 *SQRT-VIF* 值都小于 2。此外，各变量的容忍度均远大于 0.1，且多数变量的容忍度接近于 1，说明这两个模型都不存在多重共线性问题[211]。

表 6-4　在安置区长久生活意愿的多重共线性

	VIF	*SQRT-VIF*	*Tolerance*	*R-Squared*
安置区长久生活意愿	1.25	1.12	0.80	0.20
年龄	2.18	1.48	0.46	0.54
民族	1.22	1.10	0.82	0.18
受教育程度	1.70	1.30	0.59	0.41
家庭抚养比	1.64	1.28	0.61	0.39
健康状况	1.42	1.19	0.70	0.30
婚姻状况	1.14	1.07	0.88	0.12
外出务工情况	1.13	1.06	0.89	0.11
家庭人均年收入	1.30	1.14	0.77	0.23
住房条件满意度	1.34	1.16	0.75	0.25
集体活动参与状况	1.06	1.03	0.95	0.05
邻里关系	1.17	1.08	0.86	0.14
户口是否迁入安置地	1.10	1.05	0.91	0.09

（二）基准回归结果分析

女性移民身份认同情况与在安置区长久生活意愿的基准回归结果如表 6-5 所示。表 6-5（1）为身份认同情况的基准回归结果，（2）为在安置区长久生活意愿的基准回归结果。

表 6-5　劳务安置与有土安置的有序 Probit 基准回归结果

	劳务安置		有土安置	
	(1)	(2)	(1)	(2)
年龄	−0.008 9 (−0.52)	−0.018 4 (−1.28)	0.047 4** (2.19)	0.027 2 (1.11)
民族	0.370 4 (1.46)	0.014 2 (0.07)	0.296 5 (0.90)	−0.295 4 (−0.86)
受教育程度	0.008 3 (0.24)	0.024 9 (0.86)	0.036 9 (1.09)	0.061 2 (1.24)
家庭抚养比	−0.213 2 (−1.04)	−0.048 4 (−0.27)	0.353 6 (1.50)	0.251 4 (0.96)
健康状况	0.082 1 (0.3)	−0.266 5 (−1.11)	−0.694 4** (−1.99)	−0.015 1 (−0.05)
婚姻状况	−0.215 7 (−0.48)	−1.153 0*** (−2.89)	−0.239 3 (−0.46)	−0.620 5 (−1.35)

（续）

	劳务安置		有土安置	
	(1)	(2)	(1)	(2)
外出务工情况	0.100 6 (0.44)	−0.290 2 (−1.48)	−0.114 7 (−0.36)	0.093 6 (0.32)
家庭人均年收入	0.290 5* (1.76)	0.230 7 (1.63)	0.094 0 (0.51)	−0.429 9** (−2.4)
住房条件满意度	0.386 4*** (3.19)	0.413 5*** (3.13)	−0.135 5 (−0.94)	0.675 0*** (4.51)
集体活动参与状况	0.087 7 (0.45)	0.037 9 (0.22)	0.665 4** (2.55)	0.416 0** (2.24)
邻里关系	0.377 0*** (2.75)	0.137 6 (1.10)	0.977 4*** (3.79)	1.300 2*** (4.55)
户口是否迁入安置地	0.149 5 (0.72)	−0.008 5 (−0.05)	1.949 5*** (5.81)	−0.375 0 (−1.18)

注：括号中的数字为 t 统计量，***、**、* 分别表示数据在 1%、5%和 10%的水平上显著。

1. 劳务安置与有土安置方式下女性移民心理适应的影响因素探究

从表 6-5 的结果来看，劳务安置方式下，家庭人均年收入、住房条件满意度和邻里关系对女性移民的身份认同情况具有显著的正影响。劳务安置方式下女性移民家庭搬迁后的生计方式以外出务工为主，良好的经济状况是女性移民家庭在安置区长期可持续发展的前提和基础。然而，由于受教育程度、职业技能等方面存在的劣势，女性移民及其家庭成员的外出务工形式以打零工为主，生计不稳定的情况会削弱她们的身份认同情况，从而不利于移民整体社会适应能力的提升。劳务安置主要是将生活在山区的移民搬迁至中心城市周边或者大县城，搬迁后的居住结构和环境发生了变化，居住面积相对缩小，住房是移民的栖身场所，住房质量对女性移民的身份认同情况具有重要意义。然而，安置区住房存在居住相对拥挤、隔音差和部分住房没有阳台导致无处晾晒衣服等一系列问题，会对女性移民的心理适应产生不利影响。和谐的邻里关系对女性移民尽早融入安置地生活，提高身份认同感也十分重要。劳务安置方式下女性移民搬迁后的生活方式逐渐向城市化转变，生活环境和社交网络都发生了较大的变化，尤其是搬迁初期邻里之间较为陌生，从而影响了女性移民身份认同的“移民地人”倾向。而关于在安置区长久生活的意愿，住房条件满意度的影响仍最为显著，住房与女性移民家庭的生活息息相关，是女性移民安身立命的基础，说明在政府安置的住房条件达到预期后，多数女性移民都愿意在安置区长久地生活下去。而婚姻状况则与安置区长久生活意愿具有显著的负相关关系，说明女性移民是否愿意在安置区长久生活，一定程度上会受到是否有配偶的影响。没有配偶的女性移民当中，大部分为未婚的年轻女性，这部分女性移民更愿意尝试和接受搬迁后的新生活，在安置区长久生活的意愿更为强烈。

在有土安置方式下，户口是否迁入安置区对女性移民身份认同感的影响最为显著。这个结果实际分两种情况来考虑：一种是县内有土安置，这种模式基本都是就地安置，户口未发生变动，这部分样本并无统计意义；另外一种是县外有土安置，对于这部分安置方式下的女性移民来讲，户口迁入安置地会显著提高她们在安置区的身份认同感，这也与我国国情和实际调研情况相符，很多女性移民反应“户口已经迁到这里，就是这里的人了”。此外，邻里关系、集体活动参与状况及年龄也对有土安置方式下女性移民的身份认同具有显著正影响，说明融洽的邻里关系以及集体活动的积极参与都有利于提升女性移民在安置区的归属感。而健康状况则具有相对显著的负影响，在实际调研中发现，健康状况越不理想的女性移民，越期望回到老家，这种现象主要出现在县外有土安置方式下的女性移民身上。“身体不好打不动工，回老家可以种点地，养几头牛羊”，女性移民主观上的这种倾向，通常不利于提升她们在安置区的归属感。对于在安置区长久生活意愿而言，住房条件、邻里关系和集体活动参与状况同样具有显著的正影响，住房质量和居住条件直接影响有土安置方式下女性移民是否愿意在安置区长久生活，而和谐的邻里关系对女性移民尽早融入安置地生活，提升长久生活意愿也具有重要影响。

2. 县外安置与县内安置方式下女性移民心理适应的影响因素探究

从县外安置和县内安置的结果来看，县外安置方式下，邻里关系和健康状况对女性移民的身份认同感产生了统计学上的显著意义（表 6-6）。可见从中南部山区跨县搬迁到川区使女性移民的身份认同感出现了较为复杂的变化。一方面与搬迁到同一安置区的其他移民关系更为紧密，内心上希望通过移民间的相互照应帮助自己尽快适应新的环境；另一方面又十分在意周围本地住户对自己的看法，而自身的身份认同感也往往会受此影响。因此，对于生活环境和生计方式都发生了较大变化的县外安置方式下的女性移民而言，在刚搬迁的前几年，其身份认同感会受到邻里关系的显著影响。但从长远来看，决定县外安置女性移民是否愿意在安置区长久生活的最重要因素还是住房条件，安置区长久生活意愿的回归结果也支持这一论点，住房条件满意度对其长久生活意愿具有显著的正影响。同时，健康状况越差的女性移民越不觉得自己是安置区人，这部分女性移民往往有搬回去的想法，在安置区长久生活的意愿比较薄弱，这也与实际调研中“身体不好打不动工，老家可以种点地，种点菜，这里啥都要钱”的实际情况相符。另外，未婚的年轻女性移民在城市及城市周边长久生活的意愿更为强烈，这部分女性移民适应安置区新生活的能力相对较强。

表 6-6 县外安置与县内安置的有序 Probit 基准回归结果

	县外安置		县内安置	
	(1)	(2)	(1)	(2)
年龄	0.026 7 (1.12)	0.009 5 (0.51)	−0.006 9 (−0.44)	−0.007 7 (−0.47)
民族	0.107 7 (0.36)	−0.323 7 (−1.27)	0.094 2 (0.34)	0.197 6 (0.76)
受教育程度	0.012 6 (0.27)	0.040 8 (1.07)	0.032 6 (1.25)	0.026 6 (0.88)
家庭抚养比	−0.380 8 (−1.33)	−0.133 8 (−0.60)	0.064 8 (0.35)	−0.039 2 (−0.21)
健康状况	−0.516 8* (−1.75)	−0.503 2* (−1.84)	0.182 4 (0.63)	0.355 3 (1.39)
婚姻状况	0.122 6 (0.25)	−1.041 6** (−2.49)	−0.111 9 (−0.27)	−0.653 9 (−1.37)
外出务工情况	0.114 9 (0.44)	−0.233 3 (−0.93)	0.099 9 (0.40)	−0.159 2 (−0.67)
家庭人均年收入	−0.035 0 (−0.19)	−0.155 6 (−0.95)	0.188 4 (1.20)	0.148 9 (1.04)
住房条件满意度	0.190 2 (1.41)	0.350 9*** (2.67)	0.122 7 (0.99)	0.479 9*** (3.02)
集体活动参与状况	−0.239 2 (−1.01)	0.355 4 (1.42)	0.174 5 (1.01)	−0.003 5 (−0.02)
邻里关系	0.443 5*** (2.79)	0.154 4 (0.86)	0.271 3* (1.75)	0.501 0*** (3.38)
户口是否迁入安置地	0.334 7 (0.94)	0.291 4 (1.15)	0.749 6*** (2.99)	−0.120 3 (−0.50)

注：括号中的数字为 t 统计量，***、**、* 分别表示数据在 1%、5%和 10%的水平上显著。

县内安置方式下，户口是否迁入安置地对女性移民身份认同具有显著意义。县内安置亦分两种情况，县内劳务安置和县内有土安置，县内有土安置基本为本村就地转移，户口是否迁入安置地对这部分女性移民身份认同感的影响并无统计学意义；而县内劳务安置则多数迁入本县县城，户口的迁入同样会提升这部分女性移民在安置区的归属感。此外，小区邻里关系和安置区的住房条件也对女性移民的长久生活意愿具有相对显著的正影响，这与县外安置的影响机理类似。

三、概率边际效应

根据有序 Probit 模型的特点，进一步展示女性移民身份认同情况和安置区长久生活意愿的边际效应。

（一）身份认同情况的概率边际效应

1. 劳务安置与有土安置

身份认同情况的概率边际效应如表 6-7 所示，可以明显看出家庭人均年收入、住房条件满意度和邻里关系都对劳务安置方式下女性移民身份认同感的“老家人”和“移民地人”评价等级有显著意义。具体来说，若收入提高一个单位，则会使劳务安置方式下女性移民身份认同感“移民地人”的概率上升 9.67%，而认同“老家人”的概率下降 10.03%；若住房条件满意度提升一个单位，则会使劳务安置方式下女性移民身份认同感“老家人”的概率下降 13.34%，而“移民地人”的概率上升 12.89%；若小区邻里关系和谐程度增加一个单位，则会使劳务安置方式下女性移民“老家人”的概率下降 13.02%，“移民地人”的概率上升 12.58%。由此可见，劳务安置方式下女性移民的身份认同感对住房条件满意度最为敏感，其次是邻里关系状况，最后是家庭人均年收入。住房是女性移民及其所在家庭在安置区的栖身场所，这是开始新生活的前提和基础，所以其身份认同情况对住房条件尤为敏感。劳务安置方式下女性移民由于房屋结构、面积和生活设施等方面与先前相比发生较大变化，所以对于安置区的居住条件更为重视。结合实际调研情况可以发现，一些安置区住房存在漏水、墙体破裂、隔音效果差和下水道返臭等现象，甚至有部分女性移民与丈夫的兄弟姐妹和父母挤在一起，这些都会在一定程度上影响女性移民的生活质量，不利于其身份认同感的提升，后续应给予较多关注。同时，劳务安置方式下女性移民的生计方式在搬迁后发生较大变化，务工收入甚至无法弥补放弃种养而损失的收入，而经济收入是女性移民得以在安置区维持生计的必备条件，所以女性移民的身份认同感对家庭人均年收入这一条件的变动也较为敏感。此外，邻里关系对劳务安置方式下女性移民的身份认同感也具有较高的敏感度，可能的原因在于劳务安置方式下女性移民的生活环境在搬迁后发生了比较明显的变化，生活方式逐渐城市化，社交网络需要重新构建，此时的邻里关系对于女性移民在安置区的新生活尤为重要；同时，经济收入的提升在短时间内较难实现，而邻里交往是日常生活中面临的问题。

表 6-7　劳务安置与有土安置的身份认同情况概率边际效应

	劳务安置			有土安置		
	(1)	(2)	(3)	(1)	(2)	(3)
年龄	0.003 1 (0.52)	−0.000 1 (−0.48)	−0.003 0 (−0.52)	−0.013 7** (−2.31)	0.000 4 (0.87)	0.013 3*** (2.32)
民族	−0.127 9 (−1.49)	0.004 4 (1.17)	0.123 5 (1.48)	−0.085 8 (−0.90)	0.002 3 (0.64)	0.083 5 (0.90)
受教育程度	−0.002 9 (−0.24)	0.000 0 (0.25)	0.002 8 (0.24)	−0.010 7 (−1.10)	0.000 3 (0.72)	0.010 4 (1.10)
家庭抚养比	0.736 4 (1.05)	−0.002 5 (−0.9)	−0.0711 (−1.05)	−0.102 3 (−1.54)	0.002 7 (0.91)	0.099 6 (1.53)
健康状况	−0.028 3 (−0.30)	0.001 0 (0.29)	0.027 4 (0.30)	0.200 9** (2.09)	−0.005 3 (−0.87)	−0.195 5** (−2.10)
婚姻状况	0.074 5 (0.49)	−0.002 5 (−0.47)	−0.071 9 (−0.46)	0.069 2 (0.46)	−0.001 8 (−0.44)	−0.067 4 (−0.46)
外出务工情况	−0.034 7 (−0.44)	0.001 2 (0.44)	0.033 5 (0.44)	0.033 2 (0.36)	−0.000 9 (−0.38)	−0.032 3 (−0.36)
家庭人均年收入	−0.100 3** (−1.81)	0.003 4 (1.19)	0.096 7** (1.81)	−0.027 2 (−0.51)	0.000 7 (0.48)	0.026 5 (0.51)
住房条件满意度	−0.133 4*** (−3.41)	0.004 6* (1.66)	0.128 9*** (3.36)	0.039 2 (0.95)	−0.001 0 (−0.67)	−0.038 2 (−0.95)
集体活动参与状况	−0.030 3 (−0.45)	0.001 0 (0.45)	0.029 3 (0.45)	−0.192 5*** (−2.80)	0.005 1 (0.91)	0.187 4*** (2.81)
邻里关系	−0.130 2*** (−2.97)	0.004 4 (1.56)	0.125 8*** (2.95)	−0.282 7*** (−4.09)	0.007 5 (0.96)	0.275 2*** (4.08)
户口是否迁入安置地	−0.051 6 (−0.72)	0.001 8 (0.65)	0.049 8 (0.73)	−0.563 9*** (−9.05)	0.014 9 (1.00)	0.549 0*** (8.61)

注：括号中的数字为 t 统计量，***、**、* 分别表示数据在 1%、5%和 10%的水平上显著。

有土安置的影响因素则不同，对身份认同感“老家人”和“移民地人”具有显著意义的分别为户口是否迁入、邻里关系和集体活动参与状况，其中概率边际效应变动最大的为户口是否迁入安置地，若户口迁入安置地，则女性移民身份认同感“老家人”概率下降 56.39%，“移民地人”概率上升 54.90%；其他 2 个指标变化特征一致，但变动幅度相对较小。因此，有土安置方式下女性移民的身份认同感对户口是否迁入安置地最为敏感，其次是邻里关系，最后是集体活动参与状况。有土安置方式下女性移民身份认同感的几个影响因素中，户口是否迁入安置地的影响力度是最大的，邻里关系的影响力度大于集体活动参与状况，可能的原因在于邻里相处同样是有土安置女性移民日常生活中所面临的问题，影响她们在安置区的社会适应和融入程度，而参与集体活动的积极性普遍不高，对她们的影响显然十分有限。

2. 县外安置与县内安置

就县内县外安置方式的比较而言（表 6-8），邻里关系和健康状况对县外安置方式下女性移民身份认同感的“老家人”和“移民地人”评价等级有显著意义。具体来说，若邻里关系每上升一个单位，会使县外安置女性移民身份认同“老家人”的概率下降 14.96%，而认同“移民地人”的概率上升 13.97%，这说明对于从山区搬迁至川区的县外安置女性移民来说，由于生计方式和生活环境的变化较大，远离故乡的她们原有的社交网络被打破，安置区的邻里关系对她们在安置区的心理归属具有重要意义。而健康状况由于变量设定的原因①，出现了相反的趋势，但可以如此阐述：若健康状况下降一个单位，会使女性移民身份认同“老家人”的概率上升 17.44%，认同“移民地人”的概率下降 16.28%。可能的原因在于，对于县外安置女性移民来说，搬迁后的生计方式以外出务工为主，健康状况不理想会在客观上限制女性移民的外出务工，而在老家“可以种点地、养几只牛羊”的情况，以及由于健康状况欠佳而引发的对故土的思念之情等都会强化女性移民“老家人”的主观认同。

表 6-8 县外安置和县内安置身份认同感的概率边际效应

	县外安置			县内安置		
	(1)	(2)	(3)	(1)	(2)	(3)
年龄	−0.009 0 (−1.14)	0.000 6 (1.00)	0.008 4 (1.13)	0.002 5 (0.44)	0.000 0 (0.40)	−0.002 4 (−0.44)
民族	−0.036 3 (−0.36)	0.002 4 (0.35)	0.033 9 (0.36)	−0.034 0 (−0.34)	0.000 5 (0.32)	0.033 4 (0.34)
受教育程度	−0.004 2 (−0.27)	0.000 3 (0.27)	0.004 0 (0.27)	−0.011 7 (−1.26)	0.000 2 (0.73)	0.011 6 (1.26)
家庭抚养比	0.128 5 (1.37)	−0.008 5 (−1.08)	−0.120 0 (−1.38)	−0.023 4 (−0.35)	0.000 4 (0.33)	0.023 0 (0.35)
健康状况	0.174 4** (1.81)	−0.011 6 (−1.34)	−0.162 8** (−1.81)	−0.065 8 (−0.63)	0.001 0 (0.49)	0.064 7 (0.63)
婚姻状况	−0.041 4 (−0.25)	0.002 7 (0.24)	0.038 6 (0.25)	0.040 4 (0.27)	−0.000 6 (−0.26)	−0.039 7 (−0.27)
外出务工情况	−0.038 8 (−0.44)	0.002 6 (0.43)	0.036 2 (0.44)	−0.036 0 (−0.40)	0.000 6 (0.37)	0.035 4 (0.40)

① 健康状况：1 表示健康，2 表示有疾病但有劳动能力，3 表示无劳动能力。

（续）

	县外安置			县内安置		
	(1)	(2)	(3)	(1)	(2)	(3)
家庭人均年收入	0.011 8 (0.19)	−0.000 8 (−0.18)	−0.011 0 (−0.19)	−0.067 9 (−1.22)	0.001 1 (0.71)	0.066 8 (1.22)
住房条件满意度	−0.064 2 (−1.45)	0.004 3 (1.30)	0.059 9 (1.44)	−0.044 2 (−1.00)	0.000 7 (0.75)	0.043 5 (1.00)
集体活动参与状况	0.080 7 (1.02)	−0.005 4 (−0.95)	−0.075 4 (−1.01)	−0.062 9 (−1.01)	0.001 0 (0.74)	0.061 9 (1.01)
邻里关系	−0.149 6*** (−3.03)	0.009 9** (1.83)	0.139 7*** (2.98)	−0.097 8** (−1.79)	0.001 6 (0.84)	0.096 3** (1.79)
户口是否迁入安置地	−0.112 9 (−0.96)	0.007 5 (0.85)	0.105 4 (0.96)	−0.270 3*** (−3.29)	0.004 3 (0.89)	0.266 0*** (3.31)

注：括号中的数字为 t 统计量，***、**、* 分别表示数据在 1%、5%和 10%的水平上显著。

因此，县外安置方式下女性移民的身份认同感对邻里关系状况最为敏感，其次是自身的健康状况。从原先较为封闭的南部山区搬到平原地区后，远离故土的女性移民所面临的生活环境在各方面都发生了变化，致使她们会产生很多不适和焦虑，这种现象在搬迁后的初期尤为明显，这也与实际调研情况相符。而日常生活中的邻里交往能够很好地缓解女性移民的不适和焦虑，和谐的邻里关系可以为促进女性移民身份认同感的提升发挥较大的作用。另外，这部分女性移民对其自身健康状况的变动也较为敏感，县外安置方式下的女性移民分为县外有土安置和县外劳务安置两种方式。毋庸置疑，县外劳务安置方式下女性移民原有的生计方式发生了很大变化。县外有土安置方式下的女性移民，其在搬迁后分到的土地比先前少很多，而且均采取集约化生产，所以其原有的生计方式也发生了很大程度的变化。总的来说，县外安置方式下女性移民及其所在家庭原有的生计方式发生了改变，在大多数情况下需要外出务工，从而对健康状况的依赖性较强。健康状况越差的女性移民越无法通过打工获得足够的收入，从而加剧了她们想回老家“种点地，养几头牛羊”的想法。

县内安置则不同，对身份认同“老家人”和“移民地人”具有显著意义的为户口是否迁入安置地和邻里关系，其中概率边际效应变动最大的为户口是否迁入安置地。若户口迁入安置地，则女性移民身份认同“老家人”概率下降27.03%，认同“移民地人”概率上升 26.60%；邻里关系的变化特征一致，但变动幅度较小，若邻里关系和谐程度增加一个单位，会使认同“老家人”的概率下降 9.78%，认同“移民地人”的概率上升 9.63%。综上所述，县内安置方式下女性移民的身份认同感对户口是否迁入安置地最为敏感，其次是邻里关系。县内安置方式下女性移民的身份认同感同样对户口是否迁入安置地较为敏感，这主要是针对县内劳务安置方式下的这部分女性移民来说的，县内有土安置基本为就地安置，户口未发生变动，无统计学意义。

（二）安置区长久生活意愿的概率边际效应

1. 劳务安置与有土安置

对劳务安置方式下女性移民长久生活意愿概率边际效应影响最为显著的是住房条件满意度，若住房条件满意度每上升一个单位，会使劳务安置女性移民在安置区的长久生活意愿“非常不愿意”“不愿意”和“无所谓”分别显著下降2.52%、5.61%和1.24%，而“非常愿意”则显著上升11.36%。此外，概率边际效应影响较为显著的还有婚姻状况，若女性移民在安置区失去配偶或者还没找到配偶，会使女性移民长久生活意愿“非常不愿意”的概率下降7.04%，“非常愿意”的概率显著上升31.69%。因此，劳务安置方式下女性移民的长久生活意愿对安置区住房条件满意度最为敏感，其次是婚姻状况。与身份认同感的概率边际效应结果一样，劳务安置女性移民的居住环境与搬迁前相比发生了较大变化，而住房又是女性移民及其所在家庭在安置区安身立命的场所，也是开始后续经济建设和社会活动的前提和基础，所以住房条件对女性移民在安置区的长久生活意义最大。此外，劳务安置方式下，女性移民的长久生活意愿对自身婚姻状况也较为敏感，没有配偶的女性移民更有信心在安置区长久生活，这部分女性移民主要是未婚的年轻女性，更易于接受安置区的新生活（表6-9）。

表6-9　劳务安置长久生活意愿的概率边际效应

	(1)	(2)	(3)	(4)	(5)
年龄	0.001 1 (1.17)	0.002 5 (1.28)	0.000 6 (1.09)	0.000 9 (1.02)	−0.005 1 (−1.30)
民族	−0.000 9 (−0.07)	−0.001 9 (−0.07)	−0.000 4 (−0.07)	−0.000 7 (−0.07)	0.003 9 (0.07)
受教育程度	−0.001 5 (−0.81)	−0.003 4 (−0.86)	−0.000 7 (−0.83)	−0.001 2 (−0.74)	0.006 8 (0.86)
家庭抚养比	0.003 0 (0.27)	0.006 6 (0.27)	0.001 5 (0.27)	0.002 3 (0.27)	−0.013 3 (−0.27)
健康状况	0.016 3 (0.99)	0.036 2 (1.12)	0.008 0 (1.04)	0.012 8 (0.82)	−0.073 2 (−1.09)
婚姻状况	0.070 4** (2.07)	0.156 4 (2.55)	0.034 7 (2.18)	0.055 4 (1.39)	−0.316 9*** (−3.00)
外出务工情况	0.017 7 (1.32)	0.039 4 (1.41)	0.008 7 (1.24)	0.013 9 (1.11)	−0.079 8 (−1.48)

（续）

	(1)	(2)	(3)	(4)	(5)
家庭人均年收入	−0.014 1 (−1.42)	−0.031 3 (−1.57)	−0.006 9 (−1.46)	−0.011 1 (−1.12)	0.063 4 (1.64)
住房条件满意度	−0.025 2** (−2.12)	−0.056 1*** (−2.79)	−0.012 4** (−2.10)	−0.019 9 (−1.46)	0.113 6*** (3.36)
集体活动参与状况	−0.002 3 (−0.22)	−0.005 1 (−0.22)	−0.001 1 (−0.22)	−0.001 8 (−0.22)	0.010 4 (0.22)
邻里关系	−0.008 4 (−1.09)	−0.018 7 (−1.10)	−0.004 1 (−1.00)	−0.006 6 (−0.82)	0.037 8 (1.09)
户口是否迁入安置地	0.000 5 (0.05)	0.001 2 (0.05)	0.000 3 (0.05)	0.000 4 (0.05)	−0.002 3 (−0.05)

注：括号中的数字为 t 统计量，***、**、* 分别表示数据在 1%、5%和 10%的水平上显著。

对有土安置方式下女性移民长久生活意愿概率边际效应影响最为显著的是住房条件满意度和小区邻里关系，其中住房条件满意度若上升一个单位，会使有土安置方式下女性移民长久生活意愿“非常不愿意”“不愿意”分别下降 1.84%和 4.77%，“非常愿意”显著上升 15.80%；邻里关系和谐程度每提高一个单位，会使女性移民长久生活意愿“非常不愿意”“不愿意”分别下降 3.55%和 9.19%，使“非常愿意”显著上升 30.43%。此外，集体活动参与状况对有土安置女性移民长久生活意愿的概率边际效应也较为显著，若集体活动参与程度上升一个单位，会使有土安置方式下女性移民长久生活意愿“非常不愿意”“不愿意”的概率分别下降 1.13%和 2.94%，而使“非常愿意”的概率上升 9.74%。有土安置方式下女性移民的长久生活意愿受安置区住房条件满意度的影响最大，其次是邻里关系，受集体活动参与状况的影响是最小的。有土安置方式下女性移民在安置区长久生活的意愿同样受住房条件的影响最大，有土安置女性移民相比于劳务安置女性移民，因居住环境等因素促使她们更倾向于参与邻里交往和集体活动，从而对加强彼此互动和联络感情有一定的作用。同时，由于集体活动参与没有邻里交往那么频繁，所以这部分女性移民的长久生活意愿对邻里关系的敏感度高于对集体活动参与的敏感度（表 6-10）。

表 6-10　有土安置长久生活意愿的概率边际效应

	(1)	(2)	(3)	(4)	(5)
年龄	−0.000 7 (−0.99)	−0.001 9 (−1.09)	−0.000 6 (−0.94)	−0.003 1 (−1.17)	0.006 4 (1.16)
民族	0.008 1 (0.82)	0.020 9 (0.84)	0.006 6 (0.86)	0.033 6 (0.81)	−0.069 1 (−0.85)

（续）

	(1)	(2)	(3)	(4)	(5)
受教育程度	−0.001 7 (−1.06)	−0.004 3 (−1.20)	−0.001 4 (−1.03)	−0.007 0 (−1.37)	0.014 3 (1.32)
家庭抚养比	−0.006 9 (−0.98)	−0.017 8 (−0.88)	−0.005 6 (−0.80)	−0.028 6 (−0.99)	0.058 8 (0.96)
健康状况	0.000 4 (0.05)	0.001 1 (0.05)	0.000 3 (0.05)	0.001 7 (0.05)	−0.003 5 (−0.05)
婚姻状况	0.016 9 (1.23)	0.043 9 (1.24)	0.013 8 (1.03)	0.070 6 (1.35)	−0.145 2 (−1.36)
外出务工情况	−0.002 6 (−0.31)	−0.006 6 (−0.33)	−0.002 1 (−0.32)	−0.010 7 (−0.32)	0.021 9 (0.32)
家庭人均年收入	0.011 7 (1.40)	0.030 4** (2.44)	0.009 6 (1.60)	0.048 9** (2.14)	−0.100 6** (−2.44)
住房条件满意度	−0.018 4* (−1.89)	−0.047 7*** (−3.20)	−0.015 0* (−1.71)	−0.076 8*** (−4.03)	0.158 0*** (5.07)
集体活动参与状况	−0.011 3* (−1.68)	−0.029 4** (−2.02)	−0.009 3 (−1.30)	−0.047 3** (−2.32)	0.097 4** (2.38)
邻里关系	−0.035 5** (−2.21)	−0.091 9*** (−3.36)	−0.028 9 (−1.59)	−0.148 0*** (−4.23)	0.304 3*** (5.81)
户口是否迁入安置地	0.010 2 (0.92)	0.026 5 (1.11)	0.008 3 (1.28)	0.042 7 (1.12)	−0.087 8 (−1.16)

注：括号中的数字为 t 统计量，***、**、* 分别表示数据在 1%、5%和 10%的水平上显著。

2. 县外安置与县内安置

县外安置与县内安置长久生活意愿的概率边际效应如表 6－11、表 6－12 所示。从县外安置方式下女性移民长久生活意愿的概率边际效应结果可以看出，婚姻状况的影响最为显著，若女性移民在安置区失去配偶或者还没找到配偶，会使女性移民长久生活意愿“非常不愿意”和“不愿意”的概率分别下降 10.18%和 16.96%，“非常愿意”的概率显著上升 25.84%。较为显著的影响因素还有住房条件满意度，住房条件满意度每提升一个单位，会使县外安置方式下女性移民的长久生活意愿“非常不愿意”“不愿意”分别下降 3.43 和 5.71%，使“非常愿意”显著上升 8.70%。此外，健康状况每提升一个单位，这部分女性移民“非常愿意”在安置区长久生活的意义会提升 12.48%，而“比较不愿意”的概率会下降 8.19%。综上所述，县外安置方式下女性移民长久生活意愿对自身的婚姻状况最为敏感，其次是自身的健康状况，最后是住房条件满意度。对于县外安置方式下的女性移民来说，其长久生活意愿受婚姻状况的影响最大，未婚的年轻女性移民更具有闯劲，对搬迁后的新生活存有良好的希冀，更愿意在安置区长久生活。同时，县外安置女性移民的生计手段对自身健康状况的依赖性较强，因此健康状况对这部分女性移民在安置区长久生活意愿的影响较大。最后，住房条件对县外安置方式下女性移民的长久生活意愿同样具有较为重要的意义，这部分女性移民的长久生活意愿对住房条件的敏感度次于对健康状况和婚姻状况的敏感度。

表 6-11　县外安置长久生活意愿的概率边际效应

	(1)	(2)	(3)	(4)	(5)
年龄	−0.000 9 (0.62)	−0.001 5 (0.61)	−0.000 1 (0.62)	0.000 2 (0.38)	0.002 3 (0.51)
民族	0.031 6 (1.12)	0.052 7 (1.25)	0.003 2 (1.00)	−0.007 3 (−0.55)	−0.080 3 (−1.29)
受教育程度	−0.004 0 (−0.98)	−0.006 6 (−1.08)	−0.000 4 (−0.88)	0.000 9 (0.55)	0.010 1 (1.08)
家庭抚养比	0.013 1 (0.59)	0.021 8 (0.60)	0.001 3 (0.53)	−0.003 0 (−0.46)	−0.033 2 (−0.60)
健康状况	0.049 2 (1.53)	0.081 9* (1.93)	0.005 0 (1.16)	−0.011 3 (−0.65)	−0.124 8* (−1.85)
婚姻状况	0.101 8* (1.95)	0.169 6** (2.33)	0.010 2 (1.24)	−0.023 3 (−0.61)	−0.258 4*** (−2.71)
外出务工情况	0.022 8 (0.89)	0.038 0 (0.93)	0.002 3 (0.77)	−0.005 2 (−0.52)	−0.057 9 (−0.95)
家庭人均年收入	0.015 2 (0.91)	0.025 3 (0.98)	0.001 5 (0.75)	−0.003 5 (−0.55)	−0.038 6 (−0.97)
住房条件满意度	−0.034 3** (−2.08)	−0.057 1** (−2.55)	−0.003 5 (−1.26)	0.007 9 (0.65)	0.087 0*** (2.74)
集体活动参与状况	−0.034 8 (−1.46)	−0.057 9 (−1.32)	−0.003 5 (−0.97)	0.008 0 (0.59)	0.088 2 (1.45)
邻里关系	−0.015 1 (−0.85)	−0.025 1 (−0.87)	−0.001 5 (−0.70)	0.003 5 (0.56)	0.038 3 (0.87)
户口是否迁入安置地	−0.028 5 (−1.19)	−0.047 4 (−1.15)	−0.002 9 (−0.90)	0.006 5 (0.70)	0.072 3 (1.14)

注：括号中的数字为 t 统计量，***、**、* 分别表示数据在 1%、5%和 10%的水平上显著。

住房条件满意度对县内安置方式下女性移民长久生活意愿的概率边际效应的影响同样十分显著，若住房条件满意度提高一个单位，会使县内安置方式下女性移民长久生活意愿“不愿意”“无所谓”“比较愿意”分别下降 3.48%、2.68%、8.53%，而“非常愿意”则显著上升 15.31%。此外，邻里关系的影响也十分显著，若邻里关系和谐度增加一个单位，会使县内安置方式下女性移民长久生活意愿“不愿意”“无所谓”“比较愿意”分别下降 3.63%、2.80%、8.90%，使“非常愿意”显著上升 15.98%。对于县内安置方式下的女性移民来说，其长久生活意愿受住房条件满意度的影响最大，其次是邻里关系。县内安置方式下女性移民的长久生活意愿同样受住房条件的影响最大，邻里交往是日常生活中不可避免的活动，和谐的邻里关系会大大提高这部分女性移民的长久生活意愿。

表 6－12　县内安置长久生活意愿的概率边际效应

	(1)	(2)	(3)	(4)	(5)
年龄	0.000 1 (0.46)	0.000 6 (0.46)	0.000 4 (0.46)	0.001 4 (0.48)	−0.002 5 (−0.48)
民族	−0.002 6 (−0.60)	−0.014 3 (−0.78)	−0.011 0 (−0.74)	−0.035 1 (−0.76)	0.063 1 (0.77)
受教育程度	−0.000 4 (−0.71)	−0.001 9 (−0.85)	−0.001 5 (−0.86)	−0.004 7 (−0.87)	0.008 5 (0.88)
家庭抚养比	0.000 5 (0.21)	0.002 8 (0.21)	0.002 2 (0.21)	0.007 0 (0.22)	−0.012 5 (−0.21)
健康状况	−0.004 7 (−0.99)	−0.025 7 (−1.22)	−0.019 9 (−1.33)	−0.063 1 (−1.40)	0.113 4 (1.41)
婚姻状况	0.008 6 (1.02)	0.047 4 (1.23)	0.036 6 (1.28)	0.116 2 (1.35)	−0.208 6 (−1.38)
外出务工情况	0.002 1 (0.65)	0.011 5 (0.65)	0.008 9 (0.63)	0.028 3 (0.67)	−0.050 8 (−0.67)
家庭人均年收入	−0.002 0 (−0.81)	−0.010 8 (−0.99)	−0.008 3 (−1.02)	−0.026 5 (−1.03)	0.047 5 (1.05)
住房条件满意度	−0.006 3 (−1.25)	−0.034 8** (−2.34)	−0.026 8** (−2.28)	−0.085 3*** (−2.86)	0.153 1*** (3.26)
集体活动参与状况	0.000 0 (0.02)	0.000 3 (0.02)	0.000 2 (0.02)	0.000 6 (0.02)	−0.001 1 (−0.02)
邻里关系	−0.006 6 (−1.29)	−0.036 3*** (−2.69)	−0.028 0** (−2.26)	−0.089 0*** (−2.95)	0.159 8*** (3.58)
户口是否迁入安置地	0.001 6 (0.45)	0.008 7 (0.50)	0.006 7 (0.48)	0.021 4 (0.51)	−0.038 4 (−0.50)

注：括号中的数字为 t 统计量，***、**、* 分别表示数据在 1%、5%和 10%的水平上显著。

第三节　本章小结

本章以“身份认同感”和“安置区长久生活意愿”为反映心理适应状况的

被解释变量，首先在整体上把握了不同安置方式下女性移民搬迁后的心理适应状况，接着采用有序 probit 模型探究了影响女性移民心理适应的因素，研究结论如下。

第一，总体上来看，女性移民在安置区的心理适应状况较为复杂。一方面，尽管迁入安置区已接近 2 年，但多数女性移民还认为自己是“老家人”，身份认同感的均值低于 2；另一方面，大多数女性移民均倾向于“比较愿意”在安置区长久的生活下去。其中，有土安置和县内安置方式下女性移民的心理适应状况比劳务安置和县外安置方式下的好，这两种安置方式下的女性移民相对更认为自己是“移民地人”，其在安置区长久生活的意愿也更为强烈。

第二，“住房条件满意度”和“邻里关系”这两个指标对不同安置方式下女性移民的心理适应状况均具有显著影响，概率边际效应的分析也支持了这一结论。住房是女性移民及其家庭在安置区生活的基本保证，对开启和稳定女性移民在安置区的新生活意义重大，显著影响着女性移民在安置区的居留意愿。特别是劳务安置方式下女性移民由于居住环境发生的变化较大，所以对于安置区的居住条件更为重视。邻里交往是日常生活中所面临的问题，和谐的邻里关系能够有效提升女性移民的身份认同感，增强她们在安置区长久生活的意愿。尤其是对于劳务安置和县外安置方式下的女性移民来说，“离乡离土”的她们所面临的生产和生活环境发生了较大变化，长久以来的社交网络也被打破，这对她们的身份认同感产生了不利影响。若在安置区具有良好的住房条件和邻里关系，女性移民身份认同感中的“移民地人”意识和“非常愿意”在安置区长久生活的概率都会得到显著提升。

第三，家庭人均年收入、户口是否迁入安置地、健康状况和婚姻状况等因素也会对不同安置方式下女性移民的心理适应产生影响。其中，经济收入作为女性移民得以在安置区维持生计的必备条件，尤其对于日常开支较大且生计不稳定的劳务安置女性移民更加重要。健康状况越差的女性移民越无法通过打工获得足够的收入，从而影响他们在安置区的心理归属感的获得，这对县外安置女性移民的影响更大。另外，还未结婚的年轻女性更向往城市生活，从而更愿意在安置区长久生活，这一点在劳务安置和县外安置方式下的女性移民群体中表现得更明显。

第七章

宁夏易地扶贫搬迁女性移民的社会适应路径

易地扶贫搬迁是精准扶贫工程之一，女性移民是维护家庭和谐稳定的纽带，其在安置区良好的社会适应水平，对实现易地扶贫搬迁“稳得住，能致富”目标具有重要意义。女性移民的受教育程度、务工经历和参照群体等因素会对自身社会适应状况产生影响，随着时间的推移，女性移民在安置区的社会适应水平会逐渐提高，然而经济适应水平、生活适应水平和心理适应水平并非同步增长。同时，女性移民社会适应的路径在不同阶段具有不同特点，把握女性移民社会适应的变动特征和经济适应、生活适应以及心理适应三者之间的路径，对于探索和寻找完善女性移民后续扶持措施，进而提升女性移民社会适应水平，实现移民群体的长期可持续发展具有重要意义。

第一节　研究设计

一、模型构建

基于社会适应理论和现有研究，移民的社会适应包含经济适应、生活适应和心理适应三个方面。而人的需求从低到高依次分为生理需求、安全需求、社交需求、尊重需求和自我实现需求。其中，女性移民生理与安全的需求体现了经济适应的内容，社交需求体现了生活适应的内容，而尊重与自我实现的需求则体现了心理适应的内容，经济适应、生活适应和心理适应三者之间存在相互制约关系[145-146]。如图 7－1 所示，经济适应是女性移民在搬迁后首先面临的问题，如何在安置区开展生产劳动与经济发展，进而获得一份相对稳定的收入得以维持生计，是女性移民后续进行社会活动、积极适应安置区生活的前提和基础[142]。生活适应是女性移民最终适应安置区生活的关键一步，融洽的人际关系和当地居民较为友好的态度都有利于提升女性移民在安置区的身份认同感，增强她们在安置区长久生活的意愿；而外出务工在增加女性移民家庭收入，改善其所在家庭经济状况的同时，也为女性移民提供了与当地人和其他移民交往的机会，使她们容易在相处与共事的过程中产生共鸣，进而促进女性移民的生活适应，这也充分体现了经济适应在女性移民社会适应过程中的基础作用。心理适应的实现是女性移民适应安置区生活的最后一步，是社会适应最高层次的一个环节，反映了女性移民内心的“归属感”，它的实现标志着女性移民完成了搬迁后的社会适应过程[144]。

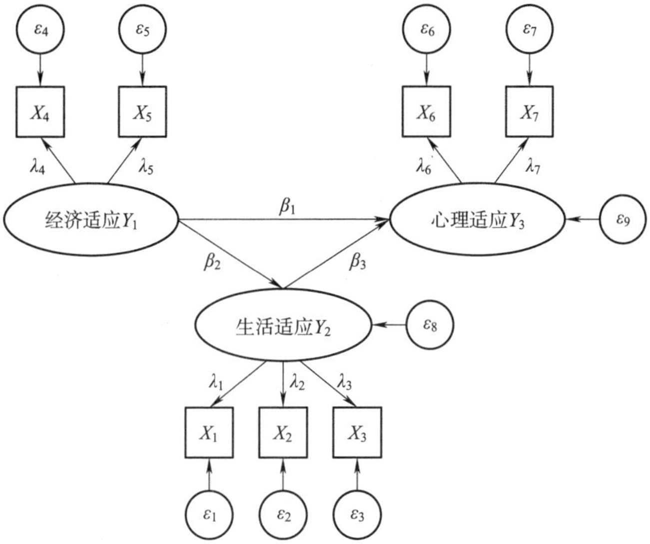

图 7－1　易地扶贫搬迁女性移民社会适应的路径模型路径

如前文所述，良好的生活适应水平有利于提升女性移民的心理适应水平，而相对稳定的收入是女性移民在安置区扎稳脚跟的基础，只有拥有得以维持生计的收入，才能让她们的心里真正“踏实”，也才能提升她们的“移民地人”意识，这充分体现了经济适应在提升女性移民心理适应水平中的必要作用。此外，外出务工为女性移民提供了与其他人交往的机会，有利于增进女性移民的社会融入感，提升女性移民在安置区的“归属感”，这同样体现了经济适应对心理适应的促进作用。基于此，本研究采用结构方程模型 SEM 来探究女性移民社会适应的动态趋势及其路径[147]。

$$X_1=\lambda_1 Y_2+\varepsilon_1$$
$$X_2=\lambda_2 Y_2+\varepsilon_2$$
$$X_3=\lambda_3 Y_2+\varepsilon_3$$
$$X_4=\lambda_4 Y_1+\varepsilon_4$$
$$X_5=\lambda_5 Y_1+\varepsilon_5$$
$$X_6=\lambda_6 Y_3+\varepsilon_6$$
$$X_7=\lambda_7 Y_3+\varepsilon_7$$
$$Y_2=\beta_2 Y_1+\varepsilon_8$$

$$Y_3=\beta_1 Y_1+\beta_3 Y_2+\varepsilon_9$$

式中 Y_1、Y_2、Y_3 分别表示易地扶贫搬迁女性移民社会适应状况的经济适应、生活适应和心理适应；λ 为因素负荷量，X 为反映社会适应特质的可观测变量，β 为潜在变量间的因果关系系数；ε 为方程模型中所有无法观测到的误差值，即为残差[143]。本研究只探讨经济适应对生活适应、心理适应的影响，以及生活适应对心理适应的影响，对于反馈作用暂不探讨[73]。

二、变量设定

本研究在参考以往研究的基础上[73][212]，结合社会适应理论，从经济适应、生活适应和心理适应三个方面分析易地扶贫搬迁女性移民社会适应的内容。由于经济适应、生活适应和心理适应都无法直接观测得到，因此将这三个变量均作为潜变量。在借鉴前人研究的基础上，经过多次测试后得到了反映易地扶贫搬迁女性移民社会适应变化趋势和路径的最简模型，即采用收入、外出务工情况两个可观测变量来测度经济适应状况，采用当地居民态度、与当地居民交往情况和与其他移民交往情况三个可观测变量来测度生活适应状况，采用身份认同感和安置区长久生活意愿来测度心理适应状况，变量的具体含义和赋值如表 7-1 所示。

表 7-1　易地扶贫搬迁女性移民的社会适应指标体系

潜变量	可观测变量	代码	含义及赋值
生活适应	当地居民态度	X_1	非常不热情取 1，不太热情取 2，一般取 3，比较热情取 4，非常热情取 5
	与当地居民交往情况	X_2	不交往取 1，偶尔交往取 2，经常交往取 3
	与其他移民交往情况	X_3	不交往取 1，偶尔交往取 2，经常交往取 3
经济适应	收入	X_4	与女性移民经济联系密切的家庭成员人均年收入的对数
	外出务工情况	X_5	外出务工取 1，没有外出务工取 0
心理适应	身份认同感	X_6	认为自己是老家人取 1，一半老家人一半移民地人取 2，移民地人取 3
	安置区长久生活意愿	X_7	非常不愿意取 1，不太愿意取 2，无所谓取 3，比较愿意取 4，非常愿意取 5

第二节　女性移民社会适应的变化特征分析

本研究采用独立样本 T 检验分析女性移民 2018 年和 2019 年社会适应各可测变量的表现形式是否一致，根据结果可知，Levene 检验对应的 *sig* 值除收入外均小于 0.05，因此除收入外均不满足方差齐性条件，表中其他变量的 t 值和 sig 值均为方差不相等时所对应的检验值[147]。

一、经济适应水平

根据变量的描述性统计以及 T 检验的结果可以看出，外出务工的均值由 2018 年的 0.369 增加到 2019 年的 0.452，均值方程的 T 检验显著性为 0.053，接近显著性水平，但是没有通过显著性检验。主要的原因在于，分安置方式来看，劳务安置方式下女性移民的外出务工机会显著增加，这主要是由于劳务安置方式下女性移民的生计方式在搬迁后发生了很大改变，且多安置在县城及中心城市周边，经济相对较为发达。随着时间的推移，劳务安置方式下的女性移民逐渐熟悉了安置区的生活环境，她们或是通过自己应聘，或是通过熟人的引荐，又或是通过政府分配的公益性岗位，都越来越多地谋得一份生计。而对于有土安置方式下的女性移民来说，其 2019 年的外出务工均值与 2018 年持平，且并不显著，这主要是由于务农是有土安置女性移民主要的生产劳动活动，尤其是对于县内就近转移的有土安置女性移民来说，其主要的生计方式基本没有发生变化，总体上来看，这部分女性移民的外出务工机会并没有随着时间的推移而显著增加。

在收入方面，2018 年的均值为 8.949，2019 年的均值为 8.931，且 T 检验的 sig 值为 0.762，没有通过显著性检验，表明与 2018 年相比，2019 年女性移民及其所在家庭的收入没有发生显著变化。对于劳务安置方式下的女性移民及其所在家庭来说，其 2019 年的收入比 2018 年有所增加，且接近 5%的显著性水平；而有土安置方式下的女性移民及其所在家庭的收入均值却从 2019 年的 9.246 下降到 2018 年的 8.852，在 1%的水平上显著，这主要是由于农业经营收入的不确定性导致的。结合实际调研情况可以发现，牛羊等动物的养殖需要时间，并非每年都可以出售，且一些农作物的种植也存在很多不确定因素的影响，如有的农民反映种的糜子被野猪吃了，还有的农民反映种的萝卜起了苔等，致使收成不稳定。从总体上来看，女性移民的经济适应水平并没有随着时间的推移得到进一步提升，基本维持在与上一年持平的状态。

二、生活适应水平

由表 7-2 可知，当地居民态度的均值由 2018 年的 3.452 上升为 2019 年的 3.768，且通过了显著性检验，这表明随着时间的推移，安置区当地居民对女性移民的态度发生了显著改变。结合实际调研情况可知，当地居民对女性移民的态度从原先的“非常不热情”“不太热情”逐渐转变为“一般”“比较热情”，同时对女性移民的歧视现象也有所改善，“打过交道后，他们也知道我们为人正直老实，不偷也不抢他们的东西，凭自己的劳动挣钱，现在也不像以前那样看不起我们了”，上述女性移民的感受体现了当地居民态度的变化。在与当地居民交往方面，描述性统计结果中的均值由 2018 年的 1.516 上升到 2019 年的 2.136，且均值方程的 T 检验在 1%的水平上显著，这表明与 2018 年相比，2019 年女性移民与当地居民的交往有显著增多。伴随着外出务工机会的增加，女性移民与当地居民的接触和交往也逐渐频繁，再加上子女在当地上学，也为女性移民提供了与其他家长沟通和交往的机会。在与其他移民交往方面，与 2018 年的均值 1.825 相比，2019 年的均值为 2.629，T 检验的 *sig* 值同样在 1%的水平上显著，这意味着 2019 年女性移民与其他移民的交往也呈现出显著增加的趋势。

表 7-2　变量的描述性统计及 T 检验

潜变量	可观测变量	均值		方差方程的 Levene 检验		均值方差的 T 检验	
		2018 年	2019 年	*F*	*Sig*	*t*	*Sig*
生活适应	X_1	3.452	3.768	188.063	0.000	−62.363	0.000
	X_2	1.516	2.136	213.216	0.000	8.456	0.000
	X_3	1.825	2.629	9.014	0.003	−42.048	0.000
经济适应	X_4	8.949	8.931	1.376	0.241	0.303	0.762
	X_5	0.369	0.452	13.004	0.000	−1.938	0.053
心理适应	X_6	2.083	2.426	25.597	0.000	−4.308	0.000
	X_7	3.984	3.982	9.213	0.003	0.027	0.978

此外，从增长幅度看，与其他移民交往的增长幅度明显快于与当地居民交往的增长幅度，这表明，与其他移民的交往情况随着迁入时间的推移而明显增多，且与当地居民相比，女性移民更倾向于与同属移民的那些人接触与交往。女性移民都是从西吉、海原、彭阳等山区迁出，她们有着相似的经历和处境，并且口音相近，所以同属移民的她们更容易有共同语言。另外，外出务工为女性移民与其他移民的交往提供了机会，在打工的过程中有时会遇到当地人对她们的排挤和歧视，而同属移民的她们更容易相互理解和帮助[73]。总的来说，女性移民的生活适应水平随着搬迁时间的延长得到了显著提升。

三、心理适应水平

从表 7-2 中可以看出，2018 年身份认同感的均值为 2.083，2019 年身份认同感的均值为 2.426，且均值方程 T 检验的 *sig* 值小于 0.01，通过了显著性检验，这意味着与 2018 年相比，2019 年女性移民的身份认同感有显著提升。从安置区长久生活意愿的描述性统计结果来看，其 2018 年的均值为 3.984，2019 年的均值为 3.982，且均值方程的 T 检验为 0.978，T 检验的 *sig* 值大于 0.05，没有通过显著性检验，这意味着在安置区长久居住的意愿并没有随着迁入时间的推移而发生很大变化。

产生这一情况的主要原因在于：一方面女性移民搬迁后的生活质量在短时间内并没有显著提升，从而导致其在安置区长久生活的意愿提升不明显；另一方面，根据前文结果可知，搬迁初期的女性移民在安置区长久生活的意愿原本就比较理想，大多数女性移民“比较愿意”在安置区长久生活，从而导致该指标提升空间不大。总的来说，女性移民的心理适应水平随着搬迁时间得到了显著提升，其自身的“移民地人”意识大大增强。

从总体上看，女性移民的经济适应、生活适应和心理适应并非同步增长。首先，适应水平提高最快的是生活适应，主要表现在随着时间的推移，当地居民对女性移民的态度显著改善以及女性移民与当地居民、其他移民的交往显著增多等几个方面，尤其是女性移民与其他移民的交往明显增多。其次，心理适应水平的提升也比较快，尽管女性移民在安置区长久生活的意愿并没有进一步增强，但是女性移民自身的“移民地人”意识大大增强，身份认同感显著提升。最后，女性移民的经济适应水平基本没有显著提升，不管是女性移民及其所在家庭的收入，还是女性移民自身的外出务工情况，都没有在统计结果上呈现出显著增多的情况，即女性移民的经济适应水平并没有随着时间的推移而得到进一步提升。

第三节　女性移民社会适应的路径分析

本研究采用结构方程模型，探究女性移民的经济适应、生活适应和心理适应在搬迁后不同阶段的路径，以期能够为后续制定差异化的女性移民社会适应水平提升策略提供些许参考。

一、模型变量的信效度分析

Bollen（1989）认为有时整体模型的适度得到契合，但是个别参数的解释可能是无意义的，因而深入探究每一个参数，对理论的验证更能获得保障[143]。故在进行实证研究之前，首先对模型的内在质量进行检验，评估潜在变量与其指标变量间的关系，此种关系即是代表测量的效度与信度的问题，也就是测量变量是否足以反映其相对应的潜在变量，只有测量准确无误，进一步探究潜在变量间的关系才有实质的意义[143]。

（一）信度检验

组成信度（*CR*）主要是评价一组潜在指标的一致性程度[212-213]，亦即所有可测变量指标分享该因素的程度，其等同于信度系数（*Cronbach's* α）[214]，其测量标准是大于 0.5[143]。由表 7－3 和表 7－4 可以看出，模型中各潜变量的组成信度多数大于 0.5，虽有少数几项在 0.5 以下，但不影响模型整体配适度和信度，表明本研究各可测变量具有较好的组成信度，此信度指标具有较好的内部一致性，测量变量间有较高的内在关联存在。

表 7-3　路径模型变量的信度、收敛效度分析结果（2018 年）

潜变量	可观测变量	标准化因子载荷	*CR*	*AVE*	*KMO*	Bartlett 球形度检验
生活适应	当地居民态度	0.56	0.704	0.467	0.570	185.437 (0.000)
	与当地居民交往情况	0.94				
	与其他居民交往情况	0.45				
经济适应	收入	0.97	0.692	0.563		
	外出务工情况	0.43				
心理适应	身份认同感	0.72	0.487	0.339		
	居留意愿	0.40				

表 7-4　路径模型变量的信度、收敛效度分析结果（2019 年）

潜变量	可观测变量	标准化因子载荷	*CR*	*AVE*	*KMO*	Bartlett 球形度检验
生活适应	当地居民态度	0.82	0.696	0.441	0.608	206.427 (0.000)
	与当地居民交往情况	0.57				
	与其他居民交往情况	0.57				
经济适应	收入	0.44	0.704	0.577		
	外出务工情况	0.98				
心理适应	身份认同感	0.52	0.407	0.256		
	居留意愿	0.48				

（二）效度检验

1. 收敛效度

潜在变量的平均方差抽取量（*AVE*）表示潜在变量所能解释可测变量变异量的程度[143]，0.36 为该测量标准可接受的门槛[143]。本研究的 *AVE* 值基本在 0.36 以上，表示可测变量可以比较有效地反映其潜在变量，各潜在变量具有较好的收敛效度。同时，由表 7-5 和表 7-6 可知，2018 年和 2019 年样本效度的 *KMO* 检验系数分别为 0.570、0.608，均大于 0.5，各可测变量间的相关性较强，偏向关性较弱。同时，Bartlett 球形检验的 *sig* 值均小于 0.05，模型指标具有较好的效度，表明数据呈球形分布，可测变量中确实存在公共因子，原始数据可提取潜变量做因子分析。此外，模型中所有的因素负荷量均达显著，表示可测变量能够有效反映出它所要测量的潜在变量，该测量具有良好的收敛效度[143]。

2. 区别效度

利用 bootstrap 计算变量之间的相关系数 95%置信区间，若没包含 1，则模型具有区别效度[214]。由表 7-5 可知，各可测变量的 95%置信区间均不包含 1，表明潜变量之间不存在相关关系，不同潜变量之间是能够区别和分离的，模型具有较好的区别效度。

表 7－5　路径模型区别效度分析结果（2018 年）

X_4	*Coef.*	*Std. Err.*	*z*	*P*	[95%置信区间]	
X_1	0.111	0.058	1.91	0.056	−0.003	0.224
X_2	−0.009	0.068	−0.13	0.896	−0.142	0.125
X_3	−0.016	0.084	−0.19	0.846	−0.181	0.148
X_5	0.257	0.098	2.62	0.009	0.065	0.450
X_6	0.109	0.045	2.40	0.016	0.020	0.198
X_7	0.030	0.045	0.67	0.502	−0.058	0.119
_*cons*	8.168	0.278	29.39	0.000	7.623	8.713

表 7－6　路径模型区别效度分析结果（2019 年）

X_4	*Coef.*	*Std. Err.*	*z*	*P*	[95%置信区间]	
X_1	0.019	0.056	0.34	0.731	−0.090	0.129
X_2	0.015	0.062	0.24	0.812	−0.106	0.136
X_3	−0.001	0.074	−0.01	0.991	−0.145	0.144
X_5	0.573	0.069	8.25	0.000	0.437	0.708
X_6	−0.051	0.048	−1.06	0.290	−0.146	0.044
X_7	0.058	0.039	1.46	0.143	−0.019	0.135
_*cons*	8.465	0.248	34.13	0.000	7.979	8.951

二、模型配适度检验

适配度指标是评价假设的路径分析模型图与搜集的数据是否相互适配，适配度良好的模型说明假设的模型图比较符合实际数据的现况[143]。本研究通过参考吴明隆[145]和张绍勳[216]等学者的研究，并结合 stata15.0 输出的结果，选取 x^2/df、*RMSEA*、*CFI*、*TLI*、*SRMR* 和 *CD* 作为检验模型配适度的指标。

一般而言，x^2/df 值越小，表示假设模型的协方差矩阵与观察数据越适配，x^2/df 小于 2 时，表示假设模型的适配度较佳。*RMSEA* 的数值小于 0.05 时，表示模型适配度非常好；*CFI*、*TLI* 值大多介于 0～1，越接近 1 表示模型适配度越佳，越小表示模型适配度越差，一般而言，上述两个指标用于判别模型路径图与实际数据是否适配的标准均为 0.90 以上[31]。*SRMR* 值越大表示模型的契合度越差，其值在 0.05 以下时表明模型契合度可以接受；*CD* 为可决系数，越接近于 1 表示模型拟合越好。通过模型适配度检验结果可知，就 *RMSEA* 值而言，2019 年初始样本模型检验结果为 0.056，不符合小于 0.05 的最佳拟合标准。因此，根据 stata15.0 输出的模型修正指数 *MI* 对模型进行修正，修正后的结果如表 7－7 所示。两年的 x^2/df 值均达到小于 2 的最佳拟合标准，*RMSEA* 值均小于 0.05，*CFI* 值、*TLI* 值均符合大于 0.9 的拟合标准，*SRMR* 值均小于 0.05，*CD* 可决系数的值也非常接近 1。

总体来说，本研究所构建的易地扶贫搬迁女性移民社会适应路径的结构方程模型拟合状况很好，通过了模型配适度检验，能够对研究假设进行后续的探讨与分析。

表 7－7　易地扶贫搬迁女性移民社会适应的路径模型配适度检验结果

样本类型		x^2/df	*RMSEA*	*CFI*	*TLI*	*SRMR*	*CD*
2018 年		1.416	0.041	0.973	0.948	0.043	0.999
2019 年	初始模型	1.851	0.056	0.950	0.905	0.046	0.956
	修正模型	1.254	0.031	0.987	0.972	0.038	0.999
判断标准		<2.000	<0.050	>0.900	>0.900	<0.050	越接近 1 越好

三、结构方程模型路径分析结果

（一）2018 年的路径分析：心理适应受经济适应显著的直接影响

易地扶贫搬迁女性移民经济适应、生活适应和心理适应的路径模型估计结果如图 7－2、图 7－3 和表 7－8 所示。从 2018 年模型的路径系数可以看出，经济适应对心理适应的影响系数为 0.22，且通过了显著性检验。而生活适应对心理适应的影响系数为 0.09，且不显著。这表明，对于搬来不久的女性移民而言，经济适应状况对其自身的心理归属有显著正向影响。在实际调研中发现，搬来不久的女性移民还没有在安置区站稳脚跟，尤其是对劳务安置方式下的女性移民家庭来说，搬迁到县城及中心城市周边后，其原有的土地被政府收回，这部分女性移民及其家庭成员以外出务工为主要的生计方式。由于女性移民文化水平偏低，又不具备必要的职业技能，她们当中的大部分人只能靠打零工来维持生计。然而，以小时工资或者日工资为主的务工收入不足以抵补原先的农业收入，“心慌睡不着觉，外面转着找活儿”是普遍现象，面对“人生地不熟”的境况，没有相对稳定的经济收入来源，同时又面临不得不应付必要开销的问题。所以，寻找外出务工机会，获得一份相对稳定的家庭收入对于她们的生活至关重要。只有拥有得以维持生计的收入，才能让她们的心里真正“踏实”，才能提升她们的“移民地人”的意识。

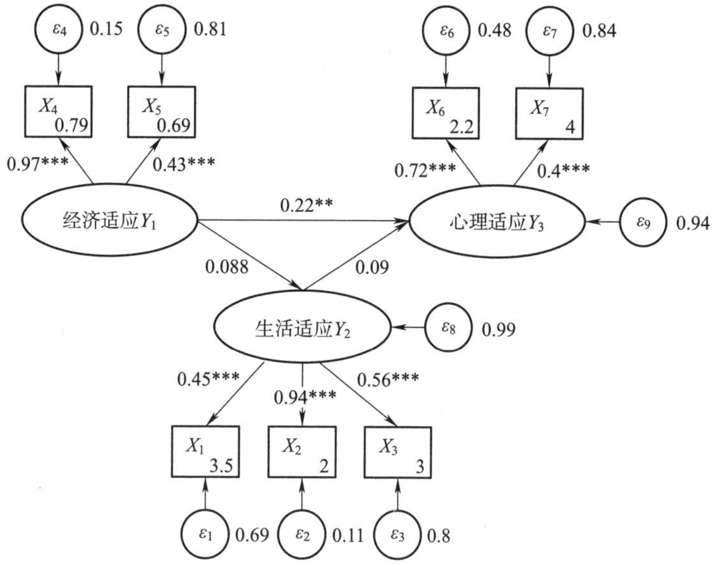

图 7-2　易地扶贫搬迁女性移民社会适应的路径模型路径（2018 年）

注：** 、*** 分别表示数据在 5%、10%的水平上显著。

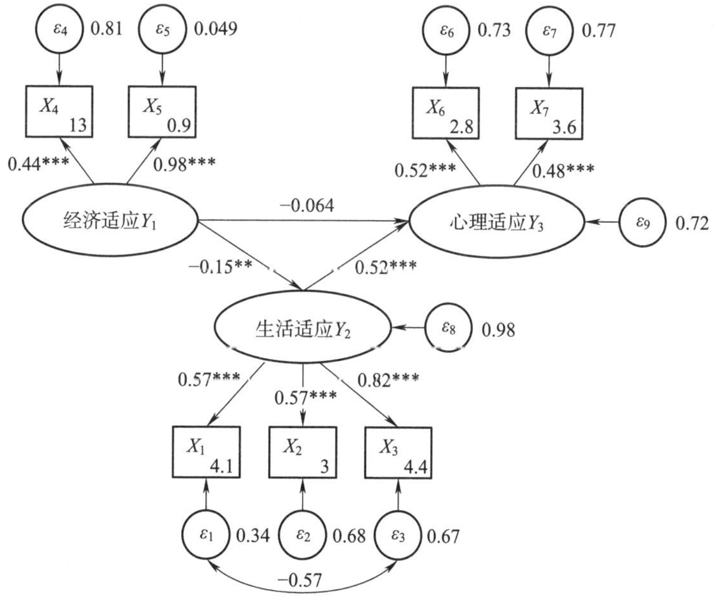

图 7-3　易地扶贫搬迁女性移民社会适应的路径模型路径（2019 年）

注：** 、*** 分别表示数据在 5%、10%的水平上显著。

表 7-8　易地扶贫搬迁女性移民社会适应路径的效应分解

效应分解	2018 年			2019 年		
	直接影响	间接影响	总影响	直接影响	间接影响	总影响
生活适应→心理适应	0.088	0 (No path)	0.088	0.525***	0 (No path)	0.525***
经济适应→心理适应	0.215**	0.008	0.223	−0.064	−0.081**	−0.145
经济适应→生活适应	0.087	0 (No path)	0.087	−0.154	0 (No path)	−0.154***

注：**、*** 分别表示数据在 5%、10%的水平上显著。No path 表示不存在相关路径。

在这一阶段，生活适应对心理适应的影响并不显著，结合实际调研情况可以发现，女性移民在安置区搬来不久时，对于其他移民和安置区当地人并不熟悉，再加上外出务工机会也不够多，所以女性移民的人际交往并不活跃，没有起到促进心理适应水平提升的作用。此外，据很多女性移民反映，当地人对她们的态度并不热情，甚至经常有歧视现象，“山汉”这种称呼也并不少见，这些现象都使得生活适应对心理适应的作用并不明显。此外，从模型估计结果可以看到，经济适应对生活适应的影响系数为 0.088，且并不显著。如前所述，对于这一阶段的女性移民来说，还没有在安置区站稳脚跟，也并不是很熟悉周围的环境和人，从而导致经济适应对生活适应的作用不显著。

（二）2019 年的路径分析：心理适应开始受生活适应显著的正影响，而经济适应对生活适应产生显著的负向影响

对比 2018 年的模型估计结果，2019 年模型的路径系数存在一些差异。首先，经济适应对心理适应的影响系数为−0.06，且并不显著；其次，经济适应对生活适应的影响系数为−0.15，且通过了显著性检验；最后，生活适应对心理适应的影响系数为 0.52，且在 1%的水平上显著。这表明，在此阶段，女性移民的生活适应开始对心理适应产生显著的正向影响。

在实际调研中发现，相比一年前，当地居民对女性移民的态度逐渐发生了改变，从原先的“非常不热情”“不太热情”逐渐转变为“一般”或者“比较热情”。据女性移民反映，“打过交道后，他们也知道我们为人正直老实，不偷也不抢他们的东西，凭自己的劳动挣钱，现在也不像以前那样看不起我们了”，这些都有利于提升女性移民的归属感，提升她们在安置区长久生活的意愿。同时，女性移民认识的其他移民和当地居民也越来越多，人际交往也比之前活跃，尤其是与邻居等其他移民的交往更为融洽，因为同属移民的她们，彼此之间有着相似的处境和更多的共同话题。上述种种，都让女性移民心理上慢慢有了寄托，也减少了“搬回去”的想法。而此时的经济适应不再像之前那样对心理适应产生显著的直接影响了，可能的原因在于，随着时间的推移，女性移民及其所在家庭或是在政府提供的公益性岗位中，或是在当地的服装厂、种养基

地等逐渐谋得一份生计，这种情况尤其在劳务安置中比较普遍。在相对安稳下来之后，她们便对后续的社会交往和身份归属产生了新的需求，这也是生活适应显著影响心理适应的原因所在。

此外，这一阶段的经济适应对生活适应产生了显著的负向影响。人类的需求可按由较低层次到较高层次依次划分为生理、安全、社交、尊重与自我实现五大需求。随着时间的推移，女性移民及其所在家庭或是在政府的帮助下，或是经过自身努力，逐渐在安置区谋得一份工作，在相对安稳下来后就产生了社会交往的需求，而且这种社会交往所涉及的范围会随着搬迁时间的延长而越来越广。结合实际调研情况发现，随着人际圈的扩大，女性移民及其所在家庭会有新的“人情礼金”等支出发生，尤其是对于有土安置的女性移民家庭来说，这种支出更为明显。对于本身收入并不充裕的女性移民家庭来说，日常的衣食住行以及教育养老等支出是必要的，而对于“人情礼金”等支出就会依据自己的实际经济状况做出选择。从“庄子这么大，几百号人，随礼随的多了也随不起，就看情况随几家”“我们不随礼”等情况可以看出，这一阶段的经济适应还跟不上生活适应的需求，甚至在一定程度上起到了反作用，这也与前文中 T 检验的结果相符，即在这一阶段，经济适应与生活适应并非同步增长。

四、效应分解

结合表 7－8 的内容可以发现，在 2018 年样本中，经济适应对心理适应的影响是最大（0.223）的，同时经济适应对心理适应的直接影响（0.215）大于经济适应通过生活适应影响心理适应的间接影响（0.008）。此外，女性移民的经济适应对心理适应具有显著的直接影响，而经济适应对心理适应的间接影响并不显著。这意味着，由于女性移民搬来不久，首先面临的是如何在安置区生存的问题，所以其自身的实际经济状况是影响心理归属的直接因素；同时，由于还不是很熟悉周围的环境和人，收入和务工情况并不能通过促进女性移民的人际交往、改善当地居民态度等间接对女性移民的心理适应提升发挥作用。

在 2019 年的样本中，女性移民经济适应对心理适应的直接影响不再显著，而经济适应对生活适应、生活适应对心理适应的影响分别在 5%和 1%的水平上显著，且此时对女性移民心理适应影响最大的是生活适应（0.525）。这意味着在这一阶段，女性移民及其家庭与搬迁初期相比已经逐渐在安置区安稳下来，女性移民的社交网络逐渐扩大，当地居民对女性移民的态度也改善很多，生活适应已经在影响心理适应中占据主导地位，且经济适应在这一阶段显著影响了女性移民的人际交往状况和当地居民态度，从而间接对女性移民的心理归属感产生作用。随着时间的推移，女性移民的人际圈逐渐扩大，而且当地居民对女性移民的态度也有所改善，这一切都有利于提升女性移民的“移民地人意识”，也加强了她们在安置区长久生活的意愿，但是此时的经济适应状况在一定程度上却跟不上生活适应的需求，并没有起到锦上添花的作用，反而限制了女性移民生活适应的进一步提升，从而间接削弱了女性移民身份认同感和安置区长久生活意愿的增强。

第四节　本章小结

本章首先采用描述性统计和独立样本 T 检验，分析了女性移民经济适应、生活适应和心理适应随时间发生的变化，然后运用结构方程模型探究了女性移民社会适应在搬迁初期和后期的路径，研究结论如下。

第一，女性移民在安置区社会适应水平的提高是一个相对缓慢的过程，尤其是经济适应水平的提高在短时间内难以实现。女性移民在搬迁初期会面临经济贫困的风险问题，这种情况在劳务安置方式中尤为明显。经济收入的提高不仅受整体经济环境的影响，也受限于女性移民自身受教育水平和技能水平等因素，需要安置区政府和女性移民的共同努力，逐步达到致富目标。由于日常生活中的邻里交往、语言适应和风俗习惯的熟悉等较容易实现，所以生活适应水平的提升相对比较理想。女性移民内心深处“归属感”的建立往往代表了对安置区新生活的认同，尽管女性移民的“移民地人”意识大大增强，但是居留意愿并没有进一步显著提升，这还需要在日后的生活中不断熟悉和磨砺，才能逐渐实现。

第二，女性移民的社会适应水平并非同步增长。首先，从前文的统计结果中可以看到，女性移民的生活适应水平随着搬迁时间的推移得到了显著提升，且其提升幅度是最大的，这主要是由于邻里交往、语言适应等都是在日常生活领域中展开的，随着时间的推移，女性移民与当地居民的接触和交往也逐渐频繁，与其他移民之间的理解和帮助也大大促进了她们彼此之间的接触和交往。总的来说，女性移民的生活适应水平是提升最快的。其次，女性移民的经济适应水平基本没有随着时间的推移得到显著提升，是社会适应三项内容中提升最慢的，尤其是有土安置方式下女性移民及其所在家庭的收入由于农业生产经营的不确定性导致出现小幅下降的现象。最后，心理适应水平在整体上得到了显著提升，尽管有更多的女性移民认为自己是“移民地人”，但她们在安置区长久生活的意愿并没有得到进一步提升。

第三，女性移民社会适应的路径在不同阶段具有不同特征。首先，对于搬来不久的女性移民而言，首先面临的是如何在安置区生存的问题，其自身的经济适应水平会显著影响其心理适应水平。然而，由于这一阶段女性移民的人际交往并不活跃，再加上当地人对原本生活在山区的女性移民及其所在家庭存有一定的歧视现象，所以其生活适应对心理适应并没有产生显著影响；同时，搬迁初期的女性移民还没有在安置区站稳脚跟，对周围的人和环境也并不熟悉，导致经济适应对生活适应的作用不显著。此外，随着女性移民在安置地居住时间的延长，生活适应会对女性移民的心理适应产生滞后但持续的影响。在安置地生活一段时间之后，女性移民社会网络资源逐步积累，这一阶段生活适应水平的提升也显著促进了心理适应水平的提升。同时，这一阶段女性移民及其所在家庭的经济状况依旧在只能维持基本生计的水平，在一定程度上跟不上生活适应的需求，限制了女性移民生活适应的进一步提升，从而间接削弱了女性移民身份认同感和居留意愿提升的程度。

第四，不同安置方式下女性移民的社会适应水平在不同阶段具有不同特点。就短期来看，有土安置方式下女性移民的社会适应状况优于劳务安置方式，但从长远来看，劳务安置方式下女性移民的社会适应状况将会越来越理想。对于搬迁不久的女性移民来说，相比于劳务安置方式，有土安置方式下的生产劳动、居住结构、日常花销和邻里相处模式等变化较小，适应起来更容易。然而，从长远来看，劳务安置方式下的女性移民居住在中心城市周边，经济相对发达，基础设施和公共服务水平更高，性别观念更加开明和公平，尤其是子女的教育资源更优，从而未来的社会适应状况会越来越理想。

第五，女性移民自身的受教育水平、务工经历、参照群体和搬迁后的就业状况等因素会对其社会适应状况产生影响。女性移民的经济地位很大程度上决定了其家庭地位和社会地位，而受教育程度和务工经历等因素与她们搬迁后的就业状况息息相关，在前期调研中发现，女性移民搬迁前大多生活在封闭落后的山区，缺少务工经历，且文化程度普遍较低。而对于劳务安置方式下的女性移民来说，其搬迁后的参照群体也由原先的同村村民转变为城市务工女性。上述种种都会对女性移民在安置区的社会适应产生阻碍，应在后期政策措施实施中给予有针对性的关注。

第六，女性移民对家庭的无酬照料被忽视，是影响其社会适应水平提高的限制性因素。在前期调研中发现，有一部分年轻女性移民由于需要照顾孩子，无法出去打工，进而影响了其家庭地位和社会地位的提高。有学者认为女性照料活动具有显著的经济效益，可视为对潜在人力资源和社会资源的投资[201]。然而，这种无酬照料劳动对人力资本投资的重大作用通常被低估甚至是被忽视[201]，这对女性移民的就业机会和经济收入都造成了负面的影响。

第八章

宁夏易地扶贫搬迁女性移民的社会适应水平提升对策

第一节　宁夏现有帮助易地扶贫搬迁女性移民发展的政策措施

一、以产业发展辐射带动女性移民及其家庭增收致富

宁夏回族自治区政府（以下简称“自治区政府”）和相关部门推广“公司＋合作社＋贫困户”等方式，推动相关农业产业化企业与广大移民建立分红型合作方式，帮助移民妇女通过种养相关产业实现增收、致富的目标。具体来说，通过做强特色种植业，重点发展枸杞、食用菌和蔬菜瓜果特色种植产业，带动女性移民持续增收；同时，做优牛羊养殖业，推进牛羊的规模化、清洁化养殖，带动女性移民稳定增收。另外，自治区政府在产业发展方面，针对有种养殖意愿的移民搬迁户，每户配套建设1座养殖圈棚或1亩大中型拱棚，每座养殖圈棚补助15 000元，县外有土女性移民家庭则每人分配1亩水浇地，切实鼓励女性移民发展种养业。此外，以互联网为载体，构建多层次营销网络体系，促进移民群众收入的增加。例如，贺兰县开展消费帮扶行动，通过网络直播、商超直通车、引导职工购买扶贫产品和培养销售能人等方式，推动扶贫产品的多渠道销售，帮助移民群众增收致富。

地方政府则基于此精神制定了符合本地实际情况的产业移民政策，如沙坡头区多举措扎实推进百万移民致富提升行动。在产业发展方面，在移民安置点建立蔬菜瓜果产业园，发动移民到安置地附近的产业园从事采摘、种苗等工作，通过产业发展帮助移民增加收入，进而脱贫致富。盐池县选择交通便利、具有特殊发展优势的城镇、产业园区安置移民；同时，盐池县对移民搬迁群众实施屋顶光伏扶贫，引导移民发展黄花菜、小杂粮、肉牛和滩羊等特色优势产业，为移民可持续增收奠定坚实基础。

二、依托精准培训，提升移民妇女素质

针对女性移民的就业技能培训也是现有政策的重要内容，加大手工编织和

包含居家保洁、养老护理和育婴师等内容的家政服务等技能培训，可以帮助移民妇女实现就业。具体来说，依据劳动力市场的用工需求和女性移民自身的实际情况，精准开展就业技能培训，着重加强培训的针对性和实用性；同时，应对有务工意愿的移民，在培训结束后颁发职业资格证书，增加女性移民的就业机会。例如，灵武县依据不同年龄阶段、受教育水平和自身偏好等特征，对劳务女性移民实施家政服务、烹饪和手工艺制作等技能培训，帮助女性移民掌握相关职业技能，进而提高自身就业能力。再如，贺兰县推进电子商务进农村计划，组织女性移民参加电子商务技能培训，利用直播电商、社交电商等模式推进扶贫工作，促进当地农产品的销售，帮助女性移民增加收入。另外，银川市妇联为移民妇女送上技能培训大餐，帮助移民妇女开展职业技能培训，培训内容包括婴幼儿和老年人的照看、化妆、手工编织技术和面点及营养餐等烹饪技术，帮助移民妇女在劳动力市场获取更多的就业机会，实现用自己的劳动为家庭增加收入的目标。

三、就业创业帮扶措施

（一）扶持劳务移民安置企业发展

针对移民后续的就业情况，自治区政府对吸纳劳务移民就业的企业制定了相应的扶持措施。具体来说，对吸纳 50 人以上劳务移民实现就业，并进行职业技能培训以及发放资格证书的企业，可享受自治区财政发放的相关补贴以及相关扶贫政策。凡与劳务移民签订长期合同的各类企业，自治区财政按实际签订人数，采取先缴后补的方式，给予企业返还 1 年社会保险金的待遇。针对未升入普通高中和大学的劳务移民子女，可申请到技工院校学习一学期的职业技能，其间无须承担学费、住宿费和实习材料费等费用，对接受这些劳务移民家庭子女的技工院校按照每人 6 000 元的标准予以补助。对吸纳劳务移民就业、签订长期劳动合同以及开展岗前技能培训的区外企业，由移民户籍所在地相关部门给予培训补贴。鼓励劳动力需要量比较大的企业、规模化建设的现代农业企业和扶贫车间在移民安置点周边投资建厂，以吸纳劳务移民就近就业。

（二）政企合作引导女性移民就业

政企合作促进女性移民就业的方式主要包括购买公益性岗位、组织劳务输出和打造扶贫车间等。深入推进与辖区内企业间的合作，帮助移民实现稳定就业。通过在绿化、环卫、社区网格信息管理和小区卫生保洁等方面开发更多的政府公益性岗位，在帮助移民群体实现就业的同时，也缓解了相关岗位缺少工作人员的状况。此外，打造扶贫车间，使移民安置点女性移民可以在照顾家庭的同时，能够就近参与务工，实现“挣钱顾家两不误”的发展模式。同时，与对口支援省份的企业开展合作，组织劳务输出，引导女性移民就业。

（三）搭建就业信息平台，培育劳务中介组织

准确掌握就业动态信息，建立移民人口的就业信息台账，全面了解移民群众的务工意向、就业失业情况、务工经历和职业技能掌握程度，并对安置地周边具有劳动力需求的企业进行摸底调查，以实现人岗对接。同时，对农村劳动力就业信息平台的招工需求应做到及时更新，全面提高移民人口的就业率。例如，沙坡头区的金沙村，通过建立移民村就业信息台账，实时掌握移民人口的就业和技能培训参与情况，以与移民安置地周边具有用工需求的企业积极对接，帮助移民群众实现稳定就业。此外，银川市还通过在移民安置地设置劳务工作站、培植劳务中介组织等方式，帮助移民群体搭建就业信息平台，主动加强与省内外相关用工企业的信息对接，为移民安置区的劳动力就业积极服务，促进移民群众实现稳定就业。

（四）发放小额贷款资助移民妇女创业

推进小额贷款的争取，为劳务女性移民创业提供资金担保，通过发放小额贷款资助移民妇女创业的方式，帮助部分具有特殊困难的移民群众拓宽增收渠道。

四、完善安置地公共服务供给

（一）补充安置区基础设施和公共服务短板

重视补充基础设施和公共服务短板，按照“缺什么补什么”原则，推进硬化路通村通组、老化破损设施改造维修和农田水利基本建设的攻坚计划，并进一步补齐搬迁群众的民生短板，完成水、电、通信、污水管网等基础设施的改造提升；配齐移民安置地社区超市、药店和电商网店等服务网点，确保移民的日常生活享有与本地居民同等的便利程度。同时，加大公共服务有效供给，全面提升安置区在医疗服务、教学质量和养老服务等方面的公共服务水平，配套建设幼儿园、日间照料中心和公共文化室等服务设施，优先安排城镇优秀轮岗教师到安置区学校授课，鼓励市（县）医院对安置区卫生院进行对口帮扶，并尽可能满足移民群众在美容美发、餐饮、维修和快递收发等生活服务方面的需求。例如，贺兰县根据安置区实际情况，因地制宜地布局教育、医疗和住房等配套设施，确保易地扶贫搬迁群众享有的基础设施水平能够达到当地原住居民的同等水平。另外，全力落实以促进扶贫对象稳定就业为核心的“雨露计划”，对扶贫家庭新成长劳动力接受中等职业教育给予生活费、交通费等特殊补贴。

（二）落实相关安置政策，彻底解决劳务移民遗留难题

选择交通便利、具有特殊发展优势的城镇、产业园区安置移民，在住房方

面，移民住房按照人均不得低于15平方米且不得超过25平方米的原则进行建设，以在保障移民生活质量的同时减轻移民群众的负担，移民自筹住房建设资金人均控制在3 000元以内，产权归移民所有，对于人口数超过7人的家庭，住房面积按90～105平方米安置。对所有参与搬迁的家庭，每户补助2 000元搬迁安置费，并在入住的前两年对水费及取暖费按照2 000元的标准进行补助。另外，彻底解决劳务移民遗留难题，针对劳务移民“多代多人”同住一家的困难，采取对购买商品房且达到补助条件的移民家庭提供5万元的补助措施，帮助女性移民提高生活质量，并完成劳务移民住房的不动产证登记办理工作。

（三）管好资金，督查跟进

自治区利用“市、县、区”三级督查，对易地扶贫搬迁工程项目在开发过程中的进度和质量进行监督。建立高效的资金运转流程，对扶贫资金的使用进行督查跟进，建立易地扶贫搬迁资金账户，强化资金监管，结合内部审计和外部监督，做到易地扶贫资金的专款专用。

五、强化扶志、扶智树新风

（一）开展精神脱贫行动

以创建“文明家庭”活动等方式，加强对移民群众民主法制、社会公德等思想观念的倡导；加大对移民群众脱贫致富信心的倡导，引导移民克服“伸手要，坐着等”的被动思想，增强移民自我发展能力。例如，银川市在移民安置区深入开展脱贫致富主题宣讲和“文明家庭”创建活动，广泛开展“好公婆”“好儿媳”等评选先进典型活动，引导移民群众转变观念破除旧俗。另外，为了提高移民妇女的知识水平，移民安置点妇联通过线上线下结合的方式，利用晚上等空闲时间开设扫盲班，帮助移民妇女识汉字。

（二）针对移民妇女实施民生和心理建设项目

积极实施女性移民民生项目，针对35～64岁的移民妇女，由卫健委、妇联等部门配合开展免费的宫颈癌和乳腺癌检查，并为移民妇女的新生儿免费开展耳聋基因和代谢性疾病筛查，以在民生实事方面切实提高妇女儿童的健康水平。同时，针对身患重病和家庭有重大变故的移民妇女，在开展心理疏导专项服务的同时，还为她们送去日用品和节日用品等。同时，自治区各级妇联班子成员要对辖区内有矛盾纠纷和家庭暴力问题的家庭进行摸排，对矛盾突出的妇女群众和家庭，应通过协调化解和移交公安、政法部门等方式进行妥善处理。另外，开展宣传教育活动，引导移民群众在经济生产、日常生活和风尚习惯等方面相互帮助和理解，实现从移民身份意识到本地居民身份意识的深刻转变。

六、对现有帮助易地扶贫搬迁女性移民发展的政策措施的思考

自治区现阶段帮助女性移民发展的措施，在帮助女性移民掌握职业技能、促进女性移民就业创业、带动女性移民家庭增收致富、改善女性移民生活质量以及提升自我经济社会地位方面发挥了重要作用。具体来说，安置区周边较为完善的产业园区为女性移民就业提供了渠道，特色产业的发展为女性移民家庭持续增收奠定了基础，而在种养业方面的鼓励措施切实促进了女性移民种养业的发展。同时，依据女性移民特征开展手工编织、刺绣和家政服务等职业技能培训，并在培训结束后颁发职业资格证书，拓宽了女性移民的就业面。此外，通过对吸纳劳务移民就业的企业在财政上予以支持、为劳务女性移民创业提供小额贷款、搭建移民人口的就业信息平台以及组织劳务输出、打造扶贫车间等方式，切实帮助女性移民就业创业，为女性移民提高自身经济社会地位和增加收入创造可能。另外，对安置区基础设施的改造提升和加大在医疗、教育以及养老等公共服务方面的有效供给，以及对劳务移民在住房方面遗留难题的解决，有利于帮助女性移民的生活质量得到进一步的提升。最后，针对女性移民开展的以文明理念、脱贫致富为主题的宣讲活动，以及实施的民生和心理建设项目，将有利于加强女性移民脱贫致富的主动性以及对安置区的归属感。尽管上述措施有利于促进女性移民的外出务工，实现凭借自身劳动为家庭增加收入的目标，进而有利于帮助女性移民提高家庭地位，但依然存在一些不足，具体包括以下几个方面。

（一）在对吸纳劳务移民就业企业的扶持措施中，对性别差异的考虑不够充分

由于受自身性别身份的影响，女性移民通常需要承担更多的照料劳动，存在无法保证工作时间的问题，而现有的帮扶措施并没有充分考虑到女性移民的就业。此外，从样本基本特征可知，女性移民在受教育水平、体力和务工经验等方面均不如男性移民，加之职业本身的性别分工特征，男性移民更有可能从事签订长期合同类工作。因此，在扶持吸纳劳务移民就业的企业过程中，应适当加大对女性移民的政策倾斜。

（二）针对女性移民开展的职业技能培训存在效率不高的问题

一方面，由于职业技能培训课程开设时间与家庭照料或外出务工存在冲突，导致部分女性移民无法参与职业技能培训课程的学习，从而降低了职业技能培训课程的受众面。开设职业技能培训所耗费的人力、物力和财力等成本没有产生足够的效益，课程培训的效率不高。

另一方面，有部分女性移民并不知道社区内职业技能培训开设的相关消息，即使了解技能培训的相关消息也并不去参与，改善自我状况的态度消极被

动，致使促进就业的帮扶措施无法达到真正的目的。

（三）社区后续提供的招工信息与职业培训内容不对接

从实际调研中了解到，尽管社区及妇联等相关部门为女性移民组织了诸如烹饪、刺绣和家政服务等职业技能培训，但是在后期提供的相关招工信息中却很少涉及上述工作。因此，不少女性移民反映虽然自身掌握了这种技能，但苦于信息和人脉资源的匮乏，缺少获得相关工作的机会，导致培训最后基本流于形式，难以达到帮助女性移民就业的目的。

（四）帮助女性移民重构社交网络，进而提升归属感的措施不够充分

尽管现阶段帮助女性移民发展的措施中提出对移民开展宣传教育活动，促进移民群体间的互帮互助，然而在访谈中可以发现，安置区当地居民普遍对女性移民比较排斥，增加了女性移民在经济生存和日常生活方面的适应难度。因此，如何采用恰当有效的方式，帮助女性移民拓宽社交网络进而逐步提升心理归属感，是今后政策帮扶中同样应予以考虑的内容。

（五）缺乏帮助女性移民家庭分摊照料劳动的相关措施

在实际调查中发现，女性移民，尤其是青年女性移民，存在因孕育等家庭照料责任较重而不得不“自动失业”的现象。因此，如何在安置区社区和女性移民家庭层面，帮助女性移民分摊家庭照料劳动，解决女性移民外出务工的后顾之忧，才能在根本上促进女性移民的就业，也才能真正帮助女性移民实现家庭地位和社会地位的提升。

第二节　女性移民社会适应水平提升策略的目标及切入点

一、对策目标

研究发现，女性移民搬迁后在生计、日常生活和心理归属方面良好的状态是顺利适应安置区生活的前提和保障，也是提高整个移民群体社会适应水平和实现安置区可持续发展的内在要求。

虽然目前宁夏“十三五”易地扶贫搬迁工程已取得了很大成就，但搬迁后续是否能够保障移民基本生计并良好适应安置区生活，才是真正检验这一工程是否取得成效的重要考量。妇女、老人和儿童作为移民的弱势群体，相比于男性更易遇到社会适应障碍，成为推动整个移民群体和谐发展的短板。而其中，女性更是作为家庭关系的纽带，在家庭组织和管理中发挥着至关重要的作用。因此，女性移民自身搬迁后拥有良好的谋生方式、融洽的社会关系网络和健康的心理状态，即生计、生活和心理方面良好的社会适应水平，能够促进移民家庭的和谐、稳定和发展，进而能够更好地组织和维系家庭，帮助和带动整个移民家庭社会适应性的提高，并最终实现易地扶贫搬迁“稳得住，能致富”的目标。

二、对策切入点

根据前文分析可知，女性移民的社会适应状况不仅受自身文化水平、体力和职业技能等个体主观因素的影响，也离不开家庭内部结构、安置区生活环境和政府政策等客观因素的影响。因此，本书以上述主客观因素为切入点，从政府帮扶、社区支持、家庭助力和女性移民自我主导四个角度，提出女性移民社会适应提升策略（图 8-1）。

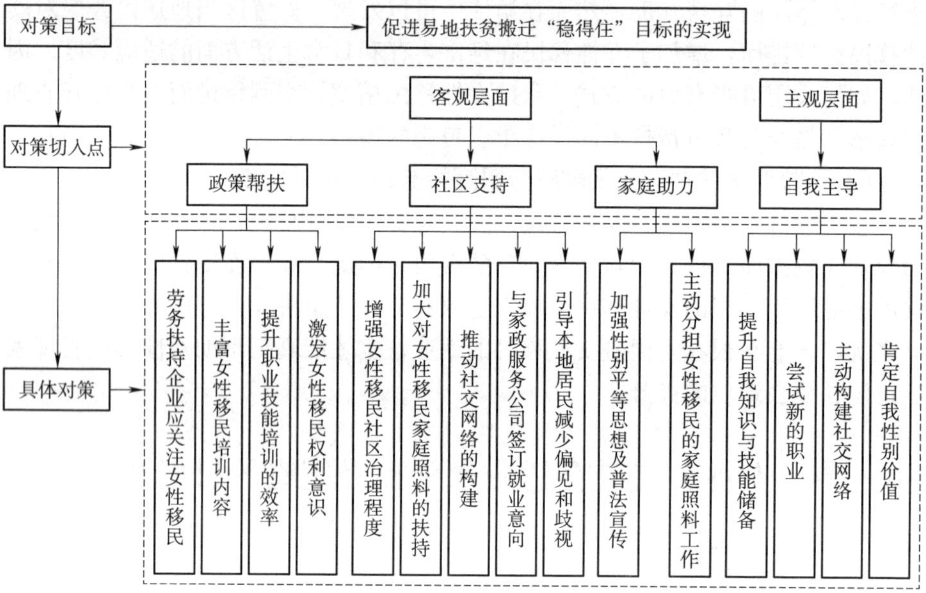

图 8-1　宁夏易地扶贫搬迁女性移民社会适应提升对策构思

首先，尽管现有的易地扶贫搬迁安置政策能够在一定程度上关注女性移民的社会适应和发展，例如组织适合女性移民就业的烹饪、编织等技能培训，为移民妇女提供小额贷款以及保障女性基本医疗服务问题等，但由于政策对女性移民的关注度不够，导致女性移民的社会适应依旧存在很多困难。女性移民自身的文化程度和社会经历等因素与她们搬迁后社会适应水平的提升息息相关，应在后期政策帮扶措施实施中给予有针对性的关注。因此，从政府层面优化完善现有关于支持女性移民发展的政策细节是首先应考虑的切入点。

其次，女性移民搬迁后从日常的生活方式、社会交往到生产领域的适应和融合，均离不开外部社会单元的支持。而结合实际调研和前文的分析结果可知，参与搬迁对女性移民的邻里关系和集体活动参与状况等产生了不同程度的负向影响，尤其是对劳务安置和县外安置女性移民的负向影响更为显著，而这两种安置方式下的女性移民在与当地居民的交往方面也表现得相对消极，社交网络不完善致使女性移民得不到足够、相应的社会支持，是女性移民社会适应过程中面临的又一障碍。因此，增强社区、企业和当地居民等对女性移民的社会支持也是一个重要的切入点[185]。

再次，对于女性移民来说，孕育子女、照顾老人和家务劳动等照料活动是限制其外出务工，进而影响自身社会适应水平的因素之一。而家庭成员对女性照料劳动的“天然化”意识和照料劳动的无酬化，致使女性移民在家庭内部结构中处于弱势地位，是制约女性移民家庭地位和社会适应水平提升的重要因素。因此，从家庭成员观念的转变、家务劳动的分担等家庭助力层面，帮助女性移民获取更多的话语权以及克服外出务工的困难，是促进女性移民自身和家庭成员社会适应水平提升的一个重要的突破口。

最后，上述三个对策切入点均为客观层面，而女性移民社会适应水平的提升最终要通过个体自身的努力才能真正实现。女性移民不仅要充分利用政府、社区和其他移民等外界提供的支持和机会，也要敢于突破自我和尝试新的职业，尤其是劳务安置和县外安置女性移民，更要努力锻炼普通话、学习文化知识和职业技能，提升个体的人力资本水平，从而提高客观有利条件的利用效率。因此，鼓励女性移民改变自我意识，提高女性移民自我适应能力，也是帮助移民群体适应安置区新生活的一个重要切入点[185]。

第三节　政府帮扶

一、在扶持劳务移民安置企业发展的措施中加大对女性移民的关注

女性移民的外出就业对于实现提高家庭收入、促进自身经济独立这两个目标具有重要意义。根据前文的分析结果可知，在政府的就业创业帮扶措施中，针对扶持移民安置企业的发展措施更有利于男性移民的就业和发展，其忽视了对女性移民特征的关注。女性移民，尤其是青年女性移民，由于自身的性别分工特征，承担着孕育等更多的家庭照料责任，更是有不少青年女性移民因为家庭照料劳动不得不“自动失业”，这一群体通常无法从事“坐班制”或者“打卡制”管理的工作。因此，在扶持劳务移民安置企业发展的措施中，应关注性别差异，适当加大对女性移民的政策倾斜，达到帮助女性移民就业的目的。

首先，应考虑加大对吸纳女性移民“弹性制”或“计件制”就业的劳务移民安置企业发展的扶持，切实帮助女性移民发展。具体来说，在前期针对女性移民开展的手工编织、家政服务和烹饪等职业技能培训的基础上，应鼓励相关企业，尤其是小微企业和个体商户针对女性移民开发灵活就业岗位，如家政钟点工、手工计件工和面点师小时工等，对于这些吸纳女性移民灵活就业的小微企业，在财政资金补助方面给予政策倾斜，如提供自治区财政发放的相关补贴、免除一定比例的管理费用以及给予相关扶贫政策等。总之，通过在政策扶持方面充分考虑性别差异，加大对女性移民弱势群体的关注，开发比较契合女性移民自身条件和实际需求的灵活就业岗位，将有利于促进女性移民的外出就业。

其次，针对存在特殊困难实在无法外出的女性移民，应考虑打造女性移民居家就业模式。在前期调研中发现，有部分女性移民因需照顾家中病残子女或者自身存在残疾问题根本无法外出务工，进而也无法参加职业技能培训，更勿论从事钟点工等工作。因此，安置区妇联等相关组织可考虑打造女性移民居家就业模式，在开展简单培训的基础上，重视针对性的就业衔接扶助，帮助这部分女性移民从事如手工艺品制作、居家话务员和线上云客服等工作，使她们能够在工作赚钱的同时，还可以方便地照顾家人，解决自身“就业顾家”的难题。

二、“全面”提升女性移民素质

全面提升女性移民在法律知识、交通法规、教育子女和人际交往等方面的素质，让女性移民跟上时代发展的步伐，将有利于促进女性移民的全面发展，进而有利于提升女性移民在安置区的社会适应水平。从前述政府帮扶女性移民发展的措施和实际调研情况中可以了解到，对女性移民开展职业技能培训是现阶段帮助女性移民发展的重要内容；同时，在文化知识培训方面，主要的内容是针对老年女性移民开设的识汉字扫盲班。可以看出，现阶段针对女性移民的培训内容多样化不足，丰富女性移民的学习内容同样是政策优化的方向。

首先，可采用微信公众号、网络教培等女性移民乐于接受的形式，利用晚上等业余时间丰富女性移民的学习内容，除具体的就业技能培训和基础知识教育外，还应结合女性移民的其他现实需求开设类型多样的学习，例如法律知识、两性平等观念、社交能力和处理家庭关系的方式等。通过为女性移民提供多样化的学习资源和渠道，帮助女性移民尤其是劳务安置女性移民全面提升自身素质，为适应搬迁后的城市生活以及在未来更好地改善自我处境奠定基础。

其次，应注重不同年龄阶段全体女性移民的素质提升。第一，要充分保证女性移民学龄子女尤其是女孩的受教育情况，防止因各种原因导致的辍学等情况；第二，要提升主要劳动年龄人口女性移民的综合素质，提升女性移民在安置区的社会适应能力，进而带动移民群体实现可持续发展；第三，在现有帮助老年移民女性学习识字的基础上，注重关心老年女性移民的身心健康。

三、激励更多女性移民参加

针对女性移民受教育程度较低且职业本身具有的社会性别分工特征，安置区政府实施了家政、烹饪和编织等对文化水平需求较低的职业技能培训，有利于帮助女性移民拓宽就业面，进而促进女性移民的外出就业。然而，在实际调研中可以了解到，由于技能培训的开设时间存在冲突以及部分女性移民的自身原因，导致针对女性移民的技能培训存在效率不高的问题，难以达到帮助更多女性移民就业的目的。因此，可以从以下两个方面入手。

首先，应合理统筹女性移民的职业技能培训时间，提高女性移民，尤其是劳务安置女性移民职业技能培训的效率。在访谈中有女性移民反映，由于职业技能培训的时间有时安排在春季等繁忙时节，而在冬季等相对闲暇时间却不予安排，导致自身无法参加职业技能培训。因此，在开展职业技能培训前夕，妇联等相关部门应提前对女性移民的时间安排进行摸排调查，尽可能让更多的女性移民参与职业技能培训，提高单次女性移民技能培训的受众面，帮助更多的女性移民，尤其是劳务安置女性移民拥有一技之长，以便获取更多的城市务工机会。

其次，应激励和动员更多的女性移民主动参加职业技能培训。在访谈中发现有部分女性移民对职业技能培训的态度较为被动，表现为对职业技能培训课程的不知情或者不参与，降低了就业帮扶措施的效果。因此，妇联、人社局和社区等相关部门应确保技能培训信息的精准下达，并通过切实发放参与培训的补助金、加大对女性移民的动员等方式，激励更多的女性移民主动参加职业技能培训，促进更多的女性移民掌握更全面、更专业的职业技能，从而充分发挥政府就业帮扶措施的作用，这对劳务女性移民尤为重要。

四、激发女性移民权利意识

贫困地区女性长期从事农业生产和家务劳动，自身权利意识淡薄，家庭地位普遍低于男性，严重影响妇女权益的获取和保障，例如多数女性移民并没有家庭财务决策权，家庭内部大小支出均以家中男性为主，而且女性移民在主观意识上就认为男性掌握家庭财务权利是理所应当的，更是普遍称自己丈夫为“掌柜的”。这种长期以来受传统观念影响产生的男尊女卑观念，已经内化到女性移民的自我思想意识中，这种潜意识的思想暗示会使妇女丧失界定自我权益的能力，主动放弃争取权益[152]。因此，应重视激发女性自身权利意识，以实现女性自我意识与制度的契合，真正实现女性移民赋权。具体来说可从以下几个方面入手。

其一，继续落实女性赋权制度保障，如受教育权、就业权、生育权等，而且要做好政策与普法宣传，使女性移民充分了解性别平等和妇女赋权思想及保障女性权利的法律知识，确保女性权益相关法律法规和政策措施能够得到普及和落实，使女性移民在遭受家暴、被离婚以及受到前夫骚扰与威胁等纠纷时，知道利用法律武器维护自身的合法权益，良好的女性权益保障制度能够真正起到作用，切实提高女性移民地位。

其二，支持女性移民走向社会，激发其权利意识。搬迁后女性移民，尤其是劳务安置女性移民原本较为封闭的生活环境会发生变化，生计方式也逐渐多元化，通过培训和帮扶，鼓励和支持女性移民，特别是以外出务工为主要生计方式的劳务安置女性移民获取务工机会，相对更多的外出机会不仅可以提高女性移民收入，提升其经济地位，也可以为女性移民接触外界信息提供机会，这对于激发女性移民权利意识，提升家庭地位也有重要意义。

在宁夏“十三五”易地扶贫搬迁政策帮助中南部地区贫困人口消除贫困，改善女性移民的生产生活条件的前提下，需要通过上述措施激发女性移民自身的权利意识，以实现自我意识与制度的契合，使女性移民赋权真正得到落实。

第四节　社区支持

一、与家政服务公司签订就业意向

基于自治区政府对女性移民的帮扶措施，并结合女性移民的实际访谈情况，可以发现尽管女性移民参加了职业技能培训，但安置区社区或村部提供的招工信息却几乎没有涉及家政服务类需求，这不仅不利于女性移民通过自身学习到的技能实现就业，而且也会打击女性移民参与职业技能培训的积极性。然而，清洗厨房、擦洗玻璃等家政服务类工作，与女性移民特别是生活在城市的劳务安置女性移民自身学历较低、普通话水平不高以及需要承担家庭照料劳动而无法保证工作时间等特征契合。因此，在组织女性移民参加职业技能培训的基础上，劳务安置女性移民社区应考虑与家政服务企业签订合作协议，帮助女性移民实现就业。

具体来说，第一，劳务安置女性移民社区可考虑与家政服务类企业签订合作协议，为女性移民真正凭借自身技能实现外出务工创造条件。第二，劳务安置女性移民社区应建立家政服务信息共享平台，在实现家政服务供需信息对接的基础上，制定家政服务需求清单，做好女性移民入户服务工作，推动女性移民开展照顾老人、家务清扫等工作。

二、推动劳务安置和县外安置女性移民社交网络的构建

参与易地扶贫搬迁之前，女性移民的社交结构相对稳定，基本以自己的家人、亲戚以及本村住户为主，流动性较小，而搬迁后，特别是劳务安置和县外安置女性移民，社会交往对象发生了较大变化。社交网络的复杂化导致女性移民心理适应难度的进一步增大，和谐的社交关系对女性移民尽快适应所在地生活环境至关重要。因此，帮助女性移民构建社交网络，对于促进女性移民社会适应水平的提高具有重要意义，具体可从以下三个方面入手进行优化。

其一，可针对有突出生活适应困难的劳务安置和县外安置女性移民组织一对一帮扶，通过访谈深入了解她们在生活上的困难和担忧，在进行心理疏导的同时可适当地号召本地居民自愿提供一定的闲置物质援助，帮助她们适应新的生活环境和生活方式。其二，在劳务安置和县外安置女性移民社区内，以女性移民为主体，组织成立女性移民生活互助小组，鼓励女性移民自主搭建互帮互助平台，主动参与重构社交网络。其三，组织劳务安置和县外安置女性移民和当地居民为所在社区、村集体做一些志愿服务工作等，不仅可以增进对彼此的信任和了解，也可以让女性移民认识到自己的价值，增强她们的自信心和归属感，从而提高她们社区融入的程度。通过参与集体活动，为协调邻里关系创造条件，并为女性移民及其家庭重构社交网络创造机会，促进女性移民的社会适应。

三、加大对女性移民家庭照料的扶持

照料负担在国家、企业及家庭内部间的合理分配，对实现经济的可持续增长和性别平等目标具有重要意义[188]。

首先，国家应出台扶持和资助女性照料工作的相关政策，如对因家庭照料无法出去工作的女性提供补贴、在社区等设置提供照料服务的机构、以税收优惠等形式鼓励工作单位为家庭照料女性提供兼职岗位等，这对于解决劳务安置女性移民外出务工的后顾之忧具有重要意义。

其次，安置区社区，尤其是劳务安置女性移民社区可依据实际情况有选择地鼓励当地企业为女性移民提供小时工等兼职岗位，以及号召男性移民参与家庭照料工作等，帮助缓解女性移民照料负担。另外，有条件的移民安置社区可尝试增设幼儿托管和老年人照料等相关服务，帮助分担女性移民的家庭照料工作，解放劳动力，促进其外出务工并提升就业质量，最终促进女性移民社会适应水平的全面提升。

四、增强女性移民社区治理参与度

女性是促进社会稳定和家庭和谐的重要力量，在社区治理中理应拥有充分的参与度和影响力。但是在移民社区中，由于长期处于信息闭塞的环境，受传统思想的影响比较深厚，使她们很难树立起足够的权利意识，在社区治理中普遍缺乏影响力，很难获得保障自身权益的实际权利。因此，在推动移民社区治理能力提升的实践中，探讨女性在城市社区治理中的角色及其作用至关重要。具体来说，可从以下四个方面着手。

第一，搭建女性移民，尤其是劳务安置女性移民社区治理参与平台。①从制度层面明确女性移民在社区基层组织中应占的比例和应拥有的权利，并严格执行；②完善基层干部组织制度，重点是调整干部组织制度中不利于性别平等的内容，同时将干部组织制度公开化，接受群众监督；③完善女性参与社区治理的薪酬、考核和晋升制度，解决女性移民参与社区治理的后顾之忧。通过上述策略，搭建女性移民社区治理参与平台，切实保障女性移民的社区治理参与权[215]。

第二，创造女性移民，尤其是劳务安置女性移民的社区治理参与环境。受传统思想的影响，多数移民，包括多数女性移民，都认为女性不应在外抛头露面，权利意识极为淡薄，这种主观上的认知，也加剧了客观上女性移民在社区治理中的弱势地位。因此，创造女性移民社区治理环境亦很重要，而环境创造的关键则在于冲破文化枷锁，易地扶贫搬迁通过环境的改变和基础设施的完善，可以在客观上帮助女性移民，尤其是劳务安置女性移民接触到更多的外部信息，有助于观念的变迁，若能再辅以宣传教育，会更有利于打破文化枷锁，促进女性移民社区治理参与的积极性。

第三，有针对性地帮助女性移民学习有关社区治理的文化知识和法律法规。社区治理事务繁多，且往往十分棘手，因此需要有志参与社区治理的女性移民拥有一定的文化基础，以具备应对繁杂事物，处理棘手问题的能力。因此，社区应该通过组织女性移民的文化教育培训，帮助她们提升文化素质；此外，对于有志参与社区治理的女性移民，更应该进行有针对性的培训，例如国家政策、法律法规等基本知识的学习，以尽快掌握社区治理基本技能。

第四，发挥妇联等社会组织的作用。妇联是我国最重要的妇女工作组织，工作目标直接对接妇女权益保护，因此社区若致力于增强女性移民社区治理参与度，就需要发挥妇联在女性权利争取和利益保护中的作用。一方面，借鉴和学习妇联的女性工作组织经验，为女性社区治理参与活动提供组织模板；另一方面，利用妇联的社会影响力，为社区女性移民提供优质的培训资源，助力女性移民文化素质的提升。

五、引导本地居民减少对劳务安置和县外安置女性移民的偏见和歧视

女性移民在安置区社会适应水平的提高是一个相对缓慢的过程，尤其是劳务安置和县外安置远距离外迁的女性移民由于语言、生计方式等差异，短时间内很难在安置区形成归属感，易产生焦虑、担忧等负面情绪。而安置区本地居民对女性移民及其家庭成员固有的偏见和歧视，是女性移民搬迁后社会适应的又一障碍。这种在日常生活和生产领域的偏见和歧视，将女性移民排斥在当地人际圈之外，迫使女性移民很少与本地居民主动交往，搬迁后的社会交往仍局限于与自己具有相同经历的移民圈。与本地居民交往机会的缺乏，不仅不利于女性移民归属感的提升，也在客观上减少了女性移民从本地居民那里获取信息、就业等相应资源的渠道。

因此，社区、村委会等相关部门应加强对本地居民的引导和号召，尤其是针对劳务安置和县外安置女性移民，应努力让本地居民增进对女性移民的信任，减少对她们的歧视和偏见。同时，应该鼓励女性移民主动与当地居民接触和交往，以此来扩大女性移民的社交网络，增强女性移民在安置区的归属感。女性移民内心深处“归属感”的形成往往代表了对自我的身份认同和对安置区的地域认同。尽管随着时间的推移，女性移民的身份认同感大大增强，但是在安置区长久生活的意愿并没有进一步显著提升，这还需要在日后大量的生活实践中不断熟悉和磨砺，才能逐渐实现，而安置区当地居民对女性移民的认可和接受，将会使女性移民的社会适应过程更加顺利。

第五节　家庭助力

一、向家庭成员加强性别平等思想及普法宣传

在当代社会各行业女性地位普遍提升的情况下，宁夏女性移民仍然存在家庭地位不高的问题，尤其是少数民族家庭更为突出。根据前文分析结果可知，几乎50%的家庭中女性没有大额支出等决策权，经济上依附于丈夫或者父亲等男性移民，较低的家庭地位是制约女性移民社会适应的因素之一。女性移民的家庭地位不仅受自身文化水平和经济状况的制约，也离不开传统观念的影响，且这种传统观念本身就贯穿于女性移民的受教育经历和务工经历中。因此，针对这个问题，加强性别平等思想及普法宣传，改变家庭成员观念是关键。

具体从以下几个方面入手：第一，相关部门工作者应积极向家庭成员进行性别平等主题宣传，消除传统性别意识，引导家庭成员改变观念。第二，将性别平等指标纳入“五好家庭”等荣誉称号的考核体系中，选择一些能够有效体现家庭女性地位的指标，例如家庭事务决策女性参与率、家庭照料活动男性参与率等作为考核指标。第三，妇联等相关组织可针对部分女性移民家庭地位较弱的情况，采用灵活、恰当的方式与其家人进行沟通，推动性别平等，促进家庭和谐。第四，安置区政府应从多方面加强对女性移民和其配偶等家庭成员的普法宣传，可利用手机 App 和社区宣传栏等移民乐于接受的形式，就《妇女权益保障法》《选举法》《劳动合同法》《反家庭暴力法》和《婚姻法》等法律知识进行宣传教育，使女性移民和其丈夫等家庭成员了解和掌握更多的法律知识，在增强女性移民法律意识和能力的同时，也提高了丈夫等其他家庭成员的法律觉悟，为女性移民合法权益的实现提供可能。在前期调研中发现，由于原本生活在较为封闭的山区和自身的文化水平不高等原因，女性移民的法律意识薄弱，致使女性移民在遭受家庭暴力等情况时，不知道应该以及如何维护自己的权益。因此，积极向女性移民和其丈夫等家庭成员普及法律知识，提升女性移民的自我主体意识，势在必行。

二、家庭成员应主动分担女性移民的家庭照料工作

如前文所述，由于性别身份导致的家庭内部结构分工，使部分女性移民无法从家庭照料劳动中抽身进而外出务工。

对于子女年龄较小的青年女性移民，照顾学龄儿童的必要任务，使得这部分女性移民无法利用自身在年龄、体力和潜力等方面的优势，在劳动力市场谋得工作。因此，解决这一问题的关键，在于改变配偶、公婆和子女等家庭内部成员的传统观念，让家庭成员尽力帮助女性移民分摊家庭照料劳动，使女性移民能够腾出时间外出务工。具体来说，就是要家庭成员共同承担照顾子女、日常打扫和洗衣做饭等家务琐事，其中最主要的是照顾幼童及学龄儿童的照料劳动，给女性移民创造外出务工的机会和时间。

对于在体力和技能等方面不占优势的老年女性移民来说，其已在劳动力市场失去优势，因此完全可以在家庭中承担照顾幼童及学龄儿童，如负责喂食、陪玩和接送等。公婆等父母在照顾幼童等家庭照料劳动方面的帮助，可以有效促进青年女性移民的外出务工，不仅有利于家庭创收，也可以使女性移民在经济上实现独立，进而有利于提升女性移民自身的家庭和社会地位。此外，女性移民外出务工的过程中，还可以扩大社交网络，更有利于其适应当地的生活。

此外，女性移民的配偶也应在工作之余，力所能及地帮助女性移民分担家务劳动，在当今社会，女性跟男性一样出入职场，男性也在分摊家务劳动，两

性的分工边界不像传统社会那么分明。因此，男性移民也应主动分摊家务劳动，尤其是劳务安置移民，其生活方式向城市居民看齐，因此共同承担家务劳动，也是肯定女性移民家庭地位的体现，而且共同分担家务劳动也有益于夫妻感情的培养和婚姻的稳固。此外，子女也应在课业之余，主动帮助父母做一些家务劳动，不仅可以锻炼自立能力和培养子女的责任心，也可以帮助女性移民减轻家务负担。

第六节　女性移民自我主导

一、提升自身的知识和技能储备

根据前文的分析结果可知，女性移民整体的受教育程度普遍不高，甚至50%的女性移民为文盲，且缺乏务工经验和相关职业技能，人力资本水平较低，女性移民自身固有的这些短板是限制女性移民外出务工和提升收入水平的因素。而机会总是留给有准备的人，女性移民要想改变自身的处境，首先应转变相对被动的观念，主动、大胆地利用相关机会学习文化知识和职业技能，提升自身的知识和技能储备，为今后获得更多的务工机会做好准备。

首先，女性移民可以在空闲时间，利用网络直播中的文盲识字入门教程、成人识字教学和普通话锻炼等课程，学习普通话和文化知识，改变自身只会说方言、不识字以及文化水平较低的现状，以提升自身的知识储备。这些网络课程具有免费、方便、较纸质资料更生动和相对专业的特点，比较契合女性移民的实际情况，女性移民群体，尤其是劳务安置和县外安置女性移民，可以充分利用这些机会来充实自己的文化知识。

其次，从实际调研中可以了解到，安置区政府为女性移民提供了相关职业技能培训，包括家政服务、烹饪、手工编制和刺绣等内容。可以看出，以上职业不仅可以发挥女性的特长，而且对于文化水平的要求不高，十分契合女性移民的实际情况。女性移民应充分珍惜这些免费的职业技能培训机会，尽可能克服困难，认真参与，为自己打好基础，以便将来子女入园入学或稍长大后，能够在劳动力市场获得更多的就业机会。此外，女性移民也可以不仅仅拘泥于以上职业技能的培训，年龄较小的女性移民，尤其是处于城市的年轻劳务安置女性移民，甚至可以从学徒工做起，学习美甲、化妆、艾灸和按摩等技能，提升自身的技能储备。

总之，不以自己的出身、文化水平和经历而故步自封，主动、积极地提升自身的知识和技能储备，是女性移民完成社会适应进程中走出的第一步。

二、顺应当地社会经济环境

搬迁后，女性移民的生活环境得到了很大改善，交通更加便利、基础设施更加完善，尤其是劳务安置和县外安置女性移民所在地区，经济发展水平更高、社会制度更为文明完善、服务业较为发达，女性移民可以充分利用这些有利条件，积极适应城镇化的生计方式，改变“等，靠，要”的被动态度，主动去相关家政服务机构、超市和饭店应聘，从事有关擦洗油烟机、玻璃等基本家务清洁、企业保洁等工作，尤其是回族女性移民可以充分发挥自身在餐饮业方面的优势，尝试面点师、服务员等职业。此外，随着生活水平的提高，城市女性对美容、健康和瘦身的需求日益增加，年龄较小的劳务安置女性移民可以从学徒工做起，尝试美甲师、按摩师、新娘跟妆师和艾灸师等职业，改变自己的思想观念，尝试适应城市生活的新兴职业，提升自己的收入水平。这些职业对文化水平的要求不高，只要有一双勤劳的双手，就可以依靠自己改变经济状况。

对于依然留在农村的女性移民来说，可在村部的组织安排下，趁农闲时期去福建等地的对口支援企业务工；同时，搬迁后交通条件的改善，也提升了这部分女性移民农闲时期就近到县城等地的务工意愿。此外，随着城市生活节奏的日益加快，那些展现乡村生活的网络作品往往能够引起大众的关注，很容易触动人们的内心，在舒缓紧张情绪的同时产生共鸣。依然在农村的有土安置女性移民，可利用网络软件展示较为原始和淳朴的西北风土风貌和乡村生活，尤其是回族女性移民，可通过网络视频展示踏脚舞、跳花儿等回族文化，通过这些网络视频为自己赚取流量和收入。

三、主动构建“同质性”与“异质性”社交网络

女性移民社会适应水平的提升是从搬迁后点点滴滴的日常生活中逐步实现的。搬迁前以血缘、地缘关系为基础的社交网络在搬迁后被迫切断，在异地生活的女性移民普遍缺少社会交往的支持。因此，女性移民社交网络的积极重构，可以帮助女性移民获取一定的精神、物质和信息的支持，对推动女性移民及移民群体的社会适应进程至关重要。

首先，女性移民社交网络的重构可先从编制移民网络入手，尤其是对于劳务安置和县外安置女性移民而言，同样来自宁夏中南部山区的其他女性移民，因为在出身、文化水平和生活经历等方面与自身的“同质性”，更容易接近和交往，操持着相近口音方言的她们，对彼此的新生活感同身受。此外，本地居民最初对她们的排挤和偏见，更加促进了她们之间的团结和帮助，移民网络的形成有利于女性移民获取精神支持，对于女性移民搬迁后的焦虑、孤单和担忧

等负面情绪可以起到开导和慰藉的作用，同时也可以互通有关务工信息，帮助女性移民一起就业。

其次，在追踪调查中可以发现，随着时间的推移，当地居民对女性移民的态度也逐渐发生了转变，女性移民群体踏实、肯吃苦、老实本分的品质也得到了当地居民的肯定，而女性移民也不像刚来时那样胆怯、谨慎。因此，随着女性移民与当地居民交往的增加，女性移民也可构建联系当地居民的社交网络。本地居民具有较多的社会资本积累，了解更多的就业信息和渠道，能够在一定程度上帮助女性移民获得更多的务工机会，有利于女性移民更好地适应安置区生活。

总之，女性移民社交网络的重构有助于增进女性移民之间、女性移民与本地居民之间的了解，从而在日常生活层面提升女性移民对安置区的地域认同和情感归属。

四、肯定自我性别价值

尽管大多女性移民因为怀孕、哺乳和照顾老人儿童等家务照料劳动无法外出务工，或者即使可以外出务工，也在职业结构和收入水平上较丈夫等男性移民处于劣势，不得不在经济上依附丈夫等男性移民，从而在家庭内部结构中缺乏话语权。尽管一直以来提倡性别平等，但是女性移民自身尚且无法意识到自身对家庭付出的价值，更勿论得到男性移民和社会的认同。但实际上，女性在育儿、养老和家务劳动等家庭照料劳动方面具有天然的优势，而且也是家庭人力资本投资的重要体现，无酬的家庭照料不仅在无形中为家庭节省了一笔支出，也为女性移民家庭中男性移民外出务工排除了后顾之忧，同时也是子女专心读书的最温暖后盾，对女性移民家庭的和谐发展意义重大。因此，女性移民要充分认识到自身对家庭的价值，同时要从内心深处肯定自我价值，提高自我认同度，增强女性移民的信心，从而帮助女性移民和移民群体更好地适应搬迁后的生活。

第七节　本章小结

本章基于之前各章节的研究结果，根据宁夏易地扶贫搬迁女性移民在社会适应过程中存在的问题及其社会适应发展特点，系统提出提升女性移民社会适应水平的对策建议。首先，梳理了现阶段宁夏帮助女性移民发展的政策措施，并分析了现有政策存在的几点不足。其次，明确了女性移民社会适应水平提升策略的目标定位，即以促进女性移民在经济、生活和心理三方面适应水平的提高，进而带动移民群体能够实现在安置区“稳得住”及长期可持续发展为制定提升策略的目标。其次，从安置区政府帮扶、社区支持和家庭内部助力三个客观角度，以及发挥女性移民自我主导的主观角度作为切入点，具体提出差异化、可行的社会适应水平提升策略。

在政府帮扶层面，首先提出在扶持吸纳劳务移民安置企业的措施中，应充分考虑性别差异，适当加大对女性移民的政策倾斜，例如对吸纳女性移民的家政服务企业、餐饮小时工个体商户等提供相关的财政补贴和政策优惠；同时，针对因照顾残疾子女以及自身存在残疾等根本无法外出务工的女性移民，应打造居家就业模式，帮助这部分女性移民增加收入。其次，应丰富女性移民的学习内容，帮助女性移民学习法律知识、科学的育儿理念和人际交往方式等，确保女性移民能够与时俱进；另外，应注重移民家庭女孩、劳动年龄女性移民和老年女性移民等全体女性移民的素质提升。此外，应在开展职业技能培训前与女性移民协调好培训时间，尽可能让更多的女性移民参加职业技能培训，并对态度消极被动的女性移民进行动员与鼓励，提高职业技能培训的效率。最后，帮助女性移民充分了解女性在就业权和生育权等方面享有的权利，增加女性移民的政策法律意识，帮助女性移民提升家庭地位，从而减少女性移民在安置区的适应困难。

在社区支持层面，首先，在前期针对女性移民开展职业技能培训的基础上，应考虑与家政服务类企业签订就业协议，规避“为了培训而培训”的现象，帮助女性移民真正从事家政服务类工作，能够使其充分利用所掌握的职业技能改善自身状况。其次，提出通过在社区内组织成立女性移民互助小组，并鼓励女性移民和当地居民共同参与社区志愿服务活动，为女性移民协调邻里关系和构建社交网络创造条件；同时，对女性移民提供一些针对性的心理疏导和闲置物质援助，帮助女性移民克服生活适应中的一些困难。再次，安置区社区应在上级部门的部署下，做好女性移民搬迁后的安置对接工作，以确保移民群体后续生活的顺利开展；就女性移民中的病残人员和确实存在特殊困难的家庭，应切实落实低保等相关救助资金的发放；安置区社区应做好物业费、水电费等相关生活费用的收取和使用工作，接受女性移民及其他移民的监督。社区可以依据实际情况为女性移民提供托管等照料服务，并通过鼓励男性移民参与家庭照料工作以及联系当地符合条件的企业为女性移民提供兼职岗位等方式，帮助女性移民实现外出务工。此外，通过增加女性移民在社区基层组织中的占比，为女性移民参与社区治理搭建制度平台；搬迁后相对文明完善的社会环境和参照群体的变化，为女性移民参与社区治理创造了良好的客观环境；帮助女性移民有针对地学习社区治理相关文化知识以及法律法规，以提高女性移民真正参与社区治理的能力；发挥妇联等社会组织在保护妇女权益、女性工作组织等方面的作用，为女性移民参与社区治理保驾护航。最后，引导安置区原有住户改变以往对宁夏中南部山区农村居民的固有偏见，减少对女性移民群体的歧视和排斥，以提升女性移民对自我的身份认同感和对安置区的地域认同感。

在家庭助力层面，首先提出改变家庭成员的主观思想，是确保女性移民家庭地位提升的关键，具体包括以下措施：通过向家庭成员积极宣传性别平等观念，将有关体现性别平等的指标纳入考核家庭荣誉称号的体系，发挥妇联等组织在推动性别平等方面的作用，相关部门采用移民群体乐于接受的形式向女性移民及其他家庭成员进行《婚姻法》《妇女权益保障法》等法律知识的宣传教育等。其次，在改变主观观念的基础上，家庭成员应在实际行动层面给予女性移民支持，配偶、公婆以及子女等应主动分担女性移民的家庭照料工作，促进女性移民外出务工。

在女性移民自我主导层面，首先提出女性移民应转变自身较为保守且被动的观念，充分利用安置区政府提供的职业技能培训机会，学习家政、烹饪和手工编制等技能，并可在闲暇时间通过网络直播和短视频等学习普通话和文化知识，通过学习职业技能和文化知识提升自身的人力资本水平，为在劳动力市场获取就业机会做准备。其次，搬迁后女性移民的生活环境大大改善，所在地区的经济社会发展亦更为发达，尤其是劳务安置和县外安置区具有基础设施更为完善、服务业等比较发达的优势，女性移民特别是劳务安置和县外安置女性移民，可利用这些有利条件，主动应聘有关家政服务、企业保洁、面点师及服务员等职业，年轻女性移民还可尝试学做美甲师、新娘跟妆师和艾灸师等符合城市女性居民需求的职业。再次，女性移民可通过与其他移民以及当地居民的交往编制社交网络，为自我及家庭成员积累社会资本。最后，女性移民应肯定自我在孕育子女、照顾老人及家务劳动方面的价值，提高对自我的认同度，从而带动整个移民家庭增强在安置区生活的信心。

第九章

结论、不足与展望

第一节 结　　论

易地扶贫搬迁是帮助中南部地区贫困群众摆脱恶劣、封闭与落后的生产生活环境，进而增加收入，实现脱贫致富的重大举措。“十三五”时期，宁夏政府在借鉴历届移民搬迁经验的基础上，积极响应国家号召，采取县内就近、劳务移民和农村插花等多种安置方式，帮助中南部山区 20 549 户共 82 060 人完成了搬迁任务。对于广大移民群众来说，尽管目前已经基本实现了“搬得出”的目标，但如何在搬迁后维持生计、构建新的社交网络，进而顺利适应并融入安置区生活，是实现后续可持续发展的关键所在。女性移民在家庭中更多地扮演着育儿养老的角色，是整个移民家庭的枢纽，女性移民良好的社会适应水平，对于实现整个移民群体“稳得住，能致富”目标意义重大。本书在系统梳理与学习国内外现有研究的基础上，基于社会适应理论、人口迁移理论、妇女赋权理论和需求层次理论等，应用宁夏“十三五”不同安置方式下女性移民调查的数据，探究了易地扶贫搬迁对不同安置方式下女性移民经济适应和生活适应的影响及其背后的原因；分析了影响不同安置方式下女性移民心理适应的因素；把握了女性移民社会适应随时间发生的变化特征，同时探析了经济适应、生活适应和心理适应之间在不同阶段的路径。基于上述研究工作，本章节首先对本书的研究结论予以归纳总结，然后提出优化与提升易地扶贫搬迁女性移民社会适应的相关对策与建议，最后对本书的不足与展望进行阐述。本书主要的研究结论如下。

(1) 从全国和宁夏女性移民的搬迁历史及各阶段的发展特征可以看出，女性移民的发展呈现出了从实现温饱、安全等基础需求到实现提升收入、改善日常生活条件，再到突破意识贫困、提高自身可持续发展能力等更高层次需求的过程。

首先，全国女性移民的迁移历史可分为如下七个阶段。第一，中国古代的朝代更替总是避免不了人口的转移与变动，而身处战乱的女性人口往往经历着被遗弃或被卖的悲惨遭遇；明清时期由统治阶级开展的人口迁移和民国时期出于谋生目的的“走西口”“闯关东”等人口迁移，在一定程度上保障了女性的权益，促进了女性的发展。第二，计划经济时代知识青年上山下乡运动中的女性，由于自身学识与现实条件的反差，往往表现出对自身境遇的无奈和对未来生活的迷茫，与农村居民缔结婚姻的知青女性，其命运在农村地区更为浓重的“男尊女卑”思想下更为不幸；而同时期开展的屯垦开荒运动中的女性，因为在社会资源竞争中拥有平等参与的机会，在客观上促进了自我的发展。第三，改革开放初期的女性婚姻移民，其跨区域缔结婚姻的主要目的是为了改善自身的收入水平和生活环境，而婚姻迁移给女性移民带来发展机会的同时，也引起了不可避免的社会适应和融入问题。第四，以劳务输出为主要目的的女性劳动力移民，经历了因户籍制度和观念影响而缓慢发展，到2000年前后爆炸式增长的过程，外出务工为女性移民实现经济独立和自我价值提供了重要途径。第五，新时代三峡工程女性移民，其弱势地位在庞大的移民工程安置问题中尤为明显，不仅因生活环境和生活方式的转变易产生社会适应障碍，而且因缺乏参与社区治理的途径而被边缘化；三峡移民后期对女性移民在保障健康、社区事务参与和就业技能培训方面给予的关注和支持，促进了女性移民发展权利的实现。第六，科学发展背景下的女性生态移民，在丧失农业劳动资源和缺乏在外谋生技能的困境下，不得不加大对男性人口的经济依附，各地针对生态移民女性人口实施的完善福利设施建设、开展就业帮扶等措施，为女性移民实现经济独立提供了政策支持。第七，“打赢脱贫攻坚战”背景下的贫困女性移民，由于历史遗留观念和相对封闭落后的成长经历，导致易地扶贫搬迁女性移民技术贫困和意识贫困的问题较为突出，帮助易地扶贫搬迁女性移民提升自我发展能力，是实现“稳得住”目标的内在要求，也是促进“能致富”目标实现的前提。

其次，宁夏女性移民的搬迁历史及发展特征可概括为以下五个方面。第一，20世纪80年代的早期吊庄移民是宁夏扶贫移民的开端，生产力水平的低下和封闭恶劣的自然环境，导致早期吊庄移民女性的认识水平和能力有限，从而无权对家庭的迁移问题发表意见，且结婚较早、多胎生育的现象，也在客观上降低了妇女参与经济建设和社会交往的机会。第二，在福建省和宁夏回族自治区人民政府的共同努力下，闽宁镇创造了从“干沙滩”到“金沙滩”的奇迹，闽宁镇女性移民靠着坚韧不拔、吃苦耐劳的精神，带领着移民家庭逐步脱贫致富。第三，21世纪初宁夏开展的扬黄灌溉水利扶贫工程移民项目和中部干旱带县内生态移民工程，不仅帮助女性移民解决了子女教育、饮水和医疗等问题，而且通过电话、有线电视的普及，实现了为女性移民打开与外界接触机会的目标；此外，在保障基础设施建设的前提下，进一步通过活动广场、沼气和太阳灶等设施的配备，切实改善女性移民的生活质量。第四，宁夏“十二五”生态移民项目的实施，不仅促进了宁夏中南部山区的生态恢复，也通过特色种植和专业化养殖的推进，丰富了女性移民的生计空间。第五，“十三五”易地扶贫搬迁项目更注重提高女性移民的可持续发展能力，通过实施针对女性移民的职业技能培训、雨露计划的全力落实以及发展种养等相关措施，切实帮助女性移民提高自身可持续发展能力。

(2) 女性移民搬迁初期在就业状态、收入水平等方面的经济适应状况均较差，且其经济适应水平的提升面临依附于男性、弱势的经济地位和性别身份的障碍等诸多困难。

首先，女性移民搬迁初期的经济适应状况存在务工比例较低、就业形式以消耗体力为主且稳定性较差，以及务工收入较低的特征。此外，劳务安置和县外安置女性移民的主观经济压力较大。值得注意的是，就整个移民群体而言，在外出务工比例、职业结构和务工收入方面，均存在显著的性别差异。从统计结果来看，四种安置方式中超过 60%的女性移民没有外出务工，女性移民整体的务工比例较低，其中青年女性移民由于孕育等家庭照料劳动的需要而不得不“自动失业”。结合职业结构和就业状态的统计结果来看，劳务安置方式下女性移民打零工的比例高达 67%，而其他三种安置方式下女性移民打零工的比例更是超过了 74%，女性移民搬迁后基本从事保洁、农业采摘和服务员等对知识和技能需求较低的体力工作，务工收入较低且极其缺乏稳定性。然而，四种安置方式下男性移民的务工比例整体超过了 87%，务工比例存在显著的性别差异，且女性移民的就业状态和务工收入因不同安置方式影响受到的波动较男性移民大。

其次，女性移民的经济适应主要面临的困难有：①经济上对作为家庭收入来源主力的丈夫等男性的依附，迫使自身的经济地位处于弱势，而女性移民较低的文化水平和“外来人”身份是其进一步提升经济适应水平的障碍。②由于家庭内部和职业本身客观存在的性别分工特征，使女性移民的就业状况和收入水平受自身“性别身份”的限制无法改善，进而影响女性移民的经济适应进程。值得注意的是，上述经济适应困难在劳务安置和县外安置女性移民群体中更突出、更典型。根据前文的统计结果可知，女性移民的外出务工比例和务工收入水平都明显低于男性移民，从而在客观上奠定了男性移民在家庭内部较高的经济地位。同时，男性移民较低的经济社会地位也决定了其配偶，即女性移民较低的经济社会地位。然而，安置区本地居民对女性移民群体的排斥，进一步成为女性移民构建社交网络和获取信息资源的挑战，文化知识的匮乏和“外来人”身份给女性移民经济适应造成的不利影响在劳务安置和县外安置女性移民群体中尤为明显。此外，自身性别身份和职业本身客观存在的性别分工特征，更加减少了女性移民从事职业结构较优和收入水平较高工作的机会，进而加剧了女性移民经济地位的弱势化。

（3）女性移民搬迁初期在邻里相处、集体活动参与和家庭决策权等生活适应方面的状况较为复杂，且其生活适应水平的提升同样面临着来自家庭内部和外部的诸多困难。

首先，从生活适应状况来看，四种安置方式下女性移民搬迁初期的邻里关系均较为融洽，而女性移民参与集体活动的频率整体较低且比男性被动，多数女性移民对安置区的交通、医疗和教育水平等基础设施条件感到满意。同时，女性移民在家庭内部结构中的话语权较弱，其家庭地位仍具有较大的提升空间。此外，相比于劳务安置和县外安置，有土安置和县内安置女性移民的邻里关系和集体活动参与状况均更好。根据前文可知，女性移民邻里关系“比较好”和“非常好”的合计比例整体超过了75%，尤其是有土安置女性移民和县内安置女性移民，其邻里关系融洽的比例超过了90%。在集体活动参与状况方面，女性移民整体的参与率偏低，且由于较低的文化水平和烦琐的家庭照料劳动等原因，女性移民参与集体活动的积极性较男性移民低。同时，由于搬迁后房屋质量、交通便利情况、医疗资源和教育水平的改善，女性移民对安置区生活设施的主观感受整体较为理想。另外，根据家庭日常开支和大额支出的决定权统计结果可知，女性移民在家庭内部的财务决策权较低，女性移民自身在经济状况和文化水平方面的劣势导致了其较低的家庭地位。

其次，女性移民的生活适应主要面临的困难有：①安置区本地居民，尤其是银川、沙坡头等川区原有住户对女性移民的偏见和歧视，是影响女性移民在搬迁后拓宽社交网络的不利因素，进而会阻碍女性移民情感归属的形成和强化。②女性移民较少且被动的集体活动参与状况，在客观上减少了女性移民与他人接触并交往的机会，从而增加了重构社交网络的难度，不利于女性移民社会资本的积累，这种情况在社交体系相对复杂化的劳务安置和县外安置女性移民中更明显。③女性移民在家庭内部微弱的话语权不利于女性移民对自我价值的认同和肯定，从而会挫败其适应安置区新生活的信心。安置区本地居民对来自宁夏中南部山区的女性移民存有的偏见，不利于女性移民社交网络面的拓宽，进而对女性移民在安置区社会资本的积累产生负面影响。同时，女性移民较低的经济社会地位导致其参与集体活动的主观意愿并不强，加之客观上安置区社区较少组织集体活动的情况，使得女性移民参与集体活动的频率较低且较男性移民被动，影响其生活适应水平的提升和情感归属的形成。此外，女性移民整体偏低的文化水平和较差的经济状况，不利于女性移民家庭议价能力的形成，进而影响女性移民自身及移民群体的社会适应状况。

（4）女性移民搬迁初期的群体归属感和地域认同感等心理适应水平均较

低，且其心理适应水平的提升存在缺乏信心等困难。

首先，女性移民搬迁初期的心理适应状况主要表现在身份认同感不强和倾向于在安置区长久生活两个方面。第一，女性移民对自我在安置区的群体归属感较低，多数女性移民依然将自己定位为“老家人”，尤其是在“离乡离土”的县外安置和劳务安置女性移民群体中，有更多的女性移民认为自己是“老家人”，心理归属程度较低。第二，尽管搬迁后的女性移民对自我的身份认同感较低，但是由于安置区更为便利的基础设施建设、较为发达的经济发展和更为文明完善的社会制度，致使女性移民对安置区的地域认同感较高，不同安置方式下的女性移民今后愿意在安置区长久生活的比例均比较高，其中有土安置和县内安置女性移民愿意在安置区长久生活的比例更高。

其次，女性移民心理适应主要面临的困难有：①超过一半的女性移民对自我的群体身份认同感较低，尤其是在劳务安置和县外安置女性移民群体中，认为自己依然是“老家人”的比例更高，较低的心理归属感不仅是女性移民经济和生活适应水平不高的体现，也会降低女性移民进一步适应安置区生活的主动性。②搬迁初期女性移民自身存在的负面情绪，不利于其在安置区树立脱贫致富的信心，进而会对女性移民及移民群体的社会适应产生负面影响。

(5) 劳务安置和有土安置对女性移民经济适应和生活适应的净影响效果，突出地体现在外出务工情况、家庭人均年收入和交通便利度等几个方面，有土安置对女性移民经济适应和生活适应的影响较劳务安置更好。

首先，不管是劳务安置还是有土安置，女性移民在搬迁后的外出务工机会均得到显著增加。劳务安置方式下女性移民由于搬迁后生计的不稳定、日常开支的加大和社交网络的中断，表现出对未来生活的显著担忧。总体上来看，“离乡离土”的劳务安置女性移民搬迁后的经济适应状况和生活适应状况远不如有土安置女性移民。

其次，分析并总结影响背后的原因。劳务安置女性移民及其家庭搬迁后居住在中心城市周边或山区大县城，交通便利条件和基础设施水平都得到了显著改善。劳务安置移民由于原有的土地在搬迁后被政府收回，加之当地相对发达的经济社会发展环境，在客观上为女性移民寻找外出务工机会提供了条件。然而，由于缺乏务工经验以及自身受教育程度偏低等原因，女性移民及其家庭成员的务工形式通常以打零工为主，以小时工资或者日工资为主的务工收入稳定性较低，难以应付明显增加的城市生活支出。同时，迁入城市后，女性移民及其家庭的语言、居住环境和社交网络都发生了变化，邻里关系和集体活动参与状况也大不如前。因此，上述种种迫使劳务安置女性移民产生了对未来生活的担忧。相比之下，有土安置女性移民日常生活的开支相比搬迁前变化不大或者增加的幅度较小；同时，交通便利条件的改善和当地众多建设相对完善的种养基地，为有土安置女性移民提供了外出务工机会。总之，有土安置女性移民的外出务工机会在搬迁后得到显著增加，再加上政府在种养方面的补助鼓励措施等，有土安置女性移民家庭的收入相比搬迁前有显著提升。此外，有土安置女性移民的生活方式的变化较小，搬迁对邻里关系和集体活动参与状况的影响相对较小，从而这部分女性移民没有明显表现出对未来生活的担忧。

（6）县外安置和县内安置对女性移民的经济适应和生活适应的净影响差异，主要体现在邻里相处、集体活动参与等方面，而上述两种安置方式均显著改善了女性移民的交通条件。

首先，县外安置和县内安置两种方式均显著提升了女性移民居住地的交通便利程度。县外安置女性移民由于从宁夏中南部山区搬到了银川市、沙坡头等川区，生活环境的变化较大，从而致使邻里关系和集体活动参与状况受到的负面影响比较显著。两种安置方式都加剧了女性移民家庭对未来生活的担忧。

其次，分析并总结影响背后的原因。不管是县外安置还是县内安置，搬迁后的女性移民居住在城市周边，或者是城市周边的农村以及本村山下、靠近公路的地方，交通便利条件在搬迁后大大改善。县外安置女性移民搬迁后的生计方式以外出务工为主，原本山区的语言、生活环境等与川区相比有较大差别，邻里关系和集体活动参与状况相比之前有显著下降的现象，这种现象尤其在搬迁初期更为明显。相比之下，县内安置女性移民由于搬迁前后都在宁夏中南部地区范围内生活，语言、生活环境等的变化相对较小，从而邻里关系和集体活动参与状况受到的负面影响没有县外安置那么显著。值得注意的是，由于城市生活开支的加大和生计的不稳定，两种安置方式下女性移民都表现出了对未来生活的担忧，尤其县外安置方式下女性移民的担忧程度更甚。

（7）不同安置方式下女性移民搬迁后的心理适应状况呈现出一定的共性和差异，劳务安置和县外安置女性移民的心理适应状况较差，而住房、邻里关系和经济收入等是影响女性移民心理适应状况的主要因素。

首先，女性移民搬迁后普遍不觉得自己是“移民地人”，心理归属感较差；同时，大多数女性移民“比较愿意”在安置区长久生活。相比之下，收入、日常开支和邻里关系等反差较大的劳务安置和县外安置女性移民的心理适应状况更差，这部分女性移民认为自己是“老家人”的比例更大。

其次，探究影响女性移民心理适应状况的主要因素。不管是哪种安置方式，住房条件和邻里关系均是影响女性移民心理适应状况的主要因素；经济收入和健康状况显著影响着以外出务工为主要生计方式的劳务安置和县外安置女性移民的心理适应状况；长期生活在封闭山区的未婚年轻女性移民更愿意在经济社会较为发达的城市或城市周边生活，这一点在劳务安置和县外安置女性移民中尤为明显；户口的迁入也显著促进了女性移民“移民地人”意识的加强。

住房是女性移民家庭搬迁后安身立命、遮风避雨的起居场所，住房条件显著影响着她们在安置区长久生活的意愿。邻里之间相处的融洽程度与女性移民的身份认同感息息相关，和谐的邻里关系有利于缓解女性移民在搬迁初期的不适和焦虑。尤其是对于劳务安置和县外安置女性移民来说，在安置区的邻里交往对于加强她们的群体意识有重要作用。劳务安置和县外安置女性移民搬迁后面临着入不敷出的问题，不利于她们在安置区归属感的形成；同时，健康状况差意味着无法通过外出务工获取足够的收入，从而削弱了这部分女性移民在安置区长久生活的意愿；另外，在劳务安置和县外安置女性移民群体中，未婚的年轻女性更倾向于在银川市、沙坡头区和利通区等城市和城市周边长久生活。户口迁入安置地有利于加强女性移民的“移民地人”意识，这也与我国的国情和传统相符。

（8）女性移民社会适应水平的提升是一个相对缓慢且不同步的过程。其中，提升最快的是生活适应水平，主要表现在安置区当地居民对女性移民及其他家庭成员态度的显著改善，以及女性移民与当地居民和其他移民交往频率的显著增多。心理适应水平的提升主要表现在女性移民“移民地人”意识的显著增强，而女性移民在安置区长久生活的意愿并没有太大变化。相比之下，经济适应水平在短时间内没有得到明显的提升。伴随着女性移民与当地居民交流和接触的增多，当地居民也逐渐了解到女性移民为人较为淳朴踏实，从而逐渐消除了对女性移民的偏见和歧视。结合实际调研情况可知，随着女性移民对安置区环境的熟悉，女性移民的心态也在慢慢发生改变，女性移民与其他移民和当地居民的交往也越来越频繁。由于对生活环境的逐渐熟悉和邻里交往的日益频繁，女性移民的心理归属感得到了显著提升。经济条件的提升不仅与女性移民自身的状况有关，也离不开整体的宏观发展环境，从而在短时间内的提升并不明显，由于本书的追踪时间间隔较短，女性移民的收入和外出务工情况整体上并没有显著提升的迹象。

（9）易地扶贫搬迁女性移民的经济适应、生活适应和心理适应三者之间在不同阶段的路径关系具有不同特征，收入和务工情况等经济适应状况直接影响着搬迁初期女性移民的心理归属程度，而邻里交往等人际关系会在搬迁后期影响女性移民的心理适应状况。

首先，对于搬迁初期的女性移民来说，如何在“人生地不熟”的安置区谋得一份生计，是开始后续新生活首先面临的问题，此时的经济适应状况会对女性移民的心理适应产生显著的正向影响；这一阶段的生活适应对心理适应并没有显著的影响，且搬迁初期的经济适应对生活适应的影响同样不显著。收入和务工情况对于搬迁初期的女性移民及其家庭至关重要，是移民群体开始安置区新生活的基础和前提。同时，由于女性移民对周围的生活环境相对不熟悉，尤其是从农村搬到城市的劳务安置女性移民，生活环境和生活方式的变化较大，导致女性移民邻里之间的相处远不如从前，从而生活适应还不能起到提升女性移民身份认同感和安置区长久生活意愿的作用；经济状况的不理想和人际交往的不活跃，导致了经济适应对生活适应的影响也不显著。

其次，相较于一年前，生活适应开始对女性移民的心理适应产生显著的促进作用，伴随着女性移民逐渐在安置区相对站稳脚跟，经济适应状况不再显著影响心理适应，值得注意的是，这一阶段的经济适应状况在一定程度上阻碍了生活适应水平的进一步提升。随着时间的推移，女性移民的邻里关系变得更加和谐，致使这一阶段的生活适应开始对女性移民的心理适应产生了显著的促进作用。同时，随着女性移民在当地的工业园区和种养基地等务工率的上升，生活也变得相对安稳，心理适应状况不再显著受经济适应状况的直接影响。值得注意的是，随着女性移民生活适应水平的提高，社会交往涉及的广度和深度在逐渐增大，而并非同步增长的经济适应水平还难以应付增多的“人情礼金”等生活开支的需求，从而导致这一阶段的经济适应状况无法对生活适应水平的进一步提高起到促进作用。

尽管在搬迁初期，有土安置女性移民由于生产劳动方式和生活环境的变化较小，从而在社会适应情况方面呈现出比劳务安置女性移民理想的状态；但从长远来看，居住在中心城市周边或者山区大县城的劳务安置女性移民，尤其是她们的下一代，因处于经济社会相对发达、基础设施建设更为完善以及社会制度文明程度更高的社会环境中，从而拥有更多的发展机会，在社会适应方面会逐渐表现出越来越理想的状态，直至完全融入安置区生活。女性移民在安置区的社会适应状况不仅受自身受教育程度偏低和职业技能匮乏的制约，也会受安置区当地居民，尤其是城市女性居民这个参照群体的影响。相当一部分女性移民因为家庭照料无法外出务工，家庭无酬照料劳动发挥着人力资本投资的作用，对家庭无酬照料劳动价值的忽视，不利于肯定女性移民的价值，会对女性移民家庭地位和社会地位的提高产生负面影响，从而在一定程度上限制了女性移民社会适应水平的提高。

（10）根据易地扶贫搬迁对女性移民社会适应的影响及女性移民社会适应的发展特征，在对宁夏现阶段帮助女性移民发展的政策措施进行思考后，围绕提升女性移民社会适应水平，进而实现移民群体在安置区“稳得住”的目标，以政府、社区及家庭三个客观层面和女性移民自身主观层面为切入点，本书提出提升女性移民社会适应水平的对策建议。具体来说，第一，在政府层面，提出应在扶持劳务移民安置企业发展的措施中加大对女性移民的关注；丰富女性移民培训内容，“全面”提升女性移民素质；合理安排女性移民的职业技能培训时间，激励更多的女性移民参与职业技能培训；激发女性移民权利意识，实现女性自我意识与制度的契合等对策建议。第二，在社区层面，通过开展系列社区活动，推动女性移民社交网络的构建，进而提升其社会适应水平；切实做好女性移民搬迁后的安置工作，提升安置区公共服务水平，满足女性移民的基础性需求；应加大对女性移民家庭照料劳动的扶持，为女性移民外出务工解决后顾之忧；增强女性移民的社区治理参与程度，赋予女性移民保障自己权益的实际权利；加强对本地居民的引导和宣传，使其减少对女性移民的歧视和偏见，进而提升女性移民的归属感。第三，在家庭层面，主要提出向家庭成员加强性别平等思想及普法宣传以及家庭成员应主动分担女性移民的家庭照料工作等对策建议，帮助女性移民提高自身的家庭地位，并促进女性移民的外出务工。第四，在女性移民层面，主要提出转变自身观念，积极主动学习相关职业技能和文化知识，提升自身的知识和技能储备；顺应当地社会经济环境，主动尝试新的职业，提高收入水平；主动构建“同质性”与“异质性”社交网络，积累社会资本；肯定自我性别价值，提高自我认同度等。以上四点建议，以提高女性移民及移民群体的社会适应水平为目标，希望可以实现女性移民在安置区的长期可持续发展。

第二节　不足与展望

探索和研究易地扶贫搬迁女性移民的社会适应状况是一项长期而复杂的工作，由于时间的紧迫、经费和本人研究能力的不足，虽历时近两年完成了写作，但本书中依然存在诸多不足之处以待改进。

第一，追踪调查未能全面系统地反映出女性移民的社会适应状况随时间发生的变化。女性移民的社会适应状况是一个随时间逐渐变化的动态过程，尽管本书在第一轮调查研究的基础上进行了追踪研究，然而由于经费和时间的限制，存在追踪间隔时间较短以及样本数量较少的问题，从而不能更真实全面地反映出女性移民社会适应的变化特征。在后续的可能研究中，可以考察女性移民社会适应能力在代际的传递情况和第二代女性移民社会适应能力的不同之处，并从长远的角度比较分析不同安置方式下女性移民及其子女在收入、人际交往与日常生活、受教育状况和心理归属方面的实际情况，从而更系统地反映易地扶贫搬迁政策在帮助贫困人口增加收入、提高生活质量以及实现可持续发展方面的成效。

第二，指标设计未能充分体现女性特征。本书在两轮入户微观调查的基础上，尽管采用最具普适性和体现女性特征的指标反映女性移民的社会适应状况，但由于研究方法和样本数量的局限性，以及现实调查中遇到的复杂情况，指标的设计未能充分体现出女性的特征。在后续的相关研究中，可采用定性分析的方法，对女性移民搬迁后的社会适应状况进行描述与分析。另外，在指标的设计方面，可以采用与女性日常生活和情感息息相关的指标，诸如与公婆和丈夫的兄弟姐妹同住的情况、一年当中与配偶共同生活的时间、闲暇时间的生活方式、对安置区当地语言的掌握以及遇到困难寻求帮助的对象等，充分体现女性移民搬迁前后生活质量和心理寄托的变化。

第三，需进一步提升问卷设计和调查方法的科学性。本书入户调查的对象是中南部山区农村女性，由前文研究结果可知，女性移民的文盲率几乎达到了50％，整体受教育程度偏低、长期生活在农村导致的思想观念较为落后保守以及受家庭中男性户主的影响，不利于进行入户调查。如何设计更易于女性移民通俗易懂的问卷，并在调查中采用更易于女性移民接受和不受家中男性干扰的社会调查方法，以及保证受访者所反馈信息的真实准确，是今后应改进的地方。

参 考 文 献

[1] 付少平，赵晓峰．精准扶贫视角下的移民生计空间再塑造研究 [J]. 南京农业大学学报（社会科学版），2015，15（6）：8-16，136.

[2] 徐孝昶，刘永飞，许佳君．工程移民弱势群体的社会工作干预：赋权视角的应用 [J]. 华东理工大学学报（社会科学版），2013，28（6）：10-17.

[3] 周莺．工程移民中的妇女发展困境 [J]. 人民长江，2007（11）：29-31，45.

[4] Akira，Igarashi. Till multiculturalism do us part：Multicultural policies and the national identification of immigrants in European countries. [J]. Social Science Research，2018.

[5] Ursula E，Nardon L ，Zhang H . Becoming Canadian：Immigrant narratives of professional attainment [J]. International Journal of Intercultural Relations，2019.

[6] Ylva Svensson，Moin Syed. Linking Self and Society：Identity and the Immigrant Experience in Two Macro-Contexts [J]. Journal of Applied Developmental Psychology，2020.

[7] Ryan D ，Maurer S ，Lengua L ，et al. Amigas Latinas Motivando el Alma（ALMA）：Evaluation of a Mindfulness Intervention to Promote Mental Health among Latina Immigrant Mothers [J]. Journal of Behavioral Health Services & Research，2017.

[8] Hélène Korda，Badea C ，Bender M . Threat to national identity continuity：When affirmation procedures increase the acceptance of Muslim immigrants [J]. International Journal of Intercultural Relations，2019.

[9] Camilla Materaa，Anna Picchiarini，Maria Olsson，et al. Does religion matter? Italians' responses towards Muslim and Christian Arab immigrants as a function of their acculturation preferences [J]. International Journal of Intercultural Relations，2020.

[10] Scholaske L ，Wadhwa P D ，Entringer S . Acculturation and biological stress markers：A systematic review [J]. Psychoneuroendocrinology，2021，132（4）.

[11] Lorentzen C ，Viken B . Immigrant women，nature and mental health [J]. International Journal of Migration Health and Social Care，2020，ahead-of-print（ahead-of-print）.

[12] Rai A ，Choi Y J . Socio-cultural risk factors impacting domestic violence among South Asian immigrant women：A scoping review [J]. Aggression and Violent Behavior，2018，38：76-85.

[13] Olukotun Oluwatoyin ，Kako P ，Dressel A ，et al. A qualitative exploration of the experiences of undocumented African immigrant women in the health care delivery system [J]. Nursing Outlook，2019.

[14] Abigail L H，Elizabeth D. Health Considerations for Immigrant and Refugee Children

[J]. Advances in Pediatrics, 2019, 66.

[15] Lu Shi, Donglan Zhang, Janani Rajbhandari-Thap, et al. Neighborhood immigrant density and population health among native-born Americans [J]. Preventive Medicine, 2019: 105792.

[16] Layla Abdulla, Elisabeth C, Richard J, et al. Disparities in Preterm Infant Emergency Room Utilization and Rehospitalization by Maternal Immigrant Status [J]. Journal of Pediatrics, 2020, 220.

[17] Rasmus Hertzum-Larsen, Susanne K, Kirsten F, et al. Participation in cervical cancer screening among immigrants and Danish-born women in Denmark [J]. Preventive Medicine, 2019, 123: 55-64.

[18] Stephanie de Sequeira MPH, Ilana Halperin MD, MSc Lorraine L, et al. Culturally Tailored Resources for South Asian Immigrant Women With Gestational Diabetes: Do They Work and What's Missing? A Qualitative Study [J]. Canadian Journal of Diabetes, 2019 (43): 573-579.

[19] Sunday Azagba, Lingpeng Shan, Keely Latham. Assessing trends and healthy migrant paradox in cigarette smoking among U. S. immigrant adults [J]. Preventive Medicine, 2019 (129): 105830.

[20] Rennie Lee. Does the healthy immigrant effect apply to mental health? Examining the effects of immigrant generation and racial and ethnic background among Australian adults [J]. SSM - Population Health, 2019 (7): 100311.

[21] Rai A , Choi Y J . Socio-cultural risk factors impacting domestic violence among South Asian immigrant women: A scoping review [J]. Aggression and Violent Behavior, 2018, 38: 76-85.

[22] Salami B, Salma J, Hegadoren K, et al. Sense of community belonging among immigrants: perspective of immigrant service providers [J]. Public Health, 2019, 167: 28-33.

[23] Souza E , Simons J , Billari F , et al. Labour market incorporation of immigrant women in South Africa: Impacts of human capital and family structure [J]. Population Studies, 2021.

[24] He Q , Gerber T P . Origin-Country Culture, Migration Sequencing, and Female Employment: Variations among Immigrant Women in the United States [J]. International Migration Review, 2019.

[25] Tsai J, Gu X. Homelessness among immigrants in the United States: rates, correlates, and differences compared with native-born adults [J]. Public Health, 2019, 168: 107-116.

[26] Felipe A. The potential of dialogues on social identity and diversity for immigrant civic integration [J]. Evaluation and Program Planning, 2019 (77): 101723.

[27] Man G , Chou E . Transnational familial strategies, social reproduction, and migration:

Chinese immigrant women professionals in Canada [J]. Journal of Family Studies，2017 (1)：1-17.

[28] Henry F L，Dorothy A，Cheng L W. The contingent effect of social networking ties on Asian immigrant enterprises' innovation [J]. Industrial Marketing Management，2019.

[29] Dafeng Xu. The effects of immigration restriction laws on immigrant segregation in the early twentieth century U. S [J]. Journal of Comparative Economics. 2020.

[30] Sandra Gentin，Kati Pitkänen，Anna Maria Chondromatidou，et al. Nature-based integration of immigrants in Europe：A review [J]. Urban Forestry & Urban Greening，2019 (43)：126379.

[31] Sherilyn MacGregor，Catherine Walker，Tally Katz-Gerro. ‘It's what I've always done’：Continuity and change in the household sustainability practices of Somali immigrants in the UK [J]. Geoforum，2019 (107)：143 - 153.

[32] Rai A，Choi Y J. Socio-cultural risk factors impacting domestic violence among South Asian immigrant women：A scoping review [J]. Aggression and Violent Behavior，2018，38：76-85.

[33] Burcu Ozturk，Qingyi Li，David L. Coping strategies among immigrant women who have experienced intimate partner violence in North America：A narrative review [J]. Aggression and Violent Behavior，2019 (48)：17 - 23.

[34] Chunrye Kim. Social isolation，acculturative stress and intimate partner violence (IPV) victimization among Korean immigrant women [J]. International Journal of Intercultural Relations，2019 (72)：87 - 95.

[35] 王宏新，付甜，张文杰 . 中国易地扶贫搬迁政策的演进特征——基于政策文本量化分析 [J]. 国家行政学院学报，2017 (3)：48-53，129.

[36] 许源源，熊瑛 . 易地扶贫搬迁研究述评 [J]. 西北农林科技大学学报（社会科学版），2018，18 (3)：107-114.

[37] 张世勇 . 规划性社会变迁、执行压力与扶贫风险——易地扶贫搬迁政策评析 [J]. 云南行政学院学报，2017，19 (3)：20-25.

[38] 翟绍果，张星，周清旭 . 易地扶贫搬迁的政策演进与创新路径 [J]. 西北农林科技大学学报（社会科学版），2019，19 (1)：15-22.

[39] 马流辉，莫艳清 . 扶贫移民的城镇化安置及其后续发展路径选择——基于城乡联动的分析视角 [J]. 福建论坛（人文社会科学版），2019 (3)：167-174.

[40] 白永秀，宁启 . 易地扶贫搬迁机制体系研究 [J]. 西北大学学报（哲学社会科学版），2018，48 (4)：62-74.

[41] 梅淑元 . 易地扶贫搬迁农户农地处置：方式选择与制度约束——基于理性选择理论 [J]. 农村经济，2019 (8)：34-41.

[42] 黎红梅，田松鹤 . 易地扶贫搬迁农户承包地处置方式选择及其影响因素——基于湖南省搬迁农户调查 [J]. 吉首大学学报（社会科学版），2019，40 (1)：39-48.

[43] 冯应斌，郭元元，欧阳庆 . 易地扶贫搬迁农户宅基地复垦利益诉求分析 [J]. 西南师

范大学学报（自然科学版），2019，44（3）：43-47.
[44] 郭华，黎洁．城镇安置模式对陕南移民搬迁农户生计活动影响研究——基于广义精确匹配模型［J］．中国人口·资源与环境，2019，29（7）：149-156.
[45] 高聪颖，吴文琦，贺东航．扶贫搬迁安置区农民可持续生计问题研究［J］．中共福建省委党校学报，2016（9）：91-97.
[46] 梁伟军，谢若扬．能力贫困视阈下的扶贫移民可持续脱贫能力建设研究［J］．华中农业大学学报（社会科学版），2019（4）：105-114，174-175.
[47] 李聪，高梦．新型城镇化对易地扶贫搬迁农户生计恢复力影响的实证［J］．统计与决策，2019，35（18）：89-94.
[48] 李聪，郭嫚嫚，李萍．破解"一方水土养不起一方人"的发展困境？——易地扶贫搬迁农户的"福祉—生态"耦合模式分析［J］．干旱区资源与环境，2019，33（11）：97-105.
[49] 刘伟，徐洁，黎洁．陕南易地扶贫搬迁农户生计脆弱性研究［J］．资源科学，2018，40（10）：2002-2014.
[50] 宁静，殷浩栋，汪三贵，等．易地扶贫搬迁减少了贫困脆弱性吗？——基于8省16县易地扶贫搬迁准实验研究的PSM-DID分析［J］．中国人口·资源与环境，2018，28（11）：20-28.
[51] 王蒙．后搬迁时代易地扶贫搬迁如何实现长效减贫？——基于社区营造视角［J］．西北农林科技大学学报（社会科学版），2019，19（6）：44-51.
[52] 方素梅．易地搬迁与民族地区反贫困实践——以广西环江毛南族自治县为例［J］．西南民族大学学报（人文社科版），2018，39（9）：8-15.
[53] 李聪，王磊，康博纬，高梦．易地移民搬迁农户的生计恢复力测度及影响因素分析［J］．西安交通大学学报（社会科学版），2019，39（4）：38-47.
[54] 朱永甜，余劲．陕南易地扶贫搬迁减贫效应研究——基于分阶段的讨论［J］．干旱区资源与环境，2020，34（5）：64-69.
[55] 袁小平，王娜．资产的多样性、组合与反贫困效果——以J市易地搬迁扶贫为例［J］．山东社会科学，2018（12）：92-99.
[56] 刘伟，徐洁，黎洁．连片特困地区易地扶贫搬迁对农户多维贫困的影响研究［J］．干旱区资源与环境，2019，33（3）：13-20.
[57] 殷浩栋，王瑜，汪三贵．易地扶贫搬迁户的识别：多维贫困测度及分解［J］．中国人口·资源与环境，2017，27（11）：104-114.
[58] 辛丽平．贵州民族地区扶贫移民中的社会适应研究［J］．贵州民族研究，2019，40（3）：55-59.
[59] 高晓凤，刘梦芸，段云，等．四川民族地区易地扶贫搬迁移民社会支持现况研究［J］．现代预防医学，2019，46（1）：62-64，77.
[60] 马良灿，黄玮攀，杨钦．易地扶贫搬迁过程中多元主体间的利益分化与关系重组——以巴村为例［J］．中州学刊，2018（2）：78-83.
[61] 史梦薇．易地扶贫搬迁移民感知融合研究——基于云南移民点的调查［J］．中南民族

大学学报（人文社会科学版），2018，38（3）：156-160.
[62] 冯雪红．藏族生态移民的生计差异与社会适应——来自玉树查拉沟社区的田野考察[J]．北方民族大学学报（哲学社会科学版），2019（3）：50-58.
[63] 谢治菊．人类认知五层级与生态移民社会适应探讨——基于HP村的实证调查[J]．吉首大学学报（社会科学版），2018，39（3）：99-107.
[64] 冯伟林，李树茁．人力资本还是社会资本？——移民社会适应的影响因素研究[J]．人口与发展，2016，22（4）：2-9.
[65] 陈淇淇．社会空间变迁视域下易地扶贫搬迁移民群体的社会适应研究[D]．贵阳：贵州大学，2019.
[66] 卓玛草．城市资本积累视角下的农民工融入城市能力问题研究[D]．西安：陕西师范大学，2017.
[67] 黄超．道德变迁视角下的裕固族移民社区的社会转型研究[D]．兰州：兰州大学，2018.
[68] 张华山，吴旭鹏，周现富．移民安置方式与社会适应性的关系[J]．水力发电，2013，39（10）：8-11.
[69] 徐赛．易地搬迁集中安置与移民社会关系网络重构研究[D]．临汾：山西师范大学，2018.
[70] 王丹．水库移民城市楼房安置的社会适应性评价分析[D]．北京：华北电力大学，2018.
[71] 朱慧蕊．旅游产业安置型生态移民的社会适应研究[D]．贵阳：贵州民族大学，2018.
[72] 余咪咪．新型城镇化背景下安康移民搬迁安置区营建模式及策略研究[D]．西安：西安建筑科技大学，2017.
[73] 风笑天．“落地生根”？——三峡农村移民的社会适应[J]．社会学研究，2004（5）：19-27.
[74] 彭豪祥，谭平，张国兵．三峡工程移民的社会适应性调查[J]．统计与决策，2008（24）：99-101.
[75] 杜云素，李飞．外迁水库移民适应的现状、趋势与内在机制——基于湖北荆州和武汉移民安置点的调查[J]．人口与发展，2018，24（2）：31-42，78.
[76] 王珞，骆永菊，王顺克．三峡库区外迁农村移民适应性研究——基于9个省份983户移民样本的实证分析[J]．地域研究与开发，2016，35（1）：168-173.
[77] 刘志军，孙泽建．外迁三峡移民的社会融入——基于浙江嘉善H村13户移民的研究[J]．广西民族大学学报（哲学社会科学版），2012，34（5）：70-77.
[78] 束锡红．宁夏南部山区回族聚居区生态移民的社会适应研究[J]．北方民族大学学报（哲学社会科学版），2015（4）：58-61.
[79] 束锡红，聂君，樊晔．三江源藏族生态移民社会融入实证研究——以青海省泽库县和日村为个案[J]．中南民族大学学报（人文社会科学版），2017，37（4）：38-43.
[80] 陈瑞．三江源生态移民社会适应与发展研究[D]．西宁：青海大学，2017.

[81] 田晓娟．同心县生态移民的生活状况与社会适应研究——以石狮管委会惠安村移民点黄家水为例［J］．宁夏社会科学，2012（4）：60-65.

[82] 李军．西北少数民族生态移民社会适应分析［J］．北方民族大学学报（哲学社会科学版），2018（3）：68-72.

[83] 董苾茜．扶贫移民的社会适应困境及其化解——基于社会记忆理论视角［J］．湖南农业大学学报（社会科学版），2018，19（2）：49-54.

[84] 谭琼．民族地区易地扶贫搬迁农民的生活方式变迁［D］．武汉：湖北民族学院，2018.

[85] 郭飞．易地扶贫搬迁移民社会融入研究［D］．贵阳：贵州民族大学，2019.

[86] 白琪．易地扶贫搬迁户的社会适应问题研究［D］．合肥：安徽大学，2019.

[87] 刘伟，徐洁，黎洁．易地扶贫搬迁农户生计适应性研究——以陕南移民搬迁为例［J］．中国农业资源与区划，2018，39（12）：218-223.

[88] 朱闽西．老年移民社会适应问题研究［D］．吉安：井冈山大学，2016.

[89] 李霞，文琦，朱志玲．基于年龄层次的宁夏生态移民社会适应性研究［J］．干旱区资源与环境，2017，31（5）：26-32.

[90] 罗邵陵．民族地区老年生态移民的社会适应研究［D］．贵阳：贵州民族大学，2016.

[91] 聂衍刚．青少年社会适应行为及影响因素的研究［D］．广州：华南师范大学，2005.

[92] 陈建文．青少年社会适应的理论与实证研究：结构、机制与功能［D］．重庆：西南师范大学，2001.

[93] 韩俊强．农民工城市融合影响因素研究［D］．武汉：武汉大学，2014.

[94] 景晓芬，李松柏．农村婚姻迁移女性社会适应差异性研究［J］．西北农林科技大学学报（社会科学版），2013，13（4）：148-153.

[95] 邓晓梅．农村婚姻移民的社会适应研究［D］．南京：南京大学，2011.

[96] 赵丽丽．城市女性婚姻移民的社会适应及其影响因素研究——对上海市“外来媳妇”的调查［J］．上海交通大学学报（哲学社会科学版），2008（3）：34-41，70.

[97] 徐依婷．“丧偶式育儿”：城市新生代母亲的母职困境及形成机制［J］．宁夏社会科学，2020（6）：136-143.

[98] 赵梦晗．生育年龄如何塑造中国城镇女性的劳动参与行为？［J］．人口与经济，2019（6）：114-126.

[99] 陆芳萍．上海市女性劳动力移民的社会适应过程研究［D］．上海：华东师范大学，2005.

[100] 孟霞．留学女研究生社会适应研究［D］．武汉：武汉大学，2010.

[101] Singh S K，Bhawana S，Deepanjali V，et al. Women's empowerment and use of contraception in India：Macro and micro perspectives emerging from NFHS-4（2015－16）［J］. Sexual & Reproductive Healthcare，2019（19）：15-23.

[102] Pierre Pratley. Associations between quantitative measures of women's empowerment and access to care and health status for mothers and their children：A systematic review of evidence from the developing world［J］. Social Science & Medicine，2016（169）：

119-131.
[103] Kathryn M，AliceAnn C，Yuk F C. Women's Age at First Marriage and Long-Term Economic Empowerment in Egypt [J]. World Development，2018，102：124-134.
[104] 王歌雅．《民法典·婚姻家庭编》的编纂策略与制度走向 [J]. 法律科学（西北政法大学学报），2019，37（6）：83-96.
[105] 王永洁．劳动力市场性别差异与女性赋权——基于2016年中国城市劳动力调查数据的分析 [J]. 人口与经济，2019（1）：95-109.
[106] 曹智．社会性别论之立法得失及对我国的启示——以女性主义法学为分析范畴 [J]. 社会科学家，2019（3）：113-118，132.
[107] 彭凤莲．范式法律观视域下的女性主义法学 [J]. 安徽师范大学学报（人文社会科学版），2019，47（6）：73-82.
[108] 陈方．WW05：女性主义成果博览会——第九届国际跨学科妇女大会综述 [J]. 妇女研究论丛，2005（4）：72-75.
[109] 张永英，刘伯红．北京＋15：未完成的议程——联合国第54届妇地会内容综述 [J]. 妇女研究论丛，2010（3）：82-86.
[110] 李英桃．在不确定的世界中推进性别平等——联合国妇女地位委员会第63届会议综论 [J]. 妇女研究论丛，2019（3）：106-114.
[111] 杨东，曹全友．在变化世界中聚焦女性的能动发展与现实挑战——北京论坛（2019）“文明进程中的女性能动力和发展”分论坛综述 [J]. 妇女研究论丛，2020（1）：121-124，128.
[112] 游五岳，姚洋．女性的政治地位与出生人口性别比——基于1950—2000年县级数据的实证研究 [J]. 中国社会科学，2020（4）：66-89，205-206.
[113] 侯佳伟，顾宝昌，张银锋．子女偏好与出生性别比的动态关系：1979—2017 [J]. 中国社会科学，2018（10）：86-101，206.
[114] Jaimie Bleck，Kristin Michelitch. Is women's empowerment associated with political knowledge and opinions? Evidence from rural Mali [J]. World Development，2018，106：299-323.
[115] Jayash Paudel，Pedro de Araujo. Demographic responses to a political transformation：Evidence of women's empowerment from Nepal [J]. Journal of Comparative Economics，2017（45）：325-343.
[116] Monica Bozzano. On the historical roots of women's empowerment across Italian provinces：religion or family culture? [J]. European Journal of Political Economy，2017（49）：24-46.
[117] 卿石松．中国性别收入差距的社会文化根源——基于性别角色观念的经验分析 [J]. 社会学研究，2019，34（1）：106-131，244.
[118] 丁瑜．社会工作研究与实务反思：基于性别与结构的视角 [J]. 妇女研究论丛，2019（6）：86-98，109.
[119] 谭琳．女性、贫困与可持续发展——从里约到北京：性别视角的形成 [J]. 国外社会

科学，1997（5）：79-81.

[120] 蔡一平．性别，传播与发展 [J]. 新闻与传播研究，2014，21（S1）：61-68.

[121] 薛琪薪，章志敏．城乡人口流动与家庭性别意识的现代化与平权化——基于对上海、浙江和福建农村家庭的调查数据 [J]. 南方人口，2019，34（4）：1-14.

[122] 王鹏，吴愈晓．社会经济地位、性别不平等与性别角色观念 [J]. 社会学评论，2019，7（2）：55-70.

[123] Mila Sell，Nicholas Minot. What factors explain women's empowerment? Decision-making among small-scale farmers in Uganda [J]. Women's Studies International Forum，2018（71）：46-55.

[124] Rachel Palmén，Evanthia Kalpazidou Schmidt. Analysing facilitating and hindering factors for implementing gender equality interventions in R&I：Structures and processes [J]. Evaluation and Program Planning，2019（77）：101726.

[125] Klaus Deininger，Hari K Nagarajan，Sudhir K Singh. Women's political leadership and economic empowerment：Evidence from public works in India [J]. Journal of Comparative Economics，2020（48）：277-291.

[126] Erwin Bulte，Robert Lensink. Women's empowerment and domestic abuse：Experimental evidence from Vietnam [J]. European Economic Review，2019，115：172-191.

[127] 张川川，王靖雯．性别角色与女性劳动力市场表现 [J]. 经济学（季刊），2020，19（3）：977-994.

[128] 马双，李雪莲，蔡栋梁．最低工资与已婚女性劳动参与 [J]. 经济研究，2017，52（6）：153-168.

[129] 王伟同，周洪成，张妍彦．看不见的家庭教育投资：子女升学压力与母亲收入损失 [J]. 经济研究，2021，56（9）：73-89.

[130] 项萌，黄燕玲．贡献、危机与挑战：性别主流化与旅游业的可持续发展 [J]. 理论导刊，2014（7）：81-85.

[131] 杨慧，张子杨．40 年来中国行业性别构成变化趋势——平等还是隔离？[J]. 人口与经济，2019（4）：122-134.

[132] 王肖婧．劳动力市场的性别收入不平等及女性贫困——一个人力资本和社会资本理论的双重视角 [J]. 财经问题研究，2018（3）：123-129.

[133] 史静寰．教育、赋权与发展：'95 世妇会以来中国妇女教育研究回顾 [J]. 妇女研究论丛，2007（1）：59-66.

[134] 杨旻．劳动力市场的性别不平等：职业性别分割与两性收入差距——性别分层与劳动力市场研讨会综述 [J]. 妇女研究论丛，2009（1）：91-93.

[135] 张永英，刘伯红．北京+15：未完成的议程——联合国第 54 届妇地会内容综述 [J]. 妇女研究论丛，2010（3）：82-86.

[136] Cara Holland，Anu Rammohan. Rural women's empowerment and children's food and nutrition security in Bangladesh [J]. World Development，2019（124）：104648.

[137] Rebecca Jones, Regine Haardeorfer, Usha Ramakrishnan. Women's empowerment and child nutrition: The role of intrinsic agency [J]. SSM - Population Health. 2019 (9): 100475.
[138] 陈璐，范红丽，赵娜，等．家庭老年照料对女性劳动就业的影响研究 [J]. 经济研究，2016，51 (3)：176-189.
[139] 佟新，陈玉佩．中国城镇学龄前儿童抚育政策的嵌入性变迁——兼论中国城镇女性社会角色的变化 [J]. 山东社会科学，2019 (10)：87-97.
[140] 张春泥，史海钧．性别观念、性别情境与两性的工作-家庭冲突——来自跨国数据的经验证据 [J]. 妇女研究论丛，2019 (3)：26-41.
[141] 刘二鹏，张奇林，韩天阔．照料经济学研究进展 [J]. 经济学动态，2019 (8)：99-115.
[142] 董晓媛．照料经济、性别平等与包容性增长——中国落实 2015 后可持续发展目标的思考 [J]. 妇女研究论丛，2015 (6)：8-10.
[143] 贾仓仓，何微微．子女照料对老年人健康的影响——基于倾向得分匹配 (PSM) 的反事实估计 [J]. 宁夏社会科学，2020 (6)：125-135.
[144] 曹慧．粮食主产区农户粮食生产中亲环境行为研究 [D]. 杨凌：西北农林科技大学，2019.
[145] 吴明隆．结构方程模型-Amos 的操作与应用 [M]. 重庆：重庆大学出版社，2009.
[146] 徐冬梅，刘豪，林杰．基于农户满意视角的精准扶贫成效评价 [J]. 统计与决策，2020，36 (17)：66-69.
[147] 贺立龙，郑怡君，胡闻涛．如何提升易地搬迁脱贫的精准性及实效——四川省易地扶贫搬迁部分地区的村户调查 [J]. 农村经济，2017 (10)：80-85.
[148] 白南生，卢迈．中国农村扶贫开发移民：方法和经验 [J]. 管理世界，2000 (3)：161-169.
[149] 上官子恒，施国庆，宋亮亮，等．基于 SEM 模型的工程移民社会融入测度 [J]. 统计与决策，2020，36 (5)：87-90.
[150] Donovan O. Schaefer. Darwin's Orchids: Evolution, Natural Law, and the Diversity of Desire [J]. GLQ: A Journal of Lesbian and Gay Studies, 2021, 27 (4).
[151] 程晨．人类与进化关系的哲学思考 [D]. 北京：中国科学技术大学，2013.
[152] Nicholas J，韩芳．文化现代性与行为超级适应性之路——中科院古脊椎动物与古人类研究所系列课程纪要 [J]. 人类学学报，2019，38 (3)：419-445.
[153] 季林丹，徐进，张亚平．人类群体环境适应性进化研究进展 [J]. 科学通报，2012，57 (Z1)：112-119.
[154] 中国百科大辞典编委会．中国百科大辞典 [M]. 北京：华夏出版社，2005.
[155] 胡乔木．中国大百科全书 [M]. 北京：中国大百科全书出版社，1993.
[156] 范譞．“社会性别”概念的确立与解构 [J]. 学海，2019 (5)：16-21.
[157] 王晴锋．性别互动论：基于“做性别”视角的探讨 [J]. 妇女研究论丛，2020 (1)：99-109.

[158] 李庭．从“两性平等”到“两性和谐”[D]. 长春：吉林大学，2020.
[159] Maslow A H . Religions, Values, and Peak-Experiences [M]. New York: Penguin. (Original work published 1966), 1970.
[160] 张小宝．中国男女平等基本国策的历史演进及推进策略研究 [D]. 长春：东北师范大学，2019.
[161] 刘彩云，高向东，王新贤．大城市流动人口迁移距离及其影响因素研究——以上海为例 [J]. 西北人口，2020，41 (3)：1-11.
[162] 刘彩云，高向东，王新贤．性别差异视角下的流动人口迁移距离及其影响因素——基于对上海流动人口的分析 [J]. 南方人口，2020，35 (2)：52-66.
[163] 安介生．现代化进程中的人口迁移规律——略论中外“移民法则”研究及其警示意义 [J]. 人民论坛·学术前沿，2014 (16)：70-85.
[164] 方少勇．拉文斯坦移民法则与我国人口的梯级迁移 [J]. 当代经济，2009 (3)：44-46.
[165] 王雨，陈鹏，张京祥．基于新“推—拉”作用的“乡—乡”人口流动与治理应对研究——基于西昌市农民自主搬迁的实证 [J]. 现代城市研究，2021 (8)：17-23.
[166] 杨成钢，李海宾．人口迁移、住宅供需变化与区域经济发展——对当前国内城市“抢人大战”的经济学分析 [J]. 理论探讨，2019 (3)：93-98.
[167] 陈瑞，徐苗．日常人口迁徙视角下我国地级以上城市的网络联系特征——兼论引力模型系数的变化特点 [J]. 西部人居环境学刊，2019，34 (5)：72-82.
[168] 齐亚强，梁童心．地区差异还是行业差异？——双重劳动力市场分割与收入不平等 [J]. 社会学研究，2016，31 (1)：168-190，245-246.
[169] 余运江．城市集聚、外部性与劳动力流动研究 [D]. 上海：华东师范大学，2015.
[170] 冷月．汉语谚语中的性别文化研究 [D]. 呼和浩特：内蒙古大学，2020.
[171] Money J, Tucker P. Sexual Signatures: on Being a Man or a Woman [M]. Little Brown. 1976.
[172] Beauvoir S. The Second Sex [M]. NewYork: Vintage Books. 1989.
[173] Rubin G S. Thinking Sex: Notes for a Radical Theory of the Politics of Sexuality [J]. Oftalmologicheski Zhurnal, 2012, 30 (7): 543.
[174] 朱春奎．社会性别主流化与国家治理现代化 [J]. 中国行政管理，2015 (3)：7-11.
[175] 计迎春，郑真真．社会性别和发展视角下的中国低生育率 [J]. 中国社会科学，2018 (8)：143-161，207-208.
[176] 柯倩婷．身体与性别研究：从波伏娃与巴特勒对身体的论述谈起 [J]. 妇女研究论丛，2010 (1)：71-77.
[177] Maslow A H . Religions, Values, and Peak-Experiences [M]. New York: Penguin. (Original work published 1966), 1970.
[178] Maslow A H. Motivation and personality [M]. New York: Harper & Row, 1970.
[179] Pu Chen. Society and Action-Book Review of “Spencer is Dead, Long Live Spencer” [J]. International Journal of Social Science and Education Research, 2021, 4 (9).

[180] 王金娜．教育改革偏好与中产阶层母亲的教育卷入 [D]．南京：南京师范大学，2017.
[181] 胡春阳．社会主义意识形态认同历程研究 [D]．合肥：安徽大学，2016.
[182] 陈方．性别与发展研究：起源、理论和方法 [J]．中华女子学院学报，2009，21 (6)：13-18.
[183] Sue Williamson. Gender equality bargaining：Developing theory and practice [J]. Journal of Industrial Relations，2014，56 (2).
[184] 孙明哲．西方性别理论变迁及其对性别定义的影响——当代性别理论的两极：两性平等与性别建构 [J]．学习与实践，2018 (6)：116-124.
[185] Megan M. Gender as Lived Time：Reading The Second Sex for a Feminist Phenomenology of Temporality [J]. Hypatia，2018，33 (1).
[186] 朱斌，李路路．独立与权利：中美女性主义运动与性别平等观念比较研究 [J]．社会，2015，35 (5)：218-240.
[187] 陈晓．山东乡土志所见明初移民——兼论山西洪洞大槐树移民 [J]．重庆交通大学学报（社会科学版），2013，13 (5)：79-81，85.
[188] 汤水清，陈宁．20 世纪六七十年代城市下乡青年的婚姻问题及其解决 [J]．江西社会科学，2019，39 (9)：142-150.
[189] 刘央，张婷婷．当代中国女性人口迁移变迁——基于女性主义迁移理论的分析 [J]．学理论，2020 (6)：58-60.
[190] 乔晓春，黄衍华．中国跨省流动人口状况——基于“六普”数据的分析 [J]．人口与发展，2013，19 (1).
[191] 刘筱红，陈辉玲．三峡移民妇女的权益保护与公共政策回应 [J]．中华女子学院学报，2006 (1)：42-46.
[192] 程瑜．三峡女性移民适应性研究——以广东白村三峡移民为例 [C] //文化多样性与当代世界，2006：477-487.
[193] 龚亮保，刘清荣．积极探索生态扶贫和移民工作新模式——鄱阳湖生态经济区扶贫和移民工作座谈会侧记 [J]．老区建设，2010 (5)：13-15.
[194] 周波．东胜地区生态移民政策分析 [D]．呼和浩特：内蒙古大学，2012.
[195] 董娅娅．社会工作视角下女性生态移民社会融入研究 [D]．贵阳：贵州民族大学，2017.
[196] 檀学文．中国移民扶贫 70 年变迁研究 [J]．中国农村经济，2019 (8)：2-19.
[197] 侯健飞．石竹花开：闽宁镇的春天 [M]．广州：花城出版社，2020.
[198] 雷青秀．关于移民搬迁扶贫对妇女发展影响的调查与思考 [J]．老区建设，2008 (19)：43-45.
[199] 张丽君，杨秀明．牧区生态移民中女性经济参与研究 [J]．贵州社会科学，2016 (9)：142-149.
[200] 马金涛．宁夏女性生态移民社会适应性研究 [D]．银川：宁夏大学，2015.
[201] 马丛辉．不同安置方式下移民社会融入研究 [D]．银川：宁夏大学，2021.

[202] 张会萍，罗媛月．易地扶贫搬迁的促就业效果研究——基于劳动力非农转移和就业质量的双重视角［J］．中国人口科学，2021（2）：13-25，126.
[203] 南希·福布尔，宋月萍．照料经济的特征、价值与挑战：基于性别视角的审视［J］．妇女研究论丛，2020（5）：5-11.
[204] 李仲武，王群勇．提高女性家庭地位的心理途径：自我认同的例子［J］．统计研究，2020，37（11）：44-56.
[205] 陆远权，刘姜．脱贫农户生计可持续性的扶贫政策效应研究［J］．软科学，2020，34（2）：50-58.
[206] 张会萍，石铭婷．易地扶贫搬迁女性移民的社会适应研究——基于宁夏“十三五”不同安置方式的女性移民调查［J］．宁夏社会科学，2021（3）：163-178.
[207] Becker S O，Ichino A. Estimation of Average Treatment Effects Based on Propensity Scores［J］. The Stata Journal，2002，2（4）：358-377.
[208] 张会萍，肖人瑞，罗媛月．草原生态补奖对农户收入的影响——对新一轮草原生态补奖的政策效果评估［J］．财政研究，2018（12）：72-83.
[209] 黎毅，王燕，罗剑朝．农地流转、生计策略与农户收入——基于西部6省市调研分析［J］．农村经济，2020（9）：51-58.
[210] Heckman J J，Todd P E. Matching as an Econometric Evaluation Estimator：Evidence from Evaluating a Job Training Program［J］. Review of Economic Studies，1997，64（4）：605-654.
[211] 陈强．高级计量经济学及Stata应用［M］．北京：北京高等教育出版社，2015.
[212] 王鑫．精准扶贫背景下武陵山片区易地扶贫搬迁研究［D］．武汉：中南民族大学，2018.
[213] 郑志龙、王陶涛．社会资本参与精准扶贫的溢出效应研究——基于有序Probit模型估计．经济经纬，2019（5）：56-63.
[214] 郭清卉，李昊，李世平，等．社会规范、个人规范与土壤污染防治——来自农户微观数据的证据［J］．干旱区资源与环境，2020，34（11）：1-7.
[215] 李红莉，张俊飚，张露，罗斯炫．气候变化认知对农户适应性耕作行为的影响——基于湖北省“十县千户”的田野调查［J］．中国农业资源与区划，2021，42（2）：236-248.
[216] 张绍勲．Stata在结构方程模型及其试题反应理论的应用［M］．台北：五南图书出版公司，2017.
[217] 郭剑卿，石凤珍．社会性别视角下女性参与城市社区治理刍议［J］．山西大同大学学报（社会科学版），2020，34（6）：6-9，21，2.